Del otro lado del
MIEDO

MARIO GUERRA

Del otro lado del
MIEDO

**Cómo superar las adversidades para relacionarnos mejor
y cómo convertir el temor en conocimiento**

AGUILAR

Del otro lado del miedo
Cómo superar las adversidades para relacionarnos mejor y cómo convertir el temor en conocimiento

Primera edición: enero, 2020

D. R. © 2019, Mario Guerra

D. R. © 2020, derechos de edición mundiales en lengua castellana:
Penguin Random House Grupo Editorial, S. A. de C. V.
Blvd. Miguel de Cervantes Saavedra núm. 301, 1er piso,
colonia Granada, alcaldía Miguel Hidalgo, C. P. 11520,
Ciudad de México

www.megustaleer.mx

ISBN: 978-607-318-727-5

Impreso en México – *Printed in Mexico*

El papel utilizado para la impresión de este libro ha sido fabricado a partir de madera
procedente de bosques y plantaciones gestionadas con los más altos estándares ambientales,
garantizando una explotación de los recursos sostenible con el medio ambiente y beneficiosa para las personas.

Penguin
Random House
Grupo Editorial

No hay que temer nada en la vida,
sólo hay que entender.
Ahora es el momento de entender más,
para que podamos temer menos.
MARIE CURIE, **científica**

ÍNDICE

INTRODUCCIÓN

Confiésame cuál es tu miedo más grande

Siempre he pensado que al miedo le hemos hecho muy mala reputación y es precisamente eso lo que ha llevado a muchas personas a tener una mala relación con él, incluso desde la infancia. En lo personal, me causa un poco de conflicto mirar por ahí propuestas, la gran mayoría de corte motivacional, que venden la idea de que el miedo es algo malo, propio de cobardes y que, como tal, habría que evitarlo o, al menos, no demostrarlo para ganarnos un lugar en la vida. Hay quien afirma que tener miedo, o dejar de tenerlo, es una cuestión meramente de voluntad y que si se sufre por él, pues es porque se quiere sufrir.

Sin embargo, el problema no es el miedo en sí, sino la forma, la dimensión, el momento y el contexto en el que éste se manifiesta, lo que puede hacerlo útil o algo francamente dañino. Considero que conviene no verlo como algo que ocultar, el amo a obedecer o, al menos, impedir que sea él quien determine el camino de nuestra vida, porque su papel no es el de guía, sino de protector y a veces de consejero.

Otro problema con el miedo es cómo y de qué lo alimentamos; no pocas veces son nuestras propias fantasías, culpas y remordimientos los que contribuyen a crear una especie de miedo "vitaminado" que se convierte en aquel gigante obeso y terrorífico que habita en la cima de la montaña maldita. Entonces, nosotros terminamos alimentando al miedo y éste, a su vez, a los mitos y leyendas con los que alimentamos de vuelta a nuestra cabeza. Un sistema macabramente funcional, si lo vemos de esa forma.

En estas páginas haré referencia a miedos grandes y pequeños, con el fin de conocerlos, pues pienso que nuestra tarea comienza con lo que yo llamaría los "miedos personales" y a veces "invisibles." Me refiero a los más cotidianos, que negamos o no identificamos como tales y que nos impiden acercarnos a lo que queremos, opinar de acuerdo con lo que pensamos y expandir nuestros límites y fronteras personales. Por ejemplo, es complicado ver al miedo cuando se oculta tras la máscara del enojo o de una supuesta indiferencia, aunque también cuesta lidiar con él cuando nos dicen que aquello que nos asusta "no es para tanto." No es lo mismo decir, por ejemplo, a un niño: "No tengas miedo" (una forma de tratar de negar o controlar la experiencia emotiva), a decir: "No hay nada que temer", con lo que se le empieza a enseñar la distinción entre qué experiencias son objetivamente peligrosas y cuáles no.

Si no comprendemos bien al miedo, no debe sorprendernos que tampoco entendamos con claridad lo que se necesita para relacionarse mejor con él. Se nos ha dicho que es el enemigo a vencer, que lo que se necesita es harta valentía para derrotarlo y después demostrar de manera triunfal a voz en cuello que lo hemos vencido. Ya de entrada si hablamos de "enemigo" y "vencer" estamos estructurando en nuestra mente las condiciones y escenarios en donde supuestamente tendríamos que encontrarnos con el miedo: en una batalla. Volviendo a la valentía, algunos podrán imaginar que alguien valiente es aquel que no siente miedo. A otros les vendrá a la cabeza la imagen de un robusto y enorme guerrero que combate ferozmente a las fuerzas oscuras del mal. Unos más pensarán en alguien que simplemente se lanza a hacer algo que otros no se han atrevido a hacer. Para clarificar, y hasta desmitificar esto, conviene consultar el diccionario de la Real Academia de la Lengua Española, que nos dice el significado de valiente: "Dicho de una persona: Capaz de acometer una empresa arriesgada a pesar del peligro y el posible temor que suscita." Entonces, se es valiente cuando se es *capaz*, cuando a lo que se enfrenta uno conlleva riesgo y *peligro*, pero que aun así es posible sentir *temor*. En otras palabras, no hace falta arrancarse el miedo para ser valiente, sino ser valiente a pesar del miedo. Tampoco encontramos en alguna otra definición algo que nos haga pensar que hay que ser necesariamente grande de tamaño, musculoso o incluso sabio para ser valiente. Ni que hay que cerrar los ojos y encomendarse a las fuerzas cósmicas con la fe ciega de que todo saldrá bien; hacer esto hará que unas veces nos vaya bien y otras nos vaya mal. La incertidumbre no abona a favor de tener una mejor relación con el miedo.

Para afrontar lo que asusta, simplemente se trata de ser y sentirse capaz (tener o desarrollar aptitudes y talentos) y luego emprender aquello que, objetiva o subjetivamente, represente un riesgo. Para mí, relacionarse adecuadamente con el miedo va más de la mano de la confianza que de la valentía. Confianza en las capacidades propias; en que somos capaces de hacerle frente a lo que surja, al menos en una de tres maneras: evitando, resolviendo o adaptándonos.

No pretendo que este libro sea un tratado exhaustivo del miedo desde una sola perspectiva. Podría centrarme en lo emocional, neurológico, social o existencial. Incluso, podría hacer un capítulo entero para hablar de cada una de las aristas que el miedo tiene y su distinción entre terror, pánico, fobia, ansiedad, angustia o inquietud. Pero no, no voy a hacer eso porque mi idea sobre este libro tiene que ver con hacer de él algo interesante y útil; algo que todos podamos llevar a casa para leer de manera sencilla sin excesivas cargas y recargas.

Tampoco es mi objetivo que este libro sirva como fuente o sustituto de algún diagnóstico o tratamiento médico o psicológico de ningún tipo. Lo que pretendo es abordar los miedos cotidianos, frontales y disfrazados, incluyendo los profundos y existenciales. De lo que no hablaré, al menos no con una intención terapéutica, será de los trastornos de ansiedad, pánico o fobias. Ante la duda de padecer cualquier condición que pueda estar afectando la salud física o mental, siempre es buena idea consultar directamente a un especialista.

Vayamos juntos a lo largo de estas páginas por el camino de la vida poniendo especial atención en los miedos que quizá no has querido ver. Empezando por los miedos comunes, los cotidianos, hasta llegar a tu miedo más grande. Aquel que es como una gran montaña interminable en cuya base está una enorme y escalofriante cueva que debes cruzar para seguir adelante. No hay forma de escalar, cavar o volar hacia el otro lado. Es justo en esta cueva, la cueva del miedo, que escuchas voces, se proyectan imágenes y aparecen ante ti sueños aterradores. Es por eso que no puedes cruzarla, aunque tu corazón te dice que quieres hacerlo, porque en cuanto das el primer paso surge una voz que te grita: "Detente. No te atrevas. Tú no puedes. Vas a fracasar." Entonces, te paralizas y te quedas justo en la entrada; queriendo cruzar sin hacerlo. El camino de la vida sigue, por supuesto, pero continúa del otro lado, allá en la lejanía donde sabes que están tus sueños, los que vas mirando envejecer conforme dejas pasar el tiempo. Podrías quedarte en ese punto y tener una vida "razonablemente buena", pero ¿has venido a eso en esta vida? Como no puedes retroceder por el camino, en otras palabras volver al pasado, te las ingenias para estar en un relativo confort acampando justo frente a la entrada de la cueva. A veces, te haces acompañar por otros que, como tú, no se atreven a cruzar y, otras veces, miras a otros atreverse, confiar en sí mismos y atravesar el miedo. De esos, probablemente, piensas que se han condenado hasta que te enteras que no, que lo han logrado. Cuestión de suerte, pensarás. Suerte que no sientes tener, aunque ya dije que no se trata de eso, sino de confiar en que podrás hacerte cargo de lo que surja.

Y así, ante estos pensamientos en los que podríamos invertir una vida entera, el tiempo no se detiene y tú te has paralizado porque tienes mucho miedo de entrar y afrontar a esos demonios que dices tener. Admitir esto es muy doloroso, por lo que te inventas historias de resignación disfrazadas de poder como que cruzarás cuando tengas ganas, que en realidad ni te interesa tanto cruzar y que no es por miedo que no lo haces, sólo que te la estás pasando bien en donde estás y que no necesitas por el momento ir más allá. Sin embargo, tú y yo sabemos que tu corazón quiere otra cosa, quiere seguir el camino de la vida, porque ella y tus sueños continúan allá: justo del otro lado del miedo.

1

EL MIEDO

Las emociones se desarrollan en el teatro del cuerpo.
Los sentimientos se manifiestan en el teatro de la mente.
DRA. SARAH MCKAY, neurocientífica

¿Qué es el miedo?

En términos simples y directos podemos decir que el miedo es una emoción y, sin embargo, es mucho más que eso, pero vamos por partes. Hay diferentes teorías y modelos acerca de las emociones; unos dicen que son cuatro, otros cinco, están los que dicen que son ocho y más. Se habla también de emociones primarias y secundarias, pero para nuestro tema no conviene entrar en el debate sobre cuál es el modelo más válido; lo importante es saber que hay cuatro emociones, sin importar la teoría o modelo que tomemos como referencia, ya que están presentes en todos y cada uno de ellos. Estas emociones son: la alegría, el enojo, la tristeza y, por supuesto, el miedo.

La etimología de la palabra *emoción* refiere al "impulso que mueve a la acción." Una emoción es algo que nos saca de nuestro estado habitual o base y nos mueve hacia estados más adecuados para hacer frente a lo que surge y que incluso puede sacarnos de balance. Desde el punto de vista neurológico, podemos decir que las emociones son respuestas automáticas (no dependen de nuestra voluntad) que se producen en el cerebro y generan reacciones bioquímicas en el cuerpo que alteran su estado físico. Algo sucede, interno o externo, real o imaginario, y entonces se dispara una emoción; sentimos algo y actuamos en consecuencia de formas que nos pongan a salvo y, de ser posible, resuelvan aquello que se ha desatado. El fin es volver a estar en paz o recobrar el equilibrio a pesar de lo que pueda surgir en el camino de la vida. Estar en paz, por cierto, no implica estar libre de sobresaltos y eventos desagradables, sino que, a pesar de ellos, podamos recuperar un estado base de relativa tranquilidad y felicidad, como quiera que cada uno la conciba.

Las emociones, como el miedo, son muy antiguas en términos de la evolución humana; originalmente ayudaron a nuestra especie a sobrevivir produciendo reacciones rápidas ante amenazas, recompensas y otros agentes del entorno que, a través de ellas, eran evaluados como peligrosos o deseables. Las emociones están codificadas en nuestros genes, así que no tenemos que aprenderlas y, aunque varían ligeramente en cada persona y dependen de las circunstancias, generalmente son similares en todos los seres humanos, incluso en otras especies. Su expresión puede ser influida por la cultura, pero no su sentir. Son como un sistema de alarma interno que nos dice calma, alerta, huye, pelea o escóndete. Todo esto, como ya dije, para protegernos y ayudarnos a adaptarnos al entorno físico y social.

Para cumplir con su función de alertarnos y movernos a la acción, deben hacer, al menos, dos cosas. Dirigir y focalizar nuestra atención hacia aquello que las estimula, y hacerse notar. Por ejemplo, si el miedo lo sintiéramos como una minúscula comezón detrás de la oreja quizá no sería lo suficientemente notorio para ponernos a salvo en caso de peligro. Lo mismo pasa con el enojo o la tristeza, que si no fuera tan incómoda su presencia, reaccionaríamos de manera poco adaptativa y pro social sin reconciliarnos con quien nos ha lastimado o poner límites a quien insista en hacerlo. Ésta es la razón por la que las emociones son tan notorias; deben sentirse y también hacerse ver. Sentirse, como ya dije, para ayudarnos a afrontar lo que surja de la manera más adecuada. Mostrarse, para que otros se den cuenta de nuestro estado y con ello puedan, a su vez, ser alertados, como con el miedo o el enojo; o invitados a acercarse, como con la alegría o, incluso, la tristeza.

¿Qué tan negativas son las llamadas "emociones negativas"?

El miedo entra en la lista de las llamadas "emociones negativas", de modo que conviene aclarar por qué se les llama así, pues ya con el puro nombre cualquiera podría pensar que las positivas hacen bien, las negativas mal y las neutras, pues como que salen sobrando.

A grandes rasgos podemos decir que las *emociones positivas* son emociones que normalmente encontramos placenteras y nos mueven a acercarnos o buscar aquello que las evoca; son respuestas agradables a nuestro mundo interior o exterior. ¿Quién que esté sano no quisiera estar cerca de alguien que le ofrece amor incondicional, interés genuino o estados de alegría? Sin embargo, las emociones positivas no sólo nos llevan a buscar estas "fuentes" o circunstancias de placer, también hacen que propiciemos y procuremos, a partir de ellas, entornos placenteros. Organizamos fiestas, visitamos a alguien enfermo o perdonamos a alguien para reconciliarnos. Yo preferiría llamar a las emociones "positivas", *emociones placenteras* o *agradables*.

Por otro lado, las "emociones negativas" son aquellas que normalmente no resultan placenteras; se sienten tan desagradables, que nos hacen evitar o alejarnos de aquello que las produce. ¡Y qué bueno que lo hagamos!, porque no es conveniente sentir culpa, miedo, tristeza o asco y quedarse ahí, estoicamente, soportándolos sin hacer nada. Aunque no son agradables de experimentar, las emociones negativas son indispensables para la vida porque nos llevan a movernos fuera de situaciones que podrían ser física o socialmente peligrosas. Aumentan nuestras posibilidades de supervivencia y nos ayudan a crecer, pertenecer y desarrollarnos en un entorno social. Por ejemplo, cuando se está bajo los efectos del alcohol perdemos temporalmente, entre otras cosas, el miedo que normalmente nos hace protegernos y hacemos o decimos cosas que nos ponen en situaciones de riesgo. Es por ello que a las emociones "negativas" prefería llamarlas *emociones displacenteras* o *desagradables*.

Ya sean positivas y negativas, todas las emociones cumplen un propósito evolutivo, de otra manera, no las experimentaríamos. Sabemos que al cerebro no le gusta gastar energía de forma innecesaria. La diferencia fundamental es que las emociones positivas nos acercan a lo placentero y las negativas nos alejan de ello. Quizás si las hubieran nombrado como emociones de "acercamiento" y "alejamiento", se podrían entender de distinta manera.

La mala reputación del miedo

Sabemos ya que el miedo es la experiencia que tienes cuando te sientes amenazado por algo o alguien. Cada quien puede sentirse amenazado de muchas maneras diferentes por distintas cosas;

algunas son más comunes e instintivas y otras, ya hablaremos de ello, más personales y aprendidas. Dicho esto, el propósito del miedo es alertarnos y movernos a realizar acciones y tomar decisiones que nos pongan a salvo ante una amenaza percibida. Digamos que es una emoción de supervivencia. El miedo es como el dolor; ambos existen para protegernos de daños potenciales o mayores.

El miedo es la alarma que activa a nuestros sistemas de respuesta a actuar. Por ejemplo, si alguien tiene miedo a que su casa se incendie por la noche, tomará todas las precauciones necesarias para evitarlo. Además de asegurarse que todo esté en su lugar y que no haya ninguna fuente potencial de peligro, pondrá sensores de calor y de humo, colocará extinguidores en lugares estratégicos y hasta sistemas de extinción de incendios automatizados. Eso tiene sentido, ¿no es así? ¿Quién, que tema al fuego, desconectaría todos los sistemas de seguridad contra incendios para que las alarmas "no lo espanten"? Eso sería el equivalente a buscar no tener miedo. Por supuesto hay a quien "le suena la alarma" todo el tiempo sin tener un peligro real, pero de la ansiedad ya hablaré más adelante.

No obstante, muchas personas ven al miedo como algo indeseable que habría que arrancar de raíz, como si fuera una enfermedad o propio de débiles o cobardes. A más de uno le han enseñado no sólo que hay que evitarlo, sino negarlo, ocultarlo y declarar abiertamente que no se tiene miedo a nada para hacerlo más "valiente y respetable" a los ojos de los demás. "No tengas miedo", nos dicen nuestros padres cuando de niños nos impulsan a hacer algo nuevo como nadar o andar en bicicleta, lo que, desde mi punto de vista, es un abordaje un tanto impreciso, por no decir erróneo. Recuerdo que un paciente me contó que su padre para obligarlo a enfrentar lo que le asustaba cuando era niño le decía: "No seas marica. No tengas miedo." No le podemos decir a alguien que no sienta algo que no está en su voluntad sentir y mucho menos callar sólo por el mero deseo de hacerlo; recordemos que el miedo también es una reacción bioquímica involuntaria que sirve para protegernos de lo que se considera una amenaza. Si la supuesta amenaza es objetivamente real o no, ése es otro tema del que hablaremos después; la cuestión es que la respuesta de miedo se da frente a una amenaza o peligro *percibido*. Entonces, ayudaría más reemplazar el: "No tengas miedo", por: "Aquí no hay nada que temer." Lamentablemente, ya desde la infancia tener miedo puede ser objeto de burla y hasta de vergüenza.

También, hemos aprendido que para "vencer" al miedo hay que ser valientes o, al menos, mostrar valor. Pero, ¿de verdad, es eso lo que se necesita? ¿Un arrebato de valor para cerrar los ojos, entrar a la cueva y transitarla sin importar lo que pase? Muchas veces a lo que llamamos valor no es más que un puro acto de inconsciencia e impulso tan irracional como el miedo mismo. ¿Es tomar una sola bocanada de aire lo que te hace cruzar a nado la alberca o saber que puedes salir a respirar de vez en vez siempre que lo necesites? ¿Es saber que la alberca tiene una profundidad de 1.40 m lo que te da seguridad o saber que, así tuviera tres metros, puedes tocar el fondo e impulsarte hacia afuera? ¿Es tener fe en que nunca te van a traicionar lo que te hace confiar en otros o saber que, así ocurriera lo que temes, podrías hacerte cargo de ti y tus heridas emocionales aprendiendo de la experiencia? No, no creo que sea valor lo que se necesita, sino confianza en nosotros que nos permita relevar al miedo de su función. En esto, especialmente, voy a abundar más adelante.

El miedo que se oculta hasta de ti

En ocasiones, para tratar de quitarle el miedo a alguien, le hacemos una lista de todos los sistemas de seguridad, todas las posibles alternativas y hasta una demostración de mira, "no pasa nada", si se atreve a lo que no se atreve. Esto no siempre es de ayuda. Frecuentemente, aquello a lo que se teme es inconsciente e inespecífico. Parece obvio que aquel que no quiere subirse a una bicicleta tenga miedo a caerse, mientras que para los demás una caída de bicicleta (casi) nunca mata a nadie. Pero quizá no es la caída a lo que más se teme. Puede ser al ridículo, a no detener la bicicleta y rodar eternamente hasta el fin de los tiempos, a la crítica o burla de otros por no hacerlo bien o simplemente a algo que se siente, pero que no se puede definir. Si bien los estímulos amenazantes provocan sentimientos de miedo, las amenazas inespecíficas también se pueden procesar de manera no consciente y activar los circuitos del miedo. Digamos que el miedo, bajo este esquema, funciona como una intuición que nos dice que algo está mal; que si, por ejemplo, todos insisten tanto en que yo haga algo es porque "hay gato encerrado."

Hace ya tiempo un paciente me contó que de niño siempre quiso aprender a andar en bicicleta, pero no fue sino hasta los dieciocho años que lo logró. De niño no aprendió porque le daba mucho miedo. No obstante, para día de reyes, durante ocho años consecutivos, pidió en su carta una bicicleta. ¿Cómo alguien que tiene miedo a andar en bicicleta comete la locura de pedir que le traigan una? El caso es que llegaba la bicicleta y no se atrevía a subirse a ella. En una ocasión hasta le trajeron "rueditas" auxiliares, pero ni así funcionó, pues él temía que las rueditas no funcionaran como era debido; no confiaba en ellas. Nada parecía dar resultado; durante un año, su papá, con diferentes estrategias, trató sin éxito de enseñarle. Al año siguiente, su mamá se unió con el mismo fin, pero nada. Luego sus hermanos (mayores y menores) se unieron al coro de: "Sí se puede"; tampoco resultó. No había manera de que el niño lograra dar un par de pedaleadas. Una vez su madre trató de usar una vieja estratagema: le dijo que lo iba a ayudar y que no soltaría la bicicleta hasta que él dijera que estaba listo para ir solo. El niño quiso confiar, pero se dio cuenta de que su mamá realmente lo que buscaba es que él se sintiera confiado para luego decirle algo como "¿Ves que fácil era? La verdad es que nunca te agarré y lo hiciste todo tú solo." Algo de malo debía haber en todo aquello donde hasta los adultos se atrevían a mentirle. Le decían que caerse no era peligroso y hasta le regalaron casco, coderas y rodilleras, pero ni así. Era incongruente que aquello que decían que no representaba ningún peligro requiriera de tanto equipo, pensaba el niño. Ahí había gato encerrado. Así pasaron los años y quedaron algunas bicicletas oxidadas. Un día, a sus dieciocho años, estando solo en su casa, cargó la bicicleta a la azotea y se dijo: "No es posible que a esta edad no sepa andar en bicicleta." Se subió y empezó a pedalear. En menos de tres minutos, me contó, lo había logrado. Entonces, ¿cuál era su miedo? Evidentemente no era a caerse como todos habían supuesto, dado que una caída desde la azotea es objetivamente más peligrosa que una a ras de suelo. Nunca lo supo con certeza, pero quizá algo tuvo que ver con estar solo al intentarlo. Básicamente podemos decir que no confiaba en los demás porque este miedo a la bicicleta no venía solo. Había tenido miedo a nadar, por temor a que lo dejaran ahogarse. Miedo a ir a la escuela, por temor a que lo abandonaran ahí y miedo a subirse a un camión con su mamá, porque juraba que en alguna parada se iba a bajar corriendo y lo iba a dejar solo y a su suerte. ¿Cuál era su miedo real ante tantos escenarios tan distintos? ¿Al abandono, a la traición, a la maldad de los otros, a su incapacidad para generar amor en los demás hacia él? Nunca lo supo con certeza, pero lo importante es que poco a poco fue relevando al miedo de sus funciones al hacerse cargo de aquello que lo asustaba.

El miedo más allá de la emoción

No es cierto que los seres humanos somos
seres racionales por excelencia.
Somos, como mamíferos, seres emocionales
que usamos la razón para justificar u ocultar
las emociones en las cuales se dan nuestras acciones.
HUMBERTO MATURANA, biólogo y filósofo

Si el miedo se quedara sólo en la respuesta puramente emocional, la de hacernos actuar para ponernos a salvo y afrontar lo que surja cuando así conviene, no representaría un problema ni tendríamos que hablar de él. Llega, hace lo que tiene que hacer y se marcha. Pero no es tan sencillo ni tan simple como eso porque, como dije al principio, es verdad que el miedo es una emoción, pero también es mucho más que eso. Como seres que usamos la emoción y la razón para interactuar con nuestro mundo interior y exterior, la emoción se imbrica con el sentimiento a través del pensamiento y la interpretación. La emoción, en este caso el miedo, que debería ser pasajero, se cuela por las rendijas de nuestra vulnerabilidad y se asienta en nuestros sueños, nuestras relaciones y en la vida misma. Sin embargo, es la razón la que puede matizar y guiar al miedo. No se trata de controlarlo, sino de evitar que se desborde, que se pierda por los caminos y grietas de la mente tropezando y causando estragos dentro de ella. No es que el miedo quiera lastimarnos es sólo que la razón, al estar dormida, deja de guiarlo y, al estar perdido, el miedo despierta toda clase de proyecciones monstruosas en nuestra cabeza. Es cuando deja de ser emoción pura y se vuelve pensamiento, sentimiento, pesadilla y catástrofe. Nada más descriptivo de esto que el grabado de Francisco de Goya, "El sueño de la razón produce monstruos", que se encuentra en el Museo del Prado, en Madrid, España. La interpretación que más me gusta acerca de este grabado y que comparto es la que se encuentra en la biblioteca nacional de España: "...cuando los hombres no oyen el grito de la razón, todo se vuelve visiones."

Demasiada razón, sin emoción, produce frialdad y un comportamiento mecánico. Demasiada emoción, sin razonar, se desborda en una especie de locura sin control que, en el caso del miedo, nos ofrece representaciones terroríficas.

A la gran mayoría, en algún momento de la vida, se nos puede llegar a presentar una dificultad u obstáculo que no sabemos cómo resolver y nos asusta. Imaginemos la vida como un camino que va desde tu nacimiento hasta tu muerte. Un día, a veces al terminar una curva o del otro lado de una colina, te encuentras que justo en el medio del camino hay una gran cueva; ése es tu miedo más grande. Es oscura, tenebrosa y hay que cruzarla para llegar al otro lado, pues el camino de la vida sigue precisamente del otro lado de la cueva; del otro lado del miedo. No hay otra posibilidad que ir a través de ella, pero cómo hacerlo si al poner un pie adentro empiezan a surgir voces y visiones que te aseguran que si continúas te toparás con toda clase de peligros, amenazas y situaciones que te harán sufrir. Las voces te recuerdan que no puedes, que no sabes, que el reto es grande; que todos te miran y están esperando tu fracaso para reprochártelo o burlarse; que vas a decepcionar a los tuyos y por ello ya nadie te querrá cerca, porque los avergonzaste. Esas mismas voces se encargan de recordarte viejos fracasos como prueba de que no eres capaz. Tú podrías continuar caminando, pero el miedo te detiene y es cuando te paras en la entrada de la cueva. Deseas cruzar, pero a la vez temes hacerlo por miedo a que lo que te dicen las voces se haga realidad.

Éstas y otras fantasías ocurren cuando el miedo se desborda ante el abandono de la razón. No es casualidad que nuestros ancestros (y uno que otro contemporáneo) hayan temido a los castigos de los dioses iracundos y vengativos que estaban dispuestos a castigar a cualquiera que transgrediera sus leyes. Rayos, terremotos, erupciones e inundaciones eran castigos temidos que había que evitar o apaciguar con ofrendas y sacrificios. No podemos culparlos, eran tiempos en donde se ignoraban cosas que hoy se saben. La razón no estaba tan despierta y se daban otras explicaciones a los fenómenos que hoy, nosotros, entendemos de manera distinta. El miedo existe todavía, sólo que lo hemos hecho un poco menos irracional gracias al saber.

Lo anterior no significa que ya no tengamos miedo a los desastres naturales o a las epidemias; al contrario, ha sido ese temor el que nos ha llevado a desarrollar métodos un poco más efectivos para lidiar con ellos que sólo hincarnos a pedir clemencia a dioses destructores. Hoy sabemos que está en nuestras manos hacernos cargo de lo que surja buscando evitar lo evitable, reparar lo reparable o adaptarnos ante lo que no va a cambiar. Siempre podemos hacer algo más.

Cuando todo esto sucede, cuando el miedo no es contenido por los brazos de la razón, deja de ser consejero para volverse, involuntariamente, un tirano que nos desvía del camino o nos impide avanzar y cruzar la cueva. Y es que el miedo no está capacitado para servir de guía; no puede ver más allá de lo que la razón le dice que hay. Es como nosotros; cuando uno pierde la razón, se vuelve loco. Cuando el miedo pierde esa misma guía le pasa algo similar, enloquece. Se topa con un ratón y, sin la razón que le diga que es un ratón, ve en él un monstruo invencible con intenciones malévolas y sed de nuestra sangre. Una sombra le parece un fantasma; un ruido desconocido, los pasos de Lucifer. Es justo cuando nos ordena correr, alejarnos tanto como sea posible de aquellas bestias, aun a costa de caer por las escaleras o salir corriendo a la calle con el riesgo de ser atropellados. La razón está ausente para apagar la alarma y decirle a la emoción que el peligro es relativo y que es más peligroso caer o ser golpeado por un auto que huir de la propia sombra.

Tu relación con el miedo

Este apartado me lleva a preguntarte, ¿cómo es tu relación con el miedo? Podrías tener una relación de dominancia, una de sumisión o alguna más simétrica, pero de respeto. Por ejemplo, los que se envalentonan y dicen que a nada le tienen miedo pretenden tener una relación de dominio sobre él, pero si de verdad esto fuera posible, no sé si sería tan conveniente. Dominar al miedo provocaría una especie de interferencia consciente y eso causaría que éste ya no pudiera hacer bien su labor: la de alertarnos y protegernos llamando nuestra atención ante aquello que sea realmente peligroso. Es como si tuviéramos que estar midiendo la temperatura del refrigerador a cada momento para echar a andar el motor cuando subiera la temperatura y apagarlo antes de que se congelen todos los alimentos. Afortunadamente quien tenga un refrigerador no tiene que hacerlo porque para eso existe el termostato que identifica las variaciones en la temperatura y hace que el motor actúe en consecuencia. Si dependiera de nuestra atención consciente y memoria el funcionamiento de un aparato así, es probable que más de una vez se nos hubiera congelado o echado a perder la comida.

Volviendo a nuestra relación con el miedo, por ejemplo, yo no sé si me gustaría hacerme amigo de una persona que dice que no tiene miedo a nada, porque eso significa que, de ser cierto, tampoco tendría miedo a lastimarme, traicionarme o hacer algo que potencialmente pueda dañarme, como conducir descuidadamente o llevarme por caminos peligrosos. Pero, aunque no fuera verdad que no tiene miedo a nada, el sólo hecho de que lo diga me deja ver que tiene tanto miedo que su necesidad de negarlo es grande. En ese caso no me quiero imaginar si estuviéramos juntos y de pronto un peligro real nos acechara. Seguramente entraría en estado de shock o pánico intenso, cosa que no me iba a ayudar justo en el momento que necesito más calma para decidir cómo actuar para ponerme a salvo.

Por otro lado, una relación de sumisión con el miedo es igualmente problemática. Darle el poder de nuestras decisiones al miedo es como darle a pilotar un avión a un niño; seguramente accedería muy emocionado a hacerlo (no tiene conciencia del peligro y la responsabilidad que eso conlleva), pero es probable que cuando se dé cuenta de que está en una situación realmente peligrosa lo que acierte a hacer sea ponerse a llorar y taparse los ojos. No creo que eso pueda salvar la vida de nadie, ni siquiera la de él mismo. Como ya dije anteriormente, el miedo no está capacitado para ser guía, sino sólo guardián o consejero. Su función es alertarnos y cuidarnos, no dirigirnos o gobernarnos. Como buen guardaespaldas puede a veces abalanzarse sobre nosotros para ponernos pecho a tierra en caso de peligro, pero de ninguna manera debería obligarnos a pasar el resto de nuestra vida con la cabeza enterrada en el suelo sin ninguna razón, ¿no es así? Vivir sometidos al miedo es entregarnos a la oscuridad sin esperanza. Como en el caso de los que padecen alguna forma de ansiedad; se muestran indefensos e impotentes ante ella y le entregan, aun contra su voluntad, su voluntad en sí misma. Esto me recuerda las líneas que aparecen en el libro *La Divina comedia*, de Dante Alighieri, a la entrada de las puertas del Infierno: "Es por mí que se va a la ciudad del llanto, es por mí que se va al dolor eterno y al lugar donde sufre la raza condenada, yo fui creado por el poder divino, la suprema sabiduría y el primer amor, y no hubo nada que existiera antes que yo, abandona la esperanza si entras aquí." Ése es el verdadero poder del mal y del infierno; infundir miedo para hacer perder toda esperanza y, entonces, nadie luche por salir. Pero si el mismo Dante y Virgilio pudieron salir del peor de los lugares imaginados, ¿por qué nosotros no?

Otra posibilidad sería establecer con el miedo una relación más simétrica y de respeto. Simétrica porque nadie manda a nadie y de respeto porque dejamos que el miedo haga lo que tiene que hacer que es cumplir con su función de cuidarnos. Confiamos en él para eso y luego lo dejamos marcharse. Aun cuando dominamos una actividad o situación en donde nos sintamos muy seguros, no significa que el miedo se haya ido en realidad, simplemente no se adueña de nuestra voluntad ni apaga nuestra razón. Esto es útil lograrlo en diferentes contextos y para fines definidos; por ejemplo, en los deportes de alto riesgo donde un paracaidista o motociclista, precisamente por el respeto que le deben a su profesión y la preocupación que en ellos despierta el seguir vivos y sanos, toman las precauciones necesarias que el miedo les aconseja para salir bien librados. De otra manera, si se mostraran dominantes ante el miedo, no usarían casco, no revisarían su equipo ni seguirían las indicaciones de seguridad. Si, por el contrario, fueran sumisos, ni siquiera se atreverían a acercarse a un avión o una moto, aun queriendo hacerlo. Es un poco lo que nos sucede a todos en la vida cotidiana. El miedo nos hace mirar hacia ambos lados de la calle antes de cruzarla, asegurarnos que la medicina que vamos a tomar esté dentro de la caducidad marcada o esmerarnos en estudiar para pasar un examen. Con una relación más simétrica y de respeto, el miedo se convierte en un gran compañero de travesía.

Volvamos a nuestro ejemplo de la cueva. Adentro está oscuro, el terreno puede ser irregular, incluso frágil en ciertas partes. Mi relación con el miedo, si es sana, me hace tomar las precauciones necesarias y llevar el equipo adecuado. Me alerta de posibles peligros, como cuando escucho que algo cae o siento que el piso es resbaloso. Gracias a que lo escucho, mis probabilidades de salir del otro lado aumentan. En cambio, si mi relación es dominante, entraré como un loco sin precaución alguna. Si es sumisa, me quedaré a vivir en la boca de la cueva porque así lo dicta el miedo. Creo que con estos ejemplos ha quedado claro lo que quiero transmitir acerca de nuestra relación con el miedo.

El miedo que no asusta (al menos a algunos)

¿Qué tienen en común un trapecista en plena función, un trabajador que limpia vidrios en lo alto de un rascacielos y tú mirando una película de terror? Acertaste; todas son personas. Y como personas que son sienten miedo (siempre que estén sanos, por supuesto). Entonces, ¿por qué cada uno hace lo que hace si siente miedo? ¿No deberían dedicarse a otra cosa o tú no deberías ver otro tipo de películas?

Aunque ya vimos que el miedo, desde el punto de vista biológico, es común en todas las personas y otros seres, no todos lo experimentan en la misma medida y no siempre por las mismas razones, incluso, hay algunos que hasta buscan experiencias que los hagan sentirlo. ¿Y por qué? Puede haber varias razones; veamos unas cuantas.

Riesgo calculado

A pesar de que los trapecistas y limpiavidrios no tienen bajo sus pies una red de seguridad, sí tienen arneses y artefactos que disminuyen el riesgo de un accidente catastrófico. Además, tienen conocimiento y el entrenamiento necesario para saber qué conductas y movimientos son seguros o no. De alguna manera, no sólo confían en ellos, también en sus equipos de seguridad, lo mismo que en sus compañeros que colaboran en la misma actividad. En tanto que a la sala de cine, por ejemplo, la consideramos un lugar relativamente seguro en términos físicos. Aunque vayamos a ver la peor película de terror, la posibilidad de que esos seres proyectados en la pantalla se hagan reales, salgan para dañarnos o se aparezcan esa noche bajo la cama son extremadamente remotas por no decir imposibles. En todos estos ejemplos el cerebro percibe el peligro inherente a lo que afuera está sucediendo, por lo que dispara la emoción del miedo, pero nuestra razón se encarga de tranquilizar al cuerpo al decirle que el riesgo real es lejano; que la experiencia es emocionante pero realmente no tan riesgosa, especialmente si se toman precauciones o se tiene cuidado como en el caso del trapecista y el limpiavidrios. Cuando razonamos que el riesgo no es tan elevado, se puede disfrutar o sobrellevar la experiencia de miedo sin que ésta altere al cuerpo de forma importante o nos haga reaccionar en pánico. Una muestra más de que la razón matiza a la emoción y es por eso que no salimos corriendo despavoridos de la sala de cine alertando a todo el mundo que los zombis se han liberado y están sedientos de sangre.

Por supuesto no es imposible que algo se salga de control y que todos los escenarios ya mencionados puedan entrar en una situación de riesgo real. Es decir, el trapecio podría fallar, igual que el andamio del limpiavidrios. En el cine podría ocurrir un incendio u otra emergencia. Sin el miedo necesario no podrían activarse los recursos indispensables para hacer frente a la amenaza y buscar salir lo mejor librado posible llegado el momento.

En suma, podríamos decir que cuando te sueltas a la emoción, pero te agarras de la razón, sientes confianza y disfrutas de la experiencia.

La emoción

Muchos de nosotros buscamos miedo y suspenso "calculados" porque sabemos que estamos a salvo, pues el efecto mismo del miedo puede ser, además de excitante, un tanto adictivo.

Parte de lo que ocurre en el cuerpo tras una situación de miedo es la liberación explosiva de diferentes neurotransmisores y hormonas como adrenalina, dopamina y endorfinas. Recordemos que el cerebro nos está preparando para afrontar un gran peligro, así que debe liberar todo eso para que cada parte del cuerpo haga lo que le corresponde y garantizar así nuestra integridad y supervivencia. Los músculos deben llenarse de energía, el corazón debe estar dispuesto a sobrellevar una carga extraordinaria y el dolor debe paliarse para afrontar lo que surja. Entramos en una sensación de euforia que, sumada a que nuestra mente sabe que estamos en un riesgo calculado, nos lleva a estados muy gratificantes, por decirlo de alguna manera. Sentimos alivio al bajar de la montaña rusa, pero de inmediato corremos a formarnos para una vuelta más. La sensación de estar sano y salvo se une a toda la experiencia emocional para brindarnos placer. Como gran parte de lo que se libera en la sangre son opioides naturales del cuerpo, la experiencia, como dije, se puede volver ligeramente adictiva para algunos.

En esto de sentir emociones también hay algunos que sienten gran placer en probar y traspasar sus propios límites. Ver cuánto miedo se puede tolerar o qué nuevas experiencias pueden probarse, hace sentir orgullosos a muchos y es un incentivo para seguirlo haciendo. Bueno, siempre que tengan la certeza de que el riesgo es calculado, por supuesto.

Claro está que si tu mente, pensemos particularmente en tu lóbulo frontal que es el que procesa en gran parte a la razón, no tiene manera de evaluar si el peligro es real o no, seguramente cederá el control de tu cuerpo al miedo para que salgas corriendo y te pongas a salvo. Ante la duda, el miedo actúa a la segura.

Unos más que otros

Entre los rasgos de personalidad que nos definen, existe uno conocido como "Apertura a la experiencia" y una variable llamada "Búsqueda de sensaciones." Ambos son factores importantes cuando se trata del gusto y la tolerancia por el riesgo y el miedo. Aquellas personas que califican más alto en ambos rasgos disfrutan más las experiencias que a otros definitivamente pueden aterrar.

Hay otro factor menos obvio que hace que unos disfruten más el miedo: la empatía. Las emociones son contagiosas, y una forma de entender las emociones de otras personas es recreándolas nosotros mismos. Alguien que es muy empático puede disfrutar más la experiencia del miedo que alguien que no lo es.

Pero éstas sólo son diferencias que no son ni buenas ni malas; sólo diferencias que hay entre las personas en cuanto a gustos, preferencias y umbrales. No deberíamos obligar a alguien que no gusta de los deportes extremos o las experiencias excitantes a que lo haga sólo porque nosotros lo disfrutamos mucho. No todos disfrutaremos, y quizá nunca lo hagamos, lanzarnos de un paracaídas. Pero tampoco pensemos que aquellos que gozan con las películas de terror, la velocidad o las experiencias límite necesariamente están mal de la cabeza. Como ya he dicho, son sólo diferencias; hay quien le gusta el café, hay quien le gusta el té y a otros, ambos o ninguno. Que nadie se sienta obligado a beber, o dejar de beber, de su taza favorita.

¿Hay miedos imaginarios?

Ésta es una buena pregunta. No podemos imaginar aquello que no conocemos; recreamos al menos algo que se parezca a lo que conocemos. Por ejemplo, mucha gente teme a los fantasmas o a los espíritus. Algunos podrían decir que ése es un miedo imaginario porque no existen, pero de alguna manera los conocemos y nos han dicho que no siempre tienen buenas intenciones. Entonces, si la persona cree que existen entidades malignas invisibles y eso le provoca miedo ¿diríamos que el miedo es imaginario?, o que ¿lo imaginario es aquello que provoca el miedo? Con esto quiero decir que no hay miedos imaginarios, es decir, nadie imagina que está sintiendo miedo cuando en realidad no lo siente. El miedo y su experiencia son reales en cuanto se presentan porque, al ser una emoción, se hace notar para llevarnos a actuar. Si el origen de los miedos es objetivamente real o peligroso, eso es otra cuestión.

Otro ejemplo es el de la persona que cree tener una enfermedad que no tiene. Sabe que la enfermedad en cuestión existe, evalúa que puede ser limitante, dolorosa, incluso mortal y eso le provoca miedo. Por ello puede hacerse diversos exámenes médicos que le arrojan resultados negativos, pero eso, a lo sumo, la tranquiliza un corto tiempo hasta que empieza a percibir signos y síntomas que le indican que "ahora sí" su miedo más grande se ha hecho realidad. La enfermedad en sí no es imaginaria (porque existe), el miedo que siente tampoco lo es (porque lo siente), lo que está imaginando es que tiene tal enfermedad.

¿Por qué considero importante hacer esta distinción? Porque esto nos ayuda a separar la emoción de sus causas de la misma manera que evaluamos un peligro real cuando una alarma suena. Pero si la alarma suena (funciona y hace lo que se supone que debe de hacer), cuando el peligro no está presente, el problema debe ser un sensor que está mal calibrado y que detecta peligros cuando no los hay. Por ejemplo, si alguien me dice que tiene miedo a volar porque tiene la certeza de que el avión que va a abordar se va a caer, ¿qué bien le haría yo al decirle que no tenga miedo? El avión claro que se puede caer, aunque no es tan probable, pero él no teme a la probabilidad, sino a la certeza que hay en su mente. De este modo yo puedo validar la emoción de una persona (el miedo) diciéndole algo así: "Entiendo que tengas tanto miedo de volar si tienes la certeza de que el avión se va a caer; yo, en tu lugar, con la misma certeza que tú tienes tampoco me subiría", y después acompañarlo en el razonamiento de tal certeza con un: "¿Y cómo sabes eso?" Es ayudarle a distinguir la razón de la emoción; el saber del temor, sin invalidar su miedo en sí mismo. Con esta pequeña maniobra no vamos a erradicar el miedo de nadie, pero sí estamos empezando a establecer las bases que pueden ayudar a comprender cómo no todo lo que se siente corresponde con lo que realmente sucede o es probable que suceda.

Justamente esto es la distinción que hacemos cuando hablamos de miedos racionales, los que vienen acompañados de la razón, y los irracionales, aquellos que ya perdieron su rumbo y vagan como fantasmas dentro de la cueva. Escuchar un ruido de origen desconocido podría deberse a una presencia diabólica o maléfica, pero también podría tener otras causas como la caída de una piedra o el viento que agitó las ramas de un árbol. Incluso podríamos declarar que ese sonido se queda así, como un ruido de origen desconocido. El truco en el que caemos es que, cuando estamos poseídos por el miedo y alejados de la razón, el miedo proyecta sombras en el teatro de la mente en donde somos actores involuntarios.

¿Y si la causa del miedo es real, qué hago?

La causa del miedo puede ser real, imaginaria o una combinación de ambas, pero incluso si la amenaza es real, el miedo es subjetivo, porque la imaginación juega un papel importante en la percepción de esa amenaza.

Es importante recordar que el miedo, como todas las emociones, tiene como propósito movernos para evitar, resolver, afrontar o adaptarnos a aquello que está representando una amenaza. Es decir, si la causa del miedo es real, como por ejemplo, que ya es un hecho que perdiste los ahorros de tu vida, que tienes una enfermedad grave o reprobaste tu examen de grado, a lo que temes está en el futuro. Ya no le temes al hecho consumado (la pérdida, el diagnóstico o el resultado del examen), sino a las consecuencias que temes que eso te traiga en la vida (pobreza, muerte y fracaso).

Lo que quiero decir con esto es que cuando la causa del miedo es imaginaria o improbable, lo que toca es usar la razón para matizar a las emociones. Cuando la causa es real o ya está consumada, lo que toca es actuar en consecuencia para evitar males mayores, reparar los ya ocurridos o aprender a vivir en una nueva realidad, especialmente cuando las cosas ya no se pueden cambiar o, al menos, no de inmediato.

El que la causa del miedo sea real tampoco tendría por qué hacernos caer en pánico; de hecho, toda causa real de miedo engendra otras imaginarias (lo que se teme que pueda pasar, pero que ahora mismo no está pasando y que frecuentemente no es inevitable que suceda), por lo que habría que darles el trato correspondiente; es decir, evitarlas de ser posible o afrontarlas. En sí, se trata de responder a la pregunta: "¿Qué voy a hacer si esto que temo se hace realidad?" Quizá, si ahora mismo estás pasando por una situación de miedo, tu respuesta inmediata a la pregunta sea: "No sé", y es natural dado tu estado mental actual. Así que por qué no pruebas entonces responder una segunda pregunta que ahora voy a hacerte (aun suponiendo que es un hecho que por ahora no sabes qué hacer ¿de acuerdo?). Imagina que TÚ y YO estamos conversando acerca de esto que te está pasado y tanto temes. Veamos:

Breve ejercicio de posibilidades

Yo: ¿Qué vas a hacer con esto que te detiene o te asusta?

Tú: ¡No sé!

Yo: Yo sé que no sabes, pero ¿y si supieras, qué harías?

Tú: _____

_____

Claro que podrías volver a responder "No sé", pero eso ya lo sabemos, que no sabes. Por eso la segunda pregunta no se refiere a lo que sabes o no sabes, sino a lo que harías si supieras. Si esto te confunde no te preocupes, también es natural que eso pase en tu estado mental actual, así que simplemente responde la pregunta, anótala por ahí y sigamos adelante. Tampoco espero que tu respuesta te abra un camino de acción absolutamente claro para afrontar tu situación actual; tan sólo es el inicio. Hasta la idea más pequeña puede ser de ayuda, ¿no es así?

La idea con este breve ejercicio es que encuentres algo útil por hacer o que, al menos, te des cuenta de que siempre puedes hacer algo.

Miedo, ansiedad y angustia

Al inicio de este capítulo dije que el miedo era una emoción, pero que era mucho más que eso, especialmente cuando vamos más allá de los horizontes puramente biológicos y nos adentramos en lo psicológico: la experiencia subjetiva y la interpretación. También dije que la razón puede matizar la emoción y que, trabajando juntas, podrían ayudarnos a mirar a las sombras que surgen en nuestra mente como lo que realmente son: sombras que se proyectan y nada más.

Sin embargo, le hemos dado tantos rostros y nombres al miedo (temor, pánico, terror, preocupación, inquietud, ansiedad, angustia, espanto, pavor, aprensión, etcétera) que sería prácticamente imposible nombrarlos a todos con precisión y observar con claridad sus distinciones sin más remedio que escribir un capítulo para cada uno, y ése no es el objetivo de este libro. De hecho, cuando me refiero al miedo en este libro, lo hago como una forma de reunir todas estas experiencias en una sola y, sin embargo, dicho eso, quiero hacer una sutil pero importante distinción entre el miedo, la ansiedad y la angustia, incluyendo a esta última su variante existencial.

Para mí, por ejemplo, la ansiedad es una forma de miedo, pero el miedo no es una forma de ansiedad, es decir, desde mi perspectiva y para los fines de este libro, me parece viable englobar simplificando, sin hacerlo de manera simplista, a las demás experiencias ya mencionadas como miedo.

A pesar de eso, quiero hacer la distinción con la ansiedad, pero después quiero que integremos de nuevo a todos estos elementos y volvamos a llamarlos "miedo." Ya veremos cómo de pronto se entrelazan, mimetizan y confunden entre sí, por lo que considero que, para fluir en este libro, es mejor identificar a todas como una sola, aun sabiendo que en cierto nivel no lo son.

El filósofo Søren Kierkegaard distingue entre el miedo, que tiene un objeto definido y típicamente se dirige hacia cosas u ocurrencias en el mundo exterior, y la ansiedad, que en contraste es una expresión de un malestar interno, una lucha interna, una falta de armonía, o como él señala "una ansiedad sobre alguna posibilidad en existencia o una ansiedad sobre uno mismo." Pero una vez más; vamos por partes.

Ya dije que el miedo es una emoción fuerte e intensa que sentimos ante una amenaza y nos mueve a salir de la situación amenazante al activar distintos mecanismos de defensa. Entonces ¿qué es la ansiedad y qué es la angustia?

Ansiedad

Podemos hablar de la ansiedad desde dos perspectivas: la biológica y la psicológica. Desde el punto de vista biológico la ansiedad tiene al menos dos variantes. Veamos algunas.

Ansiedad como reacción

La ansiedad es la reacción de la mente y el cuerpo ante situaciones estresantes o desconocidas. Se compone de una sensación de inquietud o temor que se siente ante un evento relevante o amenazante. Cuando una persona se enfrenta a situaciones de amenaza, la ansiedad no sólo es normal como una reacción a lo percibido, sino también es necesaria y hasta deseable para actuar con mayor eficacia y ponerse a salvo. Un cierto nivel de ansiedad nos ayuda a mantenernos alertas y conscientes, como por ejemplo ante la perspectiva de hablar en público, al estudiar para un examen, cuando se acerca la fecha de vencimiento de un plazo o ante los preparativos de un viaje de placer. Digamos que en estos casos la ansiedad es una forma de miedo que nos ayuda a prevenir resultados indeseables. Una vez que nuestra intervención ante el público ha sido satisfactoria, pasamos el examen o llegamos al destino de viaje, nos relajamos y disfrutamos la experiencia.

Ansiedad como trastorno

La principal distinción de la ansiedad como reacción del trastorno, es que este último tiene componentes altamente irracionales (desproporcionados con relación a la amenaza objetiva) e interfieren de manera importante en la vida diaria y las actividades de las personas que la padecen; por ejemplo, dificultando que duerman, se concentren, hablen con otros o, incluso, salgan de su casa o lo hagan con una sensación de miedo intensa. Este trastorno de ansiedad hace que la persona afectada sienta que no tiene control sobre sus sentimientos y puede acompañarse de síntomas físicos graves como dolores de cabeza, náuseas o temblores constantes. Deja de ser reacción para convertirse en un estado habitual. Tomando los ejemplos que di en la ansiedad como reacción, quien padece un trastorno no habría podido hablar en público, habría reprobado o ni siquiera se habría presentado al examen y, si acaso se hubiera atrevido a planear un viaje, lo cancela o lo hace, pero sufriendo en vez de disfrutarlo. Ésta es una condición que va más allá del miedo y que requiere diagnóstico y atención especializada, frecuentemente psicológica y psiquiátrica.

Desde una perspectiva psicológica, específicamente psicoanalítica, me referiré a los tres tipos de ansiedad propuestos por Sigmund Freud; quien, por cierto se dice que en sus escritos originales realmente lo llamó *miedo*, pero parece que a sus traductores posteriores les pareció mejor usar el término *ansiedad*. Como ya dije, la distinción es necesaria, pero al final el miedo lo puede englobar todo. Desde la visión de Freud, podemos decir que nuestro primer encuentro con la ansiedad es durante las primeras etapas de nuestra vida, cuando nuestros instintos y deseos no son satisfechos y se genera en nosotros un conflicto mental entre las fuerzas del deseo y la represión. Es mucho más complejo que esto, pero para allá no vamos a entrar hoy. Vamos pues a ver los tres tipos de ansiedad de los que el buen Sigmund nos habló.

Ansiedad realista

Digamos que ésta es la que más se parece a la ansiedad reactiva de la que ya hablamos o al miedo, por decirlo con mayor claridad. La ansiedad realista se presenta, por ejemplo, cuando escuchamos disparos de arma de fuego o si empieza un fuerte sismo; es decir, la amenaza es real y la ansiedad nos mueve a actuar en consecuencia. Esta ansiedad activa nuestros mecanismos de supervivencia para ponernos a salvo. Siguiendo nuestra metáfora de la cueva, digamos que es la que se siente al enfrentarnos por primera vez a ella. Es un miedo razonable, porque adelante está la oscuridad y lo desconocido; nos invita a tomar precauciones.

Ansiedad neurótica

Ésta resulta más interesante porque es muy conocida por todos nosotros. Digamos que es una ansiedad anticipatoria y un tanto catastrofista; es decir, por el momento realmente no está pasando nada (como en la realista), pero ya anticipamos que algo va a pasar y que no es nada bueno. Surge en forma de "voces" o pensamientos intrusivos que parecen salir de la boca de la cueva desde que pensamos en entrar. Son gritos, advertencias, recuerdos de viejos fracasos o de miedos infantiles que se proyectan como sombras alargadas y terroríficas. Unas voces son reconocibles como ecos de voces de autoridad del pasado; otras más son como la voz de un ogro, una bruja o cualquier cosa maligna en la que podamos pensar. Voces que colocan certezas disfrazadas de dudas como:

"¿Y si fracasas?"; "¿Y si te pierdes?" "¿Y si te mueres?" "¿Y si no vale la pena?" A veces son juicios y sentencias que retuercen la realidad para acomodarla a su drama: "Ya no estás en edad." "Estás gorda." "Eres una carga." "Nadie te va querer jamás." "No sirves para nada." "Eres raro." "¿Cómo te atreves?" "¿Ya te viste en un espejo?"

No es casualidad que entonces vengan a nuestra mente toda clase de catástrofes y desenlaces negativos. Nos sentimos nerviosos, fuera de control y queremos salir corriendo. Juras que la gente se va a reír de ti o se te va a olvidar lo que tienes que decir, vas a reprobar el examen y nunca te graduarás y el avión en que vas a viajar seguro se estrellará. La distinción principal con la ansiedad reactiva o realista es que ésta se desencadena ante estímulos reales y presentes, mientras que la neurótica se relaciona con la anticipación de peligros futuros, inespecíficos e imprevisibles. Es verdad que de alguna manera tiene una base de realidad, tampoco es que se le teman a alucinaciones, pero la cuestión, como ya he dicho, es cómo se retuerce la realidad y los desenlaces catastróficos que se confeccionan a su sombra.

Lo más inquietante de este tipo de ansiedad es que no es un estado transitorio, sino que se conforma como un rasgo de la personalidad. Es como si se hubiera hecho crónica. Ya no estás o sólo te sientes, sino que ahora *ya eres alguien ansioso*. Es precisamente este tipo de ansiedad la que puede convertirse en un trastorno.

Ansiedad moral

Es como un miedo a nuestra propia conciencia. Nos sentimos muy mal por haber deseado o hecho algo que alguna vez aprendimos que era indebido o inmerecido y pensamos que debemos ser castigados por ello como si el gran ojo del juez de la conciencia nos vigilara continuamente para juzgarnos y sentenciarnos. La podemos identificar cuando sentimos que hemos defraudado a nuestros padres o que no hemos logrado lo que alguna vez soñamos para la edad que hoy tenemos. Es lo que debimos hacer, pero no hicimos. Es lo que hicimos, pero no debimos hacerlo.

La condena por transgredir los códigos internos de la conciencia es sentir vergüenza, culpa y autorrechazo y entonces nos castigamos obligándonos a hacer cosas que nos lastiman, como quedarse despierto estudiando hasta las cuatro de la mañana por haber dormido una siesta a media tarde, no ir al baño hasta que no respondas el último mensaje pendiente o correr cinco kilómetros extras por haber comido un alimento "prohibido" durante la dieta. Así como los niños sufren las consecuencias de la desobediencia a los códigos de conducta de los padres, los adultos nos castigamos por violar los códigos de nuestra conciencia.

Angustia

Aquí también voy a dividir la angustia en dos tipos. Voy a llamar a una "angustia emocional" y a la otra, "angustia existencial." Aunque comparten una parte del nombre, sus causas, efectos y forma de manifestarse son muy distintos.

Angustia emocional

A la angustia emocional podemos considerarla un nivel más arriba que la ansiedad. Es un estado mental de gran sufrimiento, puede ser de aparición súbita y se dispara cuando nos abruman y colapsan diferentes estímulos emocionales simultáneos como miedo, ansiedad, desesperación y hasta terror o pánico. Es más abrumadora que la ansiedad, mucho más invasiva y aparece frecuentemente en forma de crisis. Las sensaciones pueden ser intensas.

Por ejemplo, angustia es lo que se siente cuando, comiendo, algo obstruye de súbito la vía respiratoria y nos viene una sensación de asfixia. O cuando te dan una mala noticia relacionada con una condición médica, por ejemplo, que padeces una enfermedad grave y aparecen nuevos síntomas o el médico te dice que los estudios revelan que la cosa va mal. Es un momento, como dije, de desesperación, de no saber qué hacer mientras se quiere hacer todo en ese momento, así sea golpearse la cabeza. Claro, en el caso del que se está ahogando, una vez que vuelve a respirar también siente que le vuelve el alma al cuerpo. Para el que recibió una mala noticia, el shock y la sorpresa que acompañaron a la angustia inicial acabarán por dar paso a la tristeza y eventualmente a un proceso de duelo, de ser el caso.

También decimos coloquialmente que "estamos angustia-dos" cuando no aparece un ser querido y no sabemos nada de él durante un periodo razonable y que rompe con sus patrones o hábitos de conducta o comunicación. ¿Y qué tal cuando de pronto un hijo pequeño se nos pierde de vista, así sea por un instante, en una calle o parque público? "¡Qué angustia!", solemos exclamar por el hecho de que alguien nos cuente que "no encontraban al niño." En ambos ejemplos la angustia es clara porque podemos identificar al miedo, la ansiedad y la desesperación.

Si lo pensamos bien, nos damos cuenta que esta angustia tiene cierta correlación con la ansiedad como reacción o la realista de Freud, sólo que es más intensa, sin embargo, hay razón para sentirse así.

Angustia existencial

Esta angustia la considero la raíz de muchos de los miedos que experimentamos, además de ser una de las más complicadas de reconocer por al menos un par de razones; primero porque digamos que circula a "baja velocidad" y, generalmente, para la mayoría de las personas, se percibe, si acaso, como de baja intensidad, tomando la forma de una preocupación ocasional y secundaria. En segundo término porque es densa, habita en las profundidades de la cueva y suele estar oculta detrás del ruido mental que experimentamos en la vida cotidiana bajo la forma de entretenimiento sin sentido y compromiso excesivo con lo superficial. ¿Cómo tocar lo profundo cuando estamos inmersos en los gritos que salen de la boca de la cueva en forma de "ires y venires", redes sociales, plazos, reportes, informes trimestrales, pagos, cumpleaños, reuniones familiares, vacaciones o conflictos cotidianos? No la notamos, a veces la negamos, pero la angustia existencial está ahí, es muy poderosa y está esperando a ver a qué hora despertamos o dejamos de hacernos los dormidos mientras dejamos que nuestras vidas transcurran en una especie de sopor donde preferimos no mirar, no pensar y no estar conscientes.

La angustia existencial se manifiesta como un miedo profundo a lo inevitable o a las consecuencias de nuestras decisiones y acciones en la vida. Sentirla es como una especie de despertar; como dejar de navegar en piloto automático y entonces darnos cuenta de que necesitamos hacer algo para tomar el control de nuestras vidas. La cuestión es que no siempre tenemos idea de cómo hacer esto o, en ocasiones, sentimos que ya no tenemos el tiempo para cambiar de rumbo, especialmente cuando el que llevábamos nos hace sentir que vamos a estrellarnos o que estamos muy lejos de donde se supone que deberíamos estar para esta edad, si no es que de plano nos sentimos totalmente perdidos. Darnos cuenta de que nuestra vida no tiene sentido, de que la muerte es inevitable o de que estamos más solos de lo que nos gusta aceptar es aterrador y preferiríamos volver a ese piloto automático; volver al dulce sueño de la ignorancia y, si fuera posible, incluso al vientre materno. Es justamente el despertar el que nos hace pensar: "¿Qué he hecho de mi vida?" "¿Dónde rayos he estado todo este tiempo mientras todo se me escapaba de las manos?" "¿Por qué no soy feliz?"

La angustia existencial no debe ser negada, evitada o enterrada. Es como este libro, que habla de ir del otro lado de la cueva, del miedo; se trata de cruzarlo. Entrar a la cueva y salir del otro lado de alguna manera, aunque sucios, raspados, incluso un tanto mutilados, es parte del camino hacia la transformación personal que hace que el viaje valga la pena. ¿Cómo demuestra un héroe sus habilidades, valor y confianza en sí mismo si el reto no es grande y aterrador? Es un viaje que se emprende en soledad y hasta sintiéndose un poco solitarios porque, al final, cada uno deberá entrar a su propia cueva y cruzarla, ¿o no? Por supuesto que sería más placentero no entrar y quedarse afuera pulcros y bien peinados, pero recordemos que la vida sigue justo del otro lado y que, por más que nosotros nos detengamos a esperar a quién sabe que señal, el tiempo no se detiene. La idea entonces no es aprender a vivir con la angustia existencial, tampoco eliminarla, porque no se puede. Se trata de aprovecharla para movernos; para despertar y por fin cruzar la cueva antes de que ya no nos quede vida para ser vivida.

Más adelante volveré a la angustia existencial cuando hable acerca de las cuatro preocupaciones o temores que nos propone precisamente la psicoterapia existencial, de la mano de uno de sus principales exponentes: el doctor Irvin Yalom.

¿Qué vimos en este capítulo?

O El miedo pertenece a la categoría de las "emociones negativas" y éstas se llaman así no porque sean "malas", sino porque producen sensaciones desagradables precisamente para movernos y alejarnos, para evitar o resolver lo que sea que las haya provocado.

O El miedo se marcha cuando ha cumplido la función de alertarnos y ponernos a salvo, pero en su modalidad de ansiedad o angustia existencial, puede permanecer por mucho tiempo hasta que nos adaptamos o aprendemos a convivir con las causas que lo provocan cuando no es posible evitarlo.

O Si el miedo no te mueve a evitar, afrontar, resolver o adaptarte a una situación desagradable, entonces se vuelve desadaptativo porque no conduce a nada útil.

O No hay miedos imaginarios, lo imaginario en todo caso pueden ser las causas de tu miedo, pero el miedo siempre es real.

O A muchas personas les gusta exponerse a experiencias que les provocan miedo, como ver una película de terror o lanzarse de un paracaídas, pero la percepción del riesgo es calculado, lo que hace que la experiencia pueda disfrutarse sin caer en pánico.

O La ansiedad y la angustia no son exactamente lo mismo que el miedo, pero ambas forman parte de la experiencia del miedo o lo tienen como componente. Por ejemplo, la ansiedad es una forma de miedo, pero el miedo no es una forma de ansiedad. Recordemos que el miedo es una emoción primaria. En este libro agrupo estas experiencias bajo la denominación de "miedo" para efectos prácticos.

O Los trastornos de ansiedad van más allá del miedo y deben ser tratados por un especialista. Si vives en un estado constante de miedo por la mayoría de las cosas que te rodean y esto interfiere con tu vida o tu capacidad de disfrutarla, busca ayuda profesional cuanto antes. Un psicólogo, psicoterapeuta o psiquiatra pueden ayudarte.

Ejercicio sugerido

A veces lo que nos asusta no representa ningún peligro, pero de igual manera da miedo. Ya vimos que no hay miedos imaginarios, entonces lo que queda por saber es si el miedo es racional (el que nos protege del peligro) o irracional (el que sólo nos espanta). Como muchas cosas en la vida, para saberlo tenemos que ponerlo a prueba, así que hagamos juntos lo siguiente:

- Piensa en algo que te dé miedo o ansiedad hacer. De preferencia elige algo no muy grande, sino algo más bien pequeño que a veces hasta te haga sentir mal temerle, pero que aun así te asusta. Es muy probable que si tienes miedos grandes, tengas varios pequeños, así que empecemos con uno de esos. Recuerda que es algo que te asusta hacer, como hablar frente a las personas, por ejemplo. Asegúrate que no sea algo realmente peligroso como saltar de un paracaídas; eso será después. Anótalo aquí:

Tengo miedo de: _____

- Ahora realiza una pequeña prueba. Por ejemplo, si tienes miedo de socializar en tu trabajo, por qué no empiezas por saludar mañana a algunos a los que no les hablas. Si tienes miedo de hablar en público, por qué no opinas algo en la siguiente junta o fiesta ante poca gente. Haz un poco de lo que te asusta, pero que sea sólo un poco. De lo que se trata es que veas si en verdad el resultado es peligroso o terrorífico. Procura que sea algo que normalmente no te atreves a hacer respecto a lo que te da miedo; busca que te haga sentir cierta incomodidad o inquietud, pero que no te aterre. Ahora escribe en una hoja tu experiencia con esta estructura:

Esto que hice me pareció:

_____

(Ejemplos: insignificante, soportable, inquietante, horrible, terro-rífico, lo peor).

Si tuviera que narrar brevemente mi experiencia, yo diría que fue:

_____

_____

_____

_____

_____

_____

_____

_____

- Si lo que hiciste te pareció insignificante o muy sencillo, prueba mañana haciéndolo un poquito más desafiante. Si te pareció algo terrible, entonces mañana bájale "dos rayitas" y haz algo menos atrevido. La idea es que todos los días hagas algo que tenga que ver con lo que te asusta (sin que te pongas en riesgo) y que eso te vaya dando pequeños resultados o avances. Cada vez que avanzas un poquito sientes que progresas y eso resulta motivador. Además, al hacerlo diario o, al menos, algunas veces a la semana, los resultados son inmediatos y observables.

- Una variante de esto implica llevar a cabo la parte más simple de algo que te resulte aterrador, hacerla de cinco a diez minu-tos. Es practicar la habilidad más básica posible de un grupo de habilidades que no conoces, o hacer un proyecto muy fácil y no público que no tome mucho tiempo antes de abordar un proyecto similar pero más difícil o más público.

2

¿A QUÉ LE TENEMOS MIEDO?

La mayoría de los miedos son básicos: miedo a la oscuridad,
miedo a caer al sótano, miedo a sonidos extraños,
miedo a que alguien te esté esperando en tu armario.
Ese tipo de cosas se quedan contigo sin importar la edad.
ROBERT LAWRENCE STINE, escritor

Hacer una lista de cosas a las que tenemos miedo sería interminable porque cada uno puede temer a distintas cosas. Aun así, hay cosas que a unos asustan y a otros no. Hay cosas que objetivamente representan un peligro real y muchos no les temen y otras cosas que técnicamente son inofensivas y algunos les tienen pánico. No obstante, hay ciertas cosas que comúnmente provocan miedo a la mayoría de las personas. Algunos de estos miedos son más instintivos; evolutivos podríamos decir porque, al parecer, no se aprenden sino que se han integrado a nosotros como parte de la evolución para mantenernos a salvo. Claro, hay cosas que en épocas remotas era muy probable encontrarse en casi cualquier contexto humano, como las serpientes, por ejemplo, y que hoy, en la mayoría de los entornos urbanos, la probabilidad de toparse con una no es alta. Aun así, a muchas personas les siguen dando miedo y ya veremos la razón. La cuestión es que la evolución no va tan rápido como quisiéramos o, al menos, no como los cambios que hemos experimentado como especie. Nuestros ancestros no estaban atemorizados por los microplásticos o la posibilidad del calentamiento global; de hecho nosotros deberíamos temerle más a ir en un auto en movimiento por la autopista que a un tiburón o a casi cualquier araña con la que nos podamos topar.

Dicho esto, vayamos a recorrer algunos de nuestros miedos más instintivos, otros bastante comunes y algunos más que han sido aprendidos por alguna razón.

Miedos instintivos

En el estudio del miedo es casi inevitable que surja una pregunta: ¿Hay cosas a las cuales tememos todos desde el nacimiento? Me refiero a los miedos que pueden tener un origen muy remoto y han sido compartidos por todos los humanos durante miles de años como producto de la evolución.

La respuesta es un rotundo sí. O, al menos, eso parece en algunas ocasiones. La cuestión es que, a lo largo del tiempo, han entrado y salido de la lista varios de estos miedos comunes y compartidos conforme la ciencia avanza y se ha puesto en tela de juicio a otros que dábamos por totalmente ciertos. Esto no es sino un reflejo de que nos falta investigar aún más acerca de las emociones en general y del miedo en particular. Sin embargo, podemos decir que sí existe, por ahora, una lista de los diferentes miedos que la ciencia ha identificado como de origen evolutivo, considerando que el resto sería aprendido en algún momento de la vida. Ahora bien, por supuesto que hay personas que auténticamente no temen (tanto) a lo que los demás sí, lo cual nos dice que así como hay miedos aprendidos, también hay personas que aprenden a no tener miedo, especialmente cuando adquieren los conocimientos y desarrollan las habilidades necesarias que les permiten tener confianza en que podrán manejar la situación, minimizando el riesgo.

Entonces, ¿cuál sería la lista de miedos que todos compartimos? Veamos.

Miedo a caer

En los años sesenta, los doctores Eleanor J. Gibson y Richard D. Walk realizaron un experimento al que llamaron "el acantilado visual" en donde evaluaban la percepción de profundidad en bebés de seis a catorce meses. El estudio consistía en colocar a los bebés sobre una superficie alta (como una mesa) que estaba rodeada por una superficie de acrílico transparente haciendo parecer que, más allá de la mesa, no había nada y que se encontraba a una altura considerable desde la que podían caer. La intención era ver cuántos bebés (y algunos animales que también fueron sujetos al mismo experimento) se atreverían a ir más allá de los límites de la mesa para intentar gatear sobre el "acantilado visual." El resultado fue que la mayoría de los sujetos experimentales, tanto niños como animales, se detuvo al llegar a la orilla y no se "arrojó" al "acantilado." Como resultado, se determinó en aquellos años que el miedo a caer era lo que los detenía y que éste es un instinto necesario para la supervivencia de muchas especies, incluyendo a los humanos.

Sin embargo, en el año 2014 se publicó en la revista *Current directions in psychological science* un estudio realizado de manera conjunta por los doctores Adolph, Kretch y LoBue, en donde cuestionaban la validez de los resultados del experimento del "acantilado visual." Sus conclusiones fueron un tanto distintas. Los nuevos resultados sostienen la idea de que los bebés evitan gatear sobre lo que aparenta ser una caída alta no por miedo, sino porque evaluaron que sus brazos y piernas no eran aptos para afrontar una altura tan grande, así que lo evitaron. Parte de lo que apoya la conclusión de que podría no tratarse de miedo, sino del resultado de una evaluación de habilidades, se sustenta en el hecho de que es verdad que los bebés evitan ir más allá de los límites seguros, sin embargo, al alcanzarlos sus expresiones no reflejaban miedo ni había intentos de llanto. Aun así, falta hacer más estudios para validar alguna de las dos propuestas de manera contundente. Es claro que los miedos de los padres y factores culturales influyen en que muchas personas tengan miedo a las alturas en la vida adulta, pero cuesta trabajo identificar si los bebés realmente nacen con ese miedo porque, aunque no se arriesgan al "acantilado", no nos pueden decir las verdaderas razones por las que actúan de esa manera.

No es complicado adivinar que esto de caer tuvo que ser todo un tema para nuestros ancestros y pienso que no tanto por la muerte en sí misma (quién sabe qué pensaban acerca de ella), sino por la desventaja que representaba salir lastimado de una caída y sin moverse con el grupo o colaborar en él. Ya fuera en funciones de cacería, recolección, crianza o migración, padecer las consecuencias de una caída seria, por ejemplo, la ruptura de un hueso, tuvo que ser algo temido de alguna manera porque esa podría haber sido la puerta hacia el abandono o el aislamiento de la vida social en aquellas épocas en donde era (y sigue siendo, por cierto) algo indispensable para la supervivencia.

Miedo a los ruidos fuertes repentinos

Todos tenemos algo que se llama "Reflejo auditivo de sobresalto" que forma parte de una serie de reacciones que integran un fenómeno conocido como "Sobresalto potenciado por el miedo."

Dicho en términos más amables, es todo lo que nos hace brincar de un susto. Funciona a través de la relación de varias estructuras cerebrales en donde la amígdala juega un papel fundamental en las reacciones fisiológicas al miedo. Para muchos puede ser el ruido de un cohete, una alarma, un trueno durante una tormenta o un globo que revienta. Incluso el grito de alguien cuando se acerca sigilosamente por detrás, nos hace saltar mientras los demás ríen por nuestra reacción. Esto puede suceder una y otra vez porque es un reflejo que nos permite la supervivencia en caso de peligro real.

Ahora bien, esto normalmente no pasa del susto, pero si tras el sonido fuerte y repentino una persona empieza a tener síntomas intensos y persistentes como sudoración excesiva, deseo de huir, aceleración del ritmo cardiaco, desmayo o un ataque de pánico, probablemente padezca algo que se conoce como fonobia o ligirofobia, que es un trastorno que produce ataques de ansiedad desencadenados por el impacto de estos sonidos. Nunca insistiré lo suficiente a lo largo de este libro en que toda sospecha de algún trastorno que altere, de manera significativa nuestra calidad de vida, debe ser diagnosticado y tratado por un especialista en salud mental.

Para concluir con este miedo a los ruidos fuertes y repentinos, diré que, por ahora, sí parece ser un miedo claramente innato y común en los humanos y muchos animales. De hecho, quien tiene perros como mascotas sabe perfectamente lo que sufren estos con los fuegos artificiales, ¿no es así?

Miedo a los objetos que se acercan a gran velocidad

Otra de las cosas que activa el reflejo de sobresalto potenciado por el miedo son los objetos que percibimos que se acercan de manera repentina a gran velocidad. Es una reacción parecida a la de los sonidos, pero ésta es de naturaleza visual. Si alguien nos arroja sin previo aviso un objeto, que puede ser un trozo de papel arrugado, una bola de goma o una piedra, se activará el reflejo de igual manera y tenderemos a protegernos agachándonos y cerrando los ojos. Esto ha sido objeto de bromas de parte de amigos que nos arrojan objetos inofensivos, sólo para ver nuestras caras y reacciones de miedo.

Estas reacciones suceden porque, aunque el objeto en cuestión puede no ser peligroso, la amenaza de daño es real si nos golpea, principalmente en zonas vulnerables, como los ojos. El cerebro no tiene mucho tiempo para averiguar la naturaleza del objeto que se acerca, así que para no fallar, activa al miedo y al reflejo como consecuencia de éste para hacer que nos pongamos a salvo. No es un miedo pensado, es más bien sentido.

Pensando una vez más en nuestros ancestros, los depredadores suelen actuar y cazar con rapidez. Felinos, lobos y otros animales de los que seguramente en algún momento fuimos presa suelen acelerar su aproximación cuando llega el momento del ataque, esto después de acercarse sigilosamente a su presa, justamente para no ser vistos y no despertar su miedo sino hasta que ya es demasiado tarde.

Miedo a las serpientes y las arañas

Este miedo puede ser muy controvertido porque las reacciones son bastante variadas. Habrá personas que se van a saltar esta parte del libro con tal de ni siquiera leer acerca del tema y, por otro lado, conozco a alguien que tiene como mascotas a algunas tarántulas. Pero bueno, aquí la cuestión es si éste es un miedo instintivo o aprendido.

Un estudio publicado en el año 2016 en el *Journal of Comparative Psychology* afirmaba que hay una predisposición evolutiva para temer a las serpientes, pero no a las arañas. El experimento se realizó con primates no humanos (monos japoneses específicamente) y consistía en ver que tan rápido reaccionan a imágenes de distintos animales (peligrosos y no peligrosos). La idea era que aquello a lo que se reaccionara con mayor rapidez, era precisamente a lo que se le temía más, sugiriendo que la detección visual rápida de estímulos que podrían ser dañinos no se aprende, sino que es una predisposición que ha evolucionado con la especie. Este experimento se desarrolló tanto con primates no humanos que habían crecido en libertad, como criados en cautiverio (y que nunca habían estado expuestos a serpientes). En ambos casos fueron más rápidos para detectar imágenes de serpientes que otras imágenes, lo que sugiere un mecanismo heredado compartido para la detección rápida de estímulos relevantes para el miedo. También se observó una detección mucho más rápida a las serpientes que a las arañas, por lo que la conclusión de este experimento, en particular, sugiere que el miedo a la serpientes es innato y el de las arañas, aprendido.

Todo era felicidad en el mundo de la ciencia del miedo hasta que en octubre de 2018 se publicó otro estudio, esta vez en la revista *Frontiers in Psychology,* en donde un grupo de investigadores del Instituto Max Planck, en Alemania, y de la Universidad de Uppsala, en Suecia, decidió averiguar de una vez por todas cuál era la verdad en este asunto. Para ello no utilizaron monos como sujetos experimentales, sino bebés. Cuarenta y ocho bebés de seis meses fueron evaluados mientras estaban sentados en el regazo de sus padres. Los investigadores les mostraron imágenes de arañas y serpientes sobre fondos blancos durante cinco segundos. Para evitar que los padres los contaminaran con sus propios miedos, les cubrieron los ojos, de manera que ellos no podían ver las imágenes que los bebés sí. ¿Cuál fue el resultado? Cuando los bebés vieron las imágenes de serpientes y arañas, sus pupilas reaccionaron haciéndose más grandes que cuando les mostraron imágenes de flores y peces. ¿Qué tiene eso que ver? Las pupilas dilatadas muestran estados elevados de excitación y procesamiento mental y están asociadas con la actividad en el cerebro en áreas donde se procesa el estrés. Si recordamos lo que dijimos en el capítulo anterior acerca de las emociones, una de sus funciones es focalizar la atención para evaluar y movernos a la acción. Esto es justamente lo que representa en el estudio las pupilas dilatadas; una forma de enfocar la atención sobre algo que se percibe como importante hacerlo. Aun así, la investigación continúa porque lo controvertido del tema recae ahora en probar si esa focalización necesariamente conduce al miedo.

Aun así y para concluir, una publicación de la APA (Asociación Psicológica Americana) afirma: "En distintos experimentos de laboratorio, las personas son más rápidas para detectar imágenes de serpientes y arañas, entre otras imágenes, y para formar más rápidamente asociaciones de miedo con imágenes de serpientes y arañas que con imágenes de pistolas y cuchillos, a pesar de que estas últimas son más peligrosas."

Y no es que las serpientes y las arañas vayan por la vida cazando humanos, aunque mientras escribo este libro me acabo de enterar de una noticia sensacionalista cuyo titular es "Descubren araña que come carne humana"; todo un título para vender la noticia en sí misma y para desatar los miedos de todos los aracnofóbicos.

Al ponerme a investigar con seriedad la noticia, encontré que, en efecto, en Argentina, se descubrió un nuevo tipo de araña camello a la que nombraron *Gaucha ramirezi*; es venenosa y posee una especie de mandíbulas fuertes que le permitirían comer cualquier tipo de carne. Es verdad que el arácnido en cuestión ha sido descrito como de carácter agresivo y que al comer "cualquier tipo de carne", la humana no sea la excepción, pero de eso a que el bicho este sea antropófago hay un abismo.

Volviendo al punto, decía que el temor a las arañas y serpientes no es porque hayan sido depredadores naturales del ser humano, sino porque seguramente en algún momento compartimos o hasta invadimos su entorno. ¿Qué podrían haber hecho sino defenderse con lo que podían? Probablemente en cierto momento ellos estuvieron más asustados por nuestra presencia.

En general podríamos entonces decir que, a pesar de las sanas dudas que la misma ciencia hace sobre sus propias conclusiones, los anteriores son los miedos que son comunes a todas las personas y que parecen tener un origen evolutivo, sin descartar que también hay otro factor y éste, como ya dije, es el propio miedo de los padres y sus reacciones ante él. Los niños aprenden rápidamente por imitación y asociación y parece que no hace falta mirar demasiadas veces la reacción de miedo de alguno de nuestros padres ante algo para que de inmediato quede grabado en nuestra mente aquello como peligroso y, por lo tanto, como una fuente de miedo. Por otro lado, es probable que la reacción de confianza de los padres también influya de alguna manera en el aprendizaje de los hijos acerca de cómo actuar ante lo que asusta.

Podríamos quedarnos entonces con una conclusión que nos lleve a pensar que es probable que todos tenemos un temor natural a estas cosas, pero que algunos aprenden a no temerles.

Otros miedos comunes
y alguno que otro aprendido

Me preocupa que todos vivamos nuestras vidas
en los confines del miedo.
BEN HOWARD, cantante y compositor

Caídas, ruidos, objetos y bichos. Todas las fuentes ya descritas de miedo son más propias de ambientes externos tipo sabana africana de cuando nuestros ancestros andaban explorando su entorno. Y aunque, como ya dije, la evolución opera relativamente lenta, hemos desarrollado o aprendido otros temores menos "simples" que surgen como producto de nuestra propia condición humana. Algunos de ellos son totalmente personales y otros involucran a otros. Algo de lo mucho que hay detrás, como si fuera un miedo latente, es el miedo "al qué dirán" o miedo al rechazo, como en el caso del miedo a la humillación, a equivocarse o a ser "descubierto."

Estoy seguro que algunos de ustedes se verán reflejados en alguno o, si están peor de lo que me puedo imaginar, tengan miedo a cosas muy distintas que las que voy a describir.

Miedo a la oscuridad

Hemos escuchado historias, mitos y leyendas que nos cuentan que al principio de los tiempos todo era caos y oscuridad; que después llegó una fuerza poderosa y benévola (o eso dicen) que creó la luz y todo lo bueno que vino como consecuencia. Entonces, justamente con estas *historietas* universalmente conocidas, es que empezamos a asociar la luz con el bien y la oscuridad con el mal. Cuervos, perros y hasta gatos negros han sido asociados como los sirvientes de lo maligno, así como los malos y las brujas suelen vestir de negro. El luto y el duelo solían identificarse con ese mismo color. Pero no nos desviemos del tema. Cabe preguntar ¿por qué algunas personas, incluso hasta bien entrada la edad adulta, temen a la oscuridad?

Podemos decir que tememos a lo que no podemos ver, pero que invariablemente imaginamos. A diferencia de un proyector común que refleja mejor en una superficie blanca, las proyecciones de nuestra mente encuentran una excelente pantalla en la oscuridad; justo dentro de la cueva. Y no digo que caminar por una calle solitaria y oscura no sea peligroso, ya que muchos maleantes eligen precisamente esos lugares para atacar (aunque en los últimos tiempos ya lo hacen a toda hora, en cualquier parte, pero ése es otro tema); me refiero a los miedos irracionales que podemos proyectar al amparo de lo oscuro. Entonces, no es la oscuridad en sí lo que es aterrador. Es el miedo a lo que oculta o pensamos que oculta la oscuridad. La oscuridad nos deja vulnerables y expuestos, incapaces de detectar cualquier amenaza, real o imaginaria, que pueda estar al acecho.

¿Cuántas cosas podrían pasar en la oscuridad? Ése es el gran tema. Las posibilidades son ilimitadas porque no solamente es lo conocido a lo que se teme, sino a las posibles combinaciones y distorsiones de lo conocido y éste no siempre es real, pues conocemos muchas cosas fantasiosas como brujas, fantasmas y demonios. Digamos que es la malignización y mounstrificación de nuestro pensamiento lo que contribuye a la creación de esas entidades maléficas que habitan en las sombras. La ausencia de razón, como decía en el capítulo anterior. El miedo a la oscuridad es realmente el miedo a todo lo que pueda crear tu imaginación. Y aun cuando haya alguien que pueda afirmar: "No sé a qué le tengo miedo, pero sé que tengo miedo a la oscuridad", nos está revelando la naturaleza de eso inespecífico a lo que teme. Viene, viene por nosotros y viene a dañarnos. Es un objeto persecutor y castigador que viene en busca de justicia o venganza. Quizá el remordimiento o la culpa tengan algo que ver en esto. Entonces, ¿por qué no podemos imaginar que lo que hay en la oscuridad es algo benévolo y protector?

En el caso de los niños, más que apresurarnos a demostrarles que en la oscuridad no hay nada, deberíamos indagar primero qué se imaginan que hay. ¿Qué bien hace demostrarles que no hay nada al encender la luz cuando al apagarla lo que sea que se imaginen que hay vuelve a aparecer? Es la luz de la razón y la confianza interior la que debemos enseñarles a encender, no el foco que está en el techo.

De adultos, los demonios que escondemos durante el día, nuestras profundas preocupaciones, tristezas y miedos, comienzan a reaparecer y volver a nuestra consciencia conforme la noche se acerca. Para algunos, los problemas que esconden son demasiado abrumadores para enfrentarlos durante el día, las actividades cotidianas y la manía compulsiva los mantiene a raya. Pero por la noche, los demonios internos, no necesariamente los demonios que imaginamos que habitan bajo la cama, regresan a nuestras mentes.

El impacto en la vida adulta puede ir más allá de lo que podríamos imaginar; por ejemplo, un estudio preliminar realizado por la doctora Colleen Carney y publicado en el 2013 en el *Journal of Experimental Psychopathology* sugiere una correlación entre el miedo a la oscuridad y la mala calidad del sueño en algunas personas. La investigación continúa para determinar si es el miedo a la oscuridad lo que ocasiona la mala calidad del sueño o es ésta la que desencadena el miedo a la oscuridad. De una forma u otra, el miedo está presente como causa o consecuencia.

Estar con alguien en la oscuridad suele dar un poco más de alivio que estar solos. Una persona a nuestro lado puede ayudarnos a mantenernos más centrados en la realidad o a distraernos con la conversación. A veces nuestro acompañante se vuelve una especie de indicador de "si él no tiene miedo yo tampoco (tanto)", aunque también podría volverse un factor de mayor miedo si se pone más ansioso que nosotros y resulta que debemos calmarlo o, peor aún, empieza a incrementar nuestro miedo y entonces todo empeora.

Si tuviéramos que integrar a este miedo en la lista de los miedos evolutivos o innatos (lo que no me resultaría tan inapropiado), encontraríamos que hay razones para ponerlo, ya que el peligro real de la oscuridad es precisamente no ver por dónde va uno ni en dónde pisa. El riesgo es caer, resbalar, golpearse o picarse con algo. Nuestros ancestros seguramente se sintieron más vulnerables en la oscuridad, pues nuestros ojos no evolucionaron para ver claramente en ella, como lo pueden hacer algunos animales y el riesgo de tener un accidente o ser víctima de algún depredador fue significativamente mayor. De eso a que nuestra imaginación compensara nuestra incapacidad para ver con claridad a través de las sombras con temores irracionales, sólo hubo un paso. Entonces, no; el miedo a la oscuridad no es del todo irracional después de todo, sino lo que nuestra mente proyecta en ella.

Miedo a enfermarse

La mayoría de mis miedos acerca de las dolencias físicas
se refiere a los médicos y a sus tratamientos, no a la enfermedad.
GUIDO CERONETTI, escritor y titiritero

Tener miedo a enfermarse o sufrir un accidente es perfectamente natural. De hecho, esa es la razón por las que hacemos muchas de las rutinas domésticas de higiene como lavarnos los dientes y las manos con cierta regularidad. Evidentemente ese miedo a los gérmenes o a las encías sangrantes no es algo que haya evolucionado con nosotros (especialmente cuando desconocíamos la existencia de esos gérmenes), pero nos enseñaron que había que hacer eso "para no enfermarnos." Evitamos comer cosas en mal estado (siempre que nos demos cuenta de que lo están), así como acercarnos a la suciedad, los malos olores y la materia en descomposición. Cuando vemos que alguien está hundido en una gripe, a veces, lo saludamos con cierto recelo. Cuando decimos que hacemos ejercicio "por salud" realmente lo que queremos evitar es la enfermedad; especialmente cuando no lo hacemos con mucha voluntad. Nos hacemos chequeos médicos y a veces tomamos algunos suplementos o procuramos comer saludable; pero en realidad detrás de todo esto se encuentra el miedo a enfermarse y lo que de ello derive, por supuesto. Con los accidentes también tomamos precauciones como cuando nos agarramos del pasamano al bajar por unas escaleras, cuando miramos antes de cruzar la calle o seguimos las indicaciones de seguridad en caso de emergencia.

Por supuesto hay enfermedades o condiciones a las que se les teme porque comprometen la salud más que otras. El cáncer es una de ellas. Aunque también hay temores que se desarrollan con el paso de la edad, como al alzhéimer.

Y aunque ya sabemos que este libro no trata de trastornos mentales o psiquiátricos, conviene hacer una distinción sólo por saber y desmitificar. Me refiero a la diferencia entre nosofobia (temor a enfermar) e hipocondría (obsesión por creer que se está enfermo). Ambas son temores sobre alguna enfermedad, pero la diferencia está en la naturaleza exacta del miedo. La nosofobia es el miedo a desarrollar una enfermedad específica, como cáncer o alzhéimer. La hipocondría es el temor a que algunos síntomas físicos existentes puedan ser el resultado de una enfermedad no diagnosticada. Lo curioso, especialmente con la nosofobia, es que es precisamente un temor mórbido a enfermar, es decir, se teme a todo menos a lo que ya se tiene y que sí deberíamos temer porque no nos deja vivir en paz. Las paradojas del miedo. Por cierto, ambas requieren ayuda profesional.

Ya mencioné que se considera un miedo innato el temor a las arañas y las serpientes, pero ¿qué hay de otros bichos como las cucarachas, las moscas y las ratas? Algunas personas les temen argumentando que son transmisores de terribles enfermedades cuando son realmente los mosquitos los que pueden representar un peligro mayor de salud pública (según la Organización Mundial de la Salud (OMS) cada año mueren 725,000 personas como resultado de enfermedades transmitidas por los mosquitos). Y no digo que los bichos anteriores no representen un peligro objetivo, pero, salvo que haya grandes infestaciones, es poco probable que caigas gravemente enfermo como resultado de convivir con algunas cucarachas, un par de ratones o que una mosca se pose brevemente sobre tu bistec.

Por cierto, ratas y ratones están emparentados con ardillas y, al parecer, ninguno de ellos, como suele pensarse, puede transmitir la rabia a los humanos, aunque las ardillas sí pueden transmitir el tétanos y no les tenemos tanto miedo como a sus parientes más inofensivos. En cambio, la picadura de un solo mosquito podría causarnos malaria o algo peor.

Obviamente, no espero que por saber esto de manera automática tu miedo a las enfermedades que puedan transmitir las cucarachas desaparezca, pero sabiendo que no es tan mortal como el mosquito ¿por qué solemos temerle más? Habrá quien diga que es porque se reproducen en gran medida y velocidad (los mosquitos también lo hacen), pero la realidad es que hay dos factores que contribuyen a esto: la combinación de miedo y asco percibidos. El primero es un marcador que señala peligro inmediato y el asco indica el potencial de enfermedad o contaminación.

Las cucarachas se ven grasosas, si las pisas truenan muy feo y si se despanzurran dejan un batidero. Mientras que los mosquitos son pequeños y cuesta ver que se acerquen a gran velocidad, en cambio las cucarachas, además de visibles, son muy, muy rápidas y escurridizas y ya sabemos que las cosas que se nos acercan a gran velocidad no nos gustan.

Creo que ya nos ha quedado claro que cuando el miedo se separa de la razón, éste se pierde sin rumbo dentro de la cueva. El miedo extraviado dentro del cuerpo puede producir toda clase de preocupaciones que las voces interiores se encargan de amplificar, tal como lo hacen con la supuesta evidencia que dicen ofrecerte cuando algo "está mal." La realidad es que se valen del mecanismo emocional de focalización sobre el peligro y te llevan a concentrar tu atención sólo en lo negativo o en algo que es perfectamente normal y que normalmente pasaría desapercibido, como, por ejemplo, la comezón, un pequeño moretón por un golpe inadvertido o un movimiento intestinal inusual proveniente de los tacos con salsa de chile de árbol que te zampaste la noche anterior.

Pero si de verdad crees tener una enfermedad, ve a que te revise un médico. ¿Tienes miedo de ir porque no vaya a ser que te digan que tienes algo? Esto es típico en muchos y es natural sentirlo, pero el no querer saber es querer ignorar y al ignorar no dejamos que la razón tranquilice al miedo o nos lleve a actuar para evitar, reparar o afrontar, como ya he dicho.

La realidad es que si tienes algo, pues ya lo tienes, lo sepas o no. Si no tienes nada, pues aunque creas que lo tienes no está. Los diagnósticos sólo hablan de enfermedades, no las crean ni las evitan. Lo que sí es verdad es que el saber te permite actuar y el saber con anticipación te permite hacerlo a tiempo. Ahora bien, si ya tienes un diagnóstico que te dice que no tienes nada y por alguna razón no confías en ese resultado, busca una segunda opinión, pero no andes hurgando en internet por páginas que no sabes de dónde viene la información o que tienen información que no sabes interpretar o que no sabes si aplica en tu caso. Eso sólo agitará tu ansiedad o angustia. Si la segunda opinión médica difiere de la primera, busca una tercera que rompa el empate y toma una decisión acerca de tu tratamiento o cómo proceder para que no caigas en la trampa de buscar infinitamente porque aseguras que tienes algo que sólo tú crees que tienes y que nadie por ningún lado encuentra. O, tal vez, diagnosticar algo en este caso sea la cura. Como bien dijo alguna vez el escritor y periodista austriaco Karl Kraus: "Psicopatología: si uno no tiene nada, el mejor modo de curarle es decirle qué enfermedad tiene."

Si ya te ha sido diagnosticada una enfermedad seria y te asusta lo que sigue, eso también es absolutamente comprensible. Yo no creo en los efectos del optimismo irracional que aseguran que "todo va a estar bien" nada más por querer animar, pero tampoco creo que el pesimismo desenfrenado que nos anuncia una catástrofe inminente ayude a alguien a sentirse más sereno para afrontar lo que surja. Acá, creo que lo que conviene es ir paso a paso; confiar en el tratamiento, en el médico al que se ha elegido y, sobre todo, en que pase lo que pase, podremos afrontarlo. Cuando las voces que salen de la cueva te dicen que pueden ver el futuro y que lo que se avecina con toda certeza es sombrío, catastrófico y sin esperanza, recuerda que son sólo voces y no pueden saber más de lo que tú sabes. Proyecciones de tu mente, para ser más precisos.

No puedo guardar silencio ante el hecho de que el miedo a la enfermedad está muy de la mano con el miedo a la muerte, pero de ella inevitablemente ya nos ocuparemos más adelante en este libro, y en la vida misma, por supuesto.

Miedo a envejecer

El miedo es un sufrimiento que produce
la espera de un mal.
ARISTÓTELES, filósofo

La ansiedad por el envejecimiento es la expresión del miedo de las personas a envejecer y no han sido pocos los pacientes que me han manifestado abiertamente este temor. Curiosamente son personas que están entre la segunda mitad de sus treintas y la primera mitad de los cincuentas. Por supuesto que hay quien incluso va más allá y con ello todos los intentos por mantenerse y verse joven; todos conocemos casos así.

Es verdad que el miedo tiene que ver con la apariencia física, pero las más de las veces se relaciona con la autonomía y la posibilidad de la dignidad perdida cuando empecemos a dejar de ser jóvenes. Algunos expresan que no quieren llegar a viejos para no ser una carga, cuando el miedo real es a que no haya nadie que los "cargue." Esto es sólo un poco de los miedos de los que hablaré en el siguiente capítulo, el aislamiento y la muerte, por supuesto.

Un estudio publicado en el año 2015 en la revista *Educational Gerontology* señala resultados interesantes acerca de este temor:

- Los hombres y las mujeres comparten miedos similares acerca del envejecimiento, con excepción de la forma en que se verá afectada la apariencia física, la cual resultó ser un temor predo-minantemente femenino.
- Tener relaciones personales de mayor calidad se relaciona con una menor ansiedad por el envejecimiento.

- Tener una mejor actitud ante el envejecimiento disminuye el temor a éste, de modo que tener prejuicios hacia la vejez lo aumenta.
- Tener mala salud se relaciona con una mayor ansiedad por el envejecimiento.

Envejecer es inevitable, si llegamos. Al ser previsible, hay cosas que podríamos hacer para amortiguar su impacto en nuestras vidas. Si el temor es económico, pues tener una buena estrategia financiera para tal fin puede ayudar. Si es la apariencia física, también hay cosas que pueden hacerse para mantenerla con relativa vitalidad. Ahora que si el temor es al abandono de los demás porque sentimos culpa o remordimiento por el trato que les hemos dado, o porque no nos hemos procurado una vida social y familiar enriquecida, se haría necesario, casi de inmediato, hacerse cargo de las relaciones personales antes que el daño sea irreversible o cueste demasiado reparar cuando sea dejado pasar mucho tiempo.

Miedo a la humillación

> *Cuando se teme a alguien es porque a ese alguien le hemos concedido poder sobre nosotros.*
> HERMANN HESSE, escritor

Muchas culturas, incluso gobiernos contemporáneos, han utilizado el miedo a la humillación como una forma de mantener el orden social y el cumplimiento de las leyes. Exhibir a los infractores, ponerlos en "listas negras" o imponerles castigos o penas públicas y humillantes han sido prácticas cotidianas a lo largo de la historia. Al final se convierte en una posibilidad de rechazo por aquello que hemos hecho o que dicen que hicimos. Esto lo hemos visto recientemente con la exposición de personalidades en redes sociales que han sido denunciados por cometer abusos. Hemos atestiguado cómo la humillación pública, independiente del castigo penal que esos personajes puedan tener, ha acabado con su reputación, sus carreras, incluso con su propia vida. La intención es hacer justicia, pero también que haya un aprendizaje social de lo que puede pasarle a aquel que actúe de igual manera. El miedo es una forma de cambiar conductas. Parece que temer a la humillación tiene fundamento, ¿no es así?

El que exista la vergüenza, el remordimiento, la culpa y la humillación implica que existe un sistema de valores común que no fue adecuadamente respetado por algún miembro del grupo social. Pero mientras que el remordimiento y la culpa son principalmente el resultado de una autovaloración al saber que se ha transgredido una norma social, la vergüenza y la humillación son principalmente el resultado de la valoración por parte de otros acerca de esa transgresión; es decir, viene de afuera en la forma de un juicio social, independientemente si éste se sustenta en hechos reales o inventados. La humillación suele ser más profunda que la vergüenza porque esta última implica sentirse alguien inadecuado o insuficiente, pero con la humillación es como si los demás nos hubieran descubierto y nos castigaran por ello. Ser humillado implica la degradación del orgullo y la dignidad, y con ello la pérdida de estatus y posición. Incluso la posibilidad de defensa de aquello que se nos acusa queda prácticamente nulificada porque, al haber sido humillados, es como si nos hubieran arrebatado toda legitimidad para hacer reclamos o defendernos. En sí, dejamos de ser sujetos de confianza y credibilidad. La humillación nos deja vulnerables y asustados porque nos empequeñece ante los ojos de los demás.

La humillación también puede darse como una proyección de nuestros miedos en los otros. Por ejemplo, un fracaso que se vive en privado puede conducirnos a la vergüenza, culpa o remordimiento, pero también puede ser la puerta de entrada a un proceso de transformación y búsqueda de reparación. Pero un fracaso que se ha hecho público conduce a sentirse humillado ante los demás, sin importar si estos tienen o no la intención de hacernos sentir así. Es el miedo al rechazo, proyectado en los otros, lo que acaba por generar esa sensación y hacernos ver juicios hasta en las caras más amigables. Lo mismo puede pasar con una infidelidad; muchos tratan de mantenerla en privado y buscan una "salida digna" (hayan sido los "engañadores" o "engañados") o se abren a la posibilidad de una reparación de su relación a través del perdón y un trabajo conjunto. Otros se sienten tan humillados que se apresuran a hacer pagar al engañador con el mismo castigo y en un arrebato de ira buscan exponer a aquel que les ha engañado ante la mayor cantidad de personas posibles: familia, hijos, amigos, compañeros de trabajo y el mundo entero si es posible. Es un intento arrebatado por sentirse menos humillados al exponer al verdadero malhechor y así recobrar la posición perdida ante los demás. Pero ¿cuál es la humillación ante el hecho de haber sido engañado? En teoría es el hecho de sentir que se ha expuesto una supuesta estupidez, exceso de confianza y vulnerabilidad ante los demás, lo que haría que nos rechacen como a un ser defectuoso.

Por lo tanto, la humillación puede ser un sentimiento insoportable, algo temido que muchos harán todo lo posible por evitar. Surge el deseo, casi necesidad, de ser tragados por la tierra en ese momento. No es poca cosa lo que está en juego, es nuestro valor en el mundo ante los demás. Por eso muchos temen a hablar en público; incluso algunos hasta temen ser el centro de atención por el temor a ser "vistos y descubiertos" como seres fallidos. De hecho, el miedo al fracaso, a defraudar, a decepcionar y a cometer errores emerge a partir del miedo a la humillación.

¿La receta para evitar esto sería buscar que no nos importe lo que piensen y digan los demás? Lamentablemente, no. Ya dije que somos seres sociales y que necesitamos sentirnos apreciados por el grupo y que pertenecemos al mismo (a menos que hayamos perdido toda esperanza de ello y entonces declaremos que ya no nos importa como si fuéramos un niño al que le han quitado su juguete favorito). Hay algunos caminos ante la humillación: uno es el reconocimiento de que se ha cometido una falta antes de ser expuestos y buscar reparar lo que se ha dañado (aunque lo ideal sería evitar la falta del todo); otro es tocar fondo y resurgir a partir de cero encontrando alguna forma de redención y reparando lo que haya que reparar en nosotros. Y finalmente también está como opción rendirse, aislarse y dejar que la desesperanza y el estigma nos arrastre por el resto de la vida. Cabe decir que ninguno de estos caminos está exento de otros miedos que habremos de afrontar según la decisión tomada.

Pero eso no quiere decir que todo lo que digan los demás debe importar tanto. Es verdad que todo el mundo tiene derecho a opinar, pero conviene que seamos más críticos y menos reactivos para determinar qué opiniones y juicios deben ser tomados en cuenta, no sólo por la naturaleza misma de su contenido o sustento, sino por la intención con la que son vertidos.

Miedo a equivocarse

No tengas miedo de cometer errores.
Pero si lo haces, comete otros nuevos.
La vida es demasiado corta para tomar
la decisión equivocada dos veces.
Joyce Rachelle, **escritora**

No es casualidad que este miedo esté presente en tantas personas si reflexionamos acerca del hecho de que ante los errores sostenemos una actitud ambivalente; es decir, muchas veces estamos más dispuestos a perdonar los de los otros, pero somos extremadamente críticos con los propios. Una vez más aparecen las voces que vienen desde el interior de la cueva.

Si nuestra salud mental es buena, entenderemos que un niño pequeño que comete errores lo hace porque está aprendiendo, pero aun así invertimos gran cantidad de energía tratando de enseñarles a no cometerlos, y menos enfrente de los demás. Es un poco de ese otro miedo muy conocido: el temor al "qué dirán." De hecho, a veces se cree que el refuerzo positivo con los niños los hará cometer menos errores. Decirle a un niño que es muy inteligente o que lo ha hecho muy bien sólo cuando ha obtenido un resultado esperado puede ser contraproducente. Debemos elogiar el esfuerzo más que el resultado. Hacerles creer que equivocarse está "mal" hace que los niños tengan miedo de arriesgarse a cosas más complejas por el miedo a no hacerlas "bien" y sentirse humillados ante los demás al quedar como "tontos." Los niños que sienten que el esfuerzo es más importante que parecer inteligente ante los demás suelen estar menos temerosos y más dispuestos a enfrentar retos cada vez más complejos. Entonces, ¿hay que dejar que se equivoquen sin intervenir nunca? Yo no dije eso; lo que quiero decir es que conviene que evitemos como padres malignizar los errores de los hijos para no crear involuntariamente monstruos en su cabeza.

Nadie es feliz cometiendo errores; de hecho, no nos gusta mucho equivocarnos y es esa sensación la que de forma natural hace que busquemos enmendar y mejorar. Pero de eso a temerle, hay un gran paso y no precisamente positivo. El miedo a equivocarnos puede hacernos evitar encuentros sociales, aprender algo nuevo o postergar una tarea por miedo a hacerla mal.

Aquí es de utilidad recordar que la evolución de la vida en la Tierra, incluyendo por supuesto a nuestra especie, parece ser el resultado de un proceso de millones de años de "ensayo-error." Somos el mejor resultado posible porque otras combinaciones menos aptas no sobrevivieron. Aun así, como dije, tenemos un doble rasero; si un amigo se equivoca, le decimos que no se sienta mal porque los errores son parte del crecimiento y del aprendizaje natural. Si nos pasa a nosotros, simple y llanamente somos unos imbéciles.

El miedo a equivocarse muchas veces no viene solo y puede conducir a algunas personas a desarrollar procesos ansiosos que los hagan caer en una obsesiva búsqueda de una supuesta perfección. Sin embargo, como no importa qué tan bien se hagan las cosas, siempre pueden hacerse al menos un poco mejor, el perfeccionista sufre de manera interminable a manos de la frustración e insatisfacción eternas y, por supuesto, hace sufrir a otros con sus rígidas reglas, descalificación y regaños constantes. Los perfeccionistas son menos arriesgados, siempre buscan ir a la segura y, no pocas veces, por su ansiedad, hacen las cosas peor que el resto (o, al menos, las hacen menos disfrutables).

El miedo a cometer errores que conduce al perfeccionismo también es causa de algo que se conoce como "comportamientos de seguridad" que son como pequeños y meticulosos comportamientos para protegerse de los peligros percibidos. Una persona perfeccionista puede pasar horas dedicada a una actividad para asegurarse de que esté libre de errores.

Por cierto, los padres perfeccionistas son los que más influyen en el miedo a cometer errores en sus hijos y es algo que, de no tratarse, pueden arrastrar hasta la vida adulta empezando el ciclo otra vez. Como ya dije, el miedo a cometer errores y el miedo a la humillación van de la mano. Si creemos que equivocarse en algo es lo peor que nos puede pasar, es como si estuviéramos violando una regla social y de ahí a la humillación no hay nada de distancia.

¿Cómo tratar este tipo de miedo? Curiosamente entrando a la cueva, es decir, haciendo lo que más temes, pero de manera controlada. Cometiendo de manera intencional pequeños errores e imperfecciones de consecuencias leves para que vayas familiarizándote con tu humanidad.

Miedo a que se revele una verdad

No hay un crimen, no hay una elusión, no hay un truco,
no hay una estafa, no hay un vicio que no viva en secreto.
JOSEPH PULITZER, **editor y periodista**

No es que la verdad asuste, lo que suele dar miedo son las consecuencias de decir la verdad, especialmente cuando lo que hay que revelar tiene que ver con una transgresión a alguna norma implícita o explícitamente prohibida o castigada, especialmente por la familia o la sociedad, aunque también hay verdades que, reveladas, traerían como consecuencia algún problema con la ley. Cometer actos fraudulentos o deshonestos y mantenerlos en secreto puede generar un miedo constante a ser descubiertos en la mayoría de las personas. Es una forma de miedo muy particular porque es lo que yo llamaría un miedo de baja intensidad, pero de peso constante (y a veces incremental), porque muchas veces se combina con la culpa que corroe. Este tipo de miedo no te aplasta y se puede ir por la vida llevándolo a cuestas, pero se hace cansado cargarlo, al igual que al secreto que le dio origen.

Sin embargo, me quiero referir ahora mismo a otro tipo de secretos que podrían incluso no ser propiamente transgresiones, pero que por alguna razón se decidió que no había que revelarlos, dando inicio al problema: los secretos familiares.

Un secreto familiar es la información que es retenida por uno o varios miembros de la familia entre ellos mismos o hacia afuera del núcleo familiar, por el temor que representa la posibilidad de que sean revelados. Este temor con frecuencia está vinculado a la vergüenza. Desde el momento que se toma la decisión de callar algo que otros deberían saber, ya sea porque tengan derecho a ello o simplemente por ser parte de la familia, genera toda una capa de bruma oscura al interior de las relaciones. Hijos adoptados, hijos fuera del matrimonio, suicidios, encarcelamientos, relaciones que se mantienen ocultas sin motivo aparente, enfermedades, abusos, identidad sexual, fracasos académicos y crisis laborales o financieras; la lista puede no tener fin. También puede haber "secretos" que todos en la familia conocen, pero que simplemente no discuten, como el hecho de que alguien tenga una adicción a alguna sustancia o ludopatía, por ejemplo.

Los secretos dañan porque lo que no se sabe se supone; lo que no se habla genera dudas, desconfianza y hasta resentimiento cuando llega a revelarse. Un secreto puede destruir relaciones, como cuando alguien se entera a sus treinta años que es adoptado o la persona que dijo ser su padre biológico en realidad no lo era. Los niños tampoco están a salvo de esto; ellos son sumamente perceptivos al estado emocional de los adultos y es posible que no sepan qué pasa, pero saben que algo se les está ocultando; aprenden que la confianza en la familia es deficiente o que algo muy malo ha pasado. Peor aún cuando explícitamente se le pide a un niño ser cómplice de callar. En los adultos, la confianza se ve seriamente comprometida y mientras más viejo es el secreto, peor; muchos se sienten traicionados o excluidos. La narrativa familiar también se ve seriamente dañada porque ya no se sabe qué más puede ser mentira o qué otras piezas de información faltan. Y por supuesto que el síntoma que en este libro más nos ocupa es el hecho de que los secretos pueden generar ansiedad.

Hay ciertos secretos que sólo son compartidos con los miembros de la familia, para no dañar una imagen exterior. A veces, cuando lo que se oculta no es grave, puede incluso generar cierta cohesión familiar, pero con una base de vergüenza o miedo y no de amor o lealtad. Cuando lo que sea que se oculte empieza a generar sentimientos de vergüenza, remordimiento o culpa, se vuelve más dañino para uno o para todos en la familia. Sería momento entonces de considerar exorcizarnos de esos fantasmas arrojando luz sobre la oscuridad.

Y no se trata de revelarlos para echar de cabeza a nadie, porque a lo mejor alguna persona involucrada está ya muerta. Se trata de liberar a la familia y liberarnos a nosotros de esa sensación de temor que si no es constante, se aparece de vez en vez. La cuestión es que si sabemos que ha pasado algo, es más probable que nos pongamos atentos para prevenir que eso mismo pueda volver a ocurrir. Guardar secretos provoca miedo y tiene un alto costo emocional, revelarlos también, pero puede poner fin a esa historia que con el secreto se mantiene viva.

Finalmente, quiero decir que no es lo mismo algo que es privado que algo que es secreto. El que alguien se masturbe no es información que deba ser revelada a todos los miembros de la familia porque eso es algo privado. Haber tomado dinero de la cuenta bancaria familiar sin conocimiento de los otros y para fines distintos al propio beneficio común, sí es un secreto.

Miedo a reconocer un hecho o una verdad

Se necesita fuerza y coraje para admitir la verdad.
RICK RIORDAN, escritor

Este miedo también involucra secretos, aunque lo hace de manera más personal, incluso podría no ser propiamente algo oculto para nadie. A veces nos da mucho miedo reconocer algo porque hacerlo implica varias consecuencias o anuncia un cambio importante. Puede ser el principio de algo, como cuando una persona reconoce a un hijo cuando oportunamente no lo había hecho, o el final de otra cosa, como cuando se reconoce que un tratamiento curativo ha dejado de funcionar.

Reconocer algo para nosotros mismos a veces es más difícil que revelar una verdad para otros. Una verdad, por decir, una vez dicha se libera, pero qué pasa si a pesar de eso nos negamos a reconocer o integrar ese hecho en nuestras vidas. Por ejemplo, imaginemos a una persona que acaba de terminar una relación afectiva muy significativa. Aunque pueda ser del dominio público, hay personas que se resisten internamente a aceptar esa verdad y tratan de esquivarla fantaseando un regreso o imaginando que se trata de una "pausa." Reconocer la verdad de una relación que ha muerto, o que incluso puede estar en agonía, es algo que atemoriza porque deriva en el miedo al rechazo, a la soledad o a los sueños rotos. Da mucho miedo darse cuenta que el futuro imaginado ya no será lo que se esperaba o por lo que se luchó por bastante tiempo. Entonces se proyecta una pérdida hacia el pasado y un temor hacia el futuro.

Otras veces, el miedo a reconocer un hecho o verdad es sólo ante los demás, por supuesto. Confesar algo a la familia o a alguien amado puede asustar por pensar que nuestra imagen se verá manchada, nuestra reputación aniquilada y hasta la confianza perdida. Es asumir que revelar ese hecho puede hacer que cambie el lugar que habíamos ocupado y hasta sufrir el juicio y rechazo de los nuestros. No es poca cosa lo que está en juego, pero se arriesga más cuando no somos nosotros quienes confesamos, por así decirlo, lo que haya que confesar. De hecho, muchos se valen de eso para el chantaje y la manipulación: "Le voy a contar a todo el mundo", dicen. Entonces ese miedo parecería que nos convierte en prisioneros o esclavos del aquel que posea esa información, pero no es así. Nos volvemos esclavos de nuestra propia prisión de la cual nosotros tenemos la llave: decir la verdad.

Pero hacia adentro, como ya dije, lo importante es asumir esa verdad y reconocerla, en vez de actuar de una manera distinta a lo que es, cuando sabemos otra cosa, pero queremos hacer como que no la sabemos. La verdad difícilmente se va de la cabeza y entonces nos mueve a actuar de maneras que a veces resultan confusas. Lo que no se dice, se actúa.

Miedo al cambio

> *Dar un nuevo paso, pronunciar una nueva palabra,*
> *es lo que más teme la gente.*
> Fiódor Dostoievski, *Crimen y castigo*

Cambiar implica perder; perder implica cambiar. Es inevitable que estas dos circunstancias vayan mano a mano por la vida, pero veamos primero una y luego la otra, aun cuando es casi inevitable que en algún momento se crucen. Muchas personas se sienten confortables con lo que sienten como estable y predecible. No es casualidad que la sensación de permanencia y control mitigue la ansiedad (aunque lamentablemente no la resuelva). Se dice que tememos al cambio por la incertidumbre de no anticipar el resultado de lo que sea que esté cambiando y no dudo que sea así, pero también pienso, o mejor dicho, vuelvo a pensar, en realidad no es a la incertidumbre a la que más dispara nuestro miedo sino al contrario, son las supuestas certezas que arroja nuestra imaginación hacia el futuro. "Certezas" catastrofistas y dramáticas acerca de los resultados del cambio. Al final la mente sabe que si no quiere algo, siempre puede valerse del miedo para disuadirnos con efectividad. Nos cuenta historias (reales e imaginarias), nos trae al recuerdo ejemplos de consecuencias negativas y "malas decisiones" y nos seduce con la falsa seguridad de quedarnos en nuestra zona de confort. ¿Para qué te arriesgas entrando a la cueva con todas las cosas malas que de seguro hay ahí adentro?, seguramente nos diría la mente asustada.

Los cambios, como dije, también traen consigo pérdidas, es decir, empezamos algo, pero dejamos atrás otra cosa. Ya sabemos que nos da miedo equivocarnos, en este caso arrepentirnos o que lo nuevo no sea lo que pensamos y nos desilusione. Hay tantas cosas que podrían salir mal con el cambio que no es extraño que se vuelva aterrador. Además, hacer un cambio también requiere de dos cosas: hacer un esfuerzo y adaptarse a lo nuevo. Esto último, en especial, también puede darnos miedo. ¿Y si no nos adaptamos?, dice una voz que sale de la cueva.

Entonces aplicamos aquello de "más vale malo por conocido que bueno por conocer." Muchas personas realmente creen, al menos en un nivel subconsciente, que cuanto más tiempo hayan estado en una posición o estado siempre se está mejor o más seguro. Es como si alguien pensara: "Si ya llevo diez años trabajando aquí, cada vez es menos probable que me corran." Cuando nos abandona la razón, surgen estos "razonamientos."

Otra forma de llamar al miedo al cambio es "resistencia al cambio" que no es sino una ansiedad emocional causada por la perspectiva de una transformación o cambio que está ocurriendo. Tampoco se trata de cambiar por cambiar; conviene más saber qué se quiere cambiar y para qué. Hay quien se avienta a lo desconocido porque siente que si no lo hace así, no lo hace del todo. Si el salto le resulta bien, quizá se anime a dar otro; pero si no, seguramente su miedo al cambio se hará más agudo porque ahora ya tiene la evidencia de que sus peores temores se pueden hacer realidad. Un volado que puede salir mal y ser muy costoso.

Es natural entonces experimentar miedo al cambio porque es ir de un lugar conocido a otro relativamente desconocido. Y digo "relativamente" porque aquello nuevo o diferente en algo se ha de parecer a algo que ya conoces, a menos que tu cambio implique ir a la dimensión desconocida.

¿Cuáles cambios atemorizan más: los elegidos o los impuestos? Parecería que la respuesta obvia sería que los cambios que nos imponen deberían ser más atemorizantes porque, además de robarnos la libertad de elegir, no era algo que buscáramos y quizá ni siquiera nos sintamos emocionalmente preparados para ello. La realidad es que no siempre es así; en muchas ocasiones los cambios que elegimos dan más miedo porque son nuestra responsabilidad y podríamos acabar siendo nuestros propios "verdugos." Aquí se suman dos miedos de los que ya hablamos: el miedo a equivocarse y el miedo a la humillación si no resultamos triunfantes con nuestra decisión. Los cambios impuestos, en cambio, si resultan mal, siempre pueden justificarse con un "culpable" externo al que incluso podríamos reclamar su mala decisión. No hay humillación porque uno sólo cumplía instrucciones y se supone que el jefe "sabe más."

Y de aquí surge otra razón más para temer el cambio y consiste en evitar la sola idea de arrepentirse. "Ya no me puedo echar para atrás", dicen muchos y no es que no puedan, es que temen pagar el costo de tal decisión, aunque siempre es posible. Saber que podemos arrepentirnos, darnos cuenta que ese cambio en particular no era lo que esperábamos y que podemos volver a cambiar es algo que conviene que venga implícito en todo proceso de esta naturaleza porque es una buena forma de conjurar el miedo a una especie de viaje sin retorno. Entiendo que no siempre es posible cambiar de inmediato si algo no nos gustó, pero tampoco aconsejo eso. Demos un poco de tiempo al proceso de adaptación, pero haciéndolo verdaderamente con la voluntad de adaptarnos y no pasar el tiempo buscando razones para quejarnos o justificar nuestro disgusto.

Otra forma de contrarrestar el miedo al cambio implica practicar el sentirnos cómodos con la incertidumbre y la ambigüedad. Como a nuestra mente le gusta saber y lo incierto le inquieta, ahora ya sabemos que prefiere proyectar sombras tenebrosas en los huecos antes que de ellos surja algo "peor." Por eso es mejor ante la incertidumbre responder con la verdad, es decir, cuando no sepamos algo decirnos: "No lo sé." "¿Cómo me va a ir en mi nuevo trabajo? No lo sé." "¿Me tocará un jefe regañón? No sé." "¿Lloverá mañana? El pronóstico dice que sí, pero yo no lo sé." Atención, con esto no estoy diciendo que hay que decir "no sé" a todo, sólo a lo que genuinamente no sepamos. Conviene más llenar de esto los huecos que de sombras tenebrosas, ¿no es verdad?

Finalmente, tal vez el miedo más grande debería ser a no cambiar, dado que todo lo de alrededor eventualmente es cambiante. Quedarnos "estáticos" ante lo que se mueve nos hace sentir fuera de ritmo, alejados de la vida y desfasados del resto.

Miedo a la pérdida

> *Cada nuez que la ardilla atesora*
> *es otra que tiene miedo de perder.*
> MARTY RUBIN, escritor

La pérdida tiene un par de matices un tanto distintos que incrementan nuestro miedo. Uno es el carácter irreversible que puede tener y el otro es el quedarnos con las manos vacías o en soledad.

Como ya dije, con el cambio podemos hacer un nuevo cambio si el primero no fue satisfactorio. En cambio, con la pérdida buscamos lo perdido, pero ¿qué pasa si no lo hallamos? La pérdida asusta en cuanto se percibe como permanente, irreversible y dañina, como sucede con la muerte, por ejemplo. La pérdida nos puede arrancar de tajo y para siempre algo amado o necesario y eso suele ser irrecuperable o irreparable.

Por otra parte, el cambio nos lleva de un lugar a otro; nos hace elegir un camino sobre otro, pero al final hay una elección que, si bien podría ser desagradable, al menos nos deja con algunas posibilidades. Lamentablemente, la pérdida no representa un trueque tan evidente o ventajoso para muchos. Perdemos y a cambio de dejar ir nos queda el dolor y el vacío de lo que se ha marchado para siempre.

Cuando imparto mi taller "El viaje del héroe" hay un momento ritual donde los participantes pasan de uno en uno a afrontar su miedo más grande (ése soy yo disfrazado de algo monstruoso). Cuando se aproximan en medio de la oscuridad, el personaje que represento les hace tres cuestionamientos y uno de ellos es: "Confiésame cuál es tu miedo más grande." No deja de sorprenderme cada vez cómo muchas personas nos preocupamos por perder cosas que generalmente todos vamos a perder. "Tengo miedo a morir", "tengo miedo a que alguien amado muera", "tengo miedo a que mis hijos se vayan", "tengo miedo a envejecer", me contestan, por ejemplo. Estamos tan angustiados por perder lo que consideramos valioso que estaríamos dispuestos a hacer lo que fuera necesario para evitarlo. Incluso hasta creo que podríamos sacrificar lo que más amamos con tal de no perder lo que más amamos. Hasta allá podemos llegar a veces.

Tras una pérdida, como no podemos mantener vínculos físicos, establecemos vínculos mentales para no acabar perdiendo hasta los emocionales con aquel o aquello que se ha ido. "De lo perdido, lo que aparezca", dice el dicho.

Muchos han buscado el antídoto a este miedo doloroso en la evitación a los vínculos tratando de practicar su versión tropicalizada y muy personal (frecuentemente distorsionada) del desapego budista. Es como si evitar el necesitar, desear o amar nos previniera de manera efectiva contra el dolor de la pérdida porque no hay nada que perder ya que nada ni a nadie "se tiene." En parte ahí radica el miedo; en la idea de que poseemos las cosas y a los otros: "Mi mamá, mi papá, mis cosas…"

Se puede amar y disfrutar sin aferrarse o desarrollar un apego mezclado con miedo cuya combinación, dicho sea de paso, suele dar como resultado una forma de amar compulsiva, ansiosa y poco amorosa en lo profundo. Sería una paradoja tan grande como una especie de: "No me importa que sufras, no me importa que te mueras, mientras no me dejes." De hecho, esto suena a un estado de angustia irracional.

Siendo verdad que tras la pérdida se desencadena un proceso de duelo, surge a la par otro miedo importante (les digo que nunca vienen solos) que es el miedo al futuro. No tanto a lo que pueda pasarle al mundo, sino de lo que me pueda pasar a mí tras haber perdido. De alguna manera, el miedo encuentra tierra fértil en la indefensión, la dependencia y la desesperanza;

es cuando el futuro se hace sombrío y parece que la cueva no tiene fin, retorno, ni salida. ¿Quién no siente terror ante eso? Si esto sucede, si quedamos no sólo dolidos sino aterrados ante la ausencia del otro y somos adultos sanos en pleno uso de nuestras facultades físicas y mentales, habría que cuestionarnos si lo que había en ese vínculo realmente era amor o dependencia y necesidad. Quien vive con miedo puede confundir el amor con unas frágiles migajas de paz pasajera y aun así asegurar que ama. Hasta el amor se pierde en los pasadizos de la cueva cuando lo dejamos con el miedo como guía. Quien ama profundamente confía en sí mismo, en que el vínculo puede transformarse de uno físico a uno simbólico y que, aun con el dolor que siente, se puede seguir por el camino de la vida y salir del otro lado del miedo.

¿Por qué no tememos a cosas realmente peligrosas?

> *Permítanme no rezar para estar al abrigo de los peligros,*
> *sino para no tener miedo de enfrentarlos.*
> *Permíteme no rogar por la calma de mi dolor,*
> *sino por el corazón para conquistarlo.*
> RABINDRANATH TAGORE, poeta y escritor

Como ya vimos en algunos ejemplos previos, muchas veces tenemos miedo a cosas que no son realmente tan peligrosas y a otras a las que deberíamos temer más las dejamos pasar con singular alegría. Culpemos de esto a la evolución con su mencionada lentitud respecto a las cosas que van surgiendo como causas de enfermedades, accidentes y muertes potenciales.

Causan más daño y muerte los accidentes de tráfico que las potenciales mordeduras de una serpiente, aunque la mayoría huye de ellas, pero no de ir conduciendo mientras se usa el teléfono móvil o ir a exceso de velocidad en carretera lo que a muchos, paradójicamente, en vez de provocarles miedo los hace sentir "poderosos." Ya dijimos que erróneamente le tememos más a las cucarachas que a los mosquitos y nos da más desconfianza comer una galleta que caducó ayer que poner dos cucharadas de azúcar al café o fumar un cigarro, a pesar de todas las advertencias e imágenes repugnantes en las cajetillas que, por cierto, sentimos ajenas a nosotros. Inculcamos en los niños el miedo a los extraños, pero la mayoría de los abusos que se cometen contra ellos son por parte de alguien conocido, incluso un familiar. Le tenemos más miedo a un temblor que al cambio climático porque nuestros cerebros han evolucionado para temer a las amenazas más inmediatas, aunque otras puedan ser en el mediano plazo más devastadoras a escala global.

Así que no olvidemos que estamos hablando del miedo, que no deja de ser una emoción y que las emociones, como ya vimos, no suelen ser primordialmente racionales. Cada uno le teme a lo que le teme y no necesariamente es a lo más peligroso o real que existe.

¿Y las fobias?

Una fobia es un miedo exagerado y poco racional hacia algo que no representa un peligro en la magnitud que se teme. No voy a extenderme mucho en ellas porque hay como 470 diferentes; algunas a cosas tan inesperadas como a las flores (antrofobia), a los peces (ictiofobia) y la célebre tripofobia, que es un temor a pequeños patrones simétricos, pueden ser de agujeros y pueden encontrarse en algunas rejillas de ventilación o en los panales de las abejas, por ejemplo. Claro que a muchos eso les puede dar risa, pero para el que la padece representa un sufrimiento real.

Las fobias pueden ser realmente limitantes y, como parte de los trastornos de ansiedad, requieren de diagnóstico y atención profesional adecuados. De estar en un caso así, es hora de que busques la ayuda necesaria.

¿Qué vimos en este capítulo?

○ Los miedos instintivos, evolutivos o naturales son muy pocos. La ciencia, como en tantas cosas, no ha llegado a una conclusión definitiva, pero podemos decir que el miedo a caer, a los ruidos fuertes repentinos, a los objetos que se acercan a gran velocidad y a las serpientes y arañas, serían los únicos que hasta ahora entran en esa categoría.

○ Hay muchos miedos que aprendimos de la familia, la sociedad y la cultura. No nos los enseñan a través de lecciones formales, pero sí mediante reacciones, actitudes y narraciones.

○ Resistirse a reconocer una verdad o aceptarla para uno mismo genera miedo y una gran dosis de culpa, cuando adquiere la forma de secreto. Es un miedo que persigue y corroe por estar siempre en espera de que todo se sepa. En este caso, reconocer la verdad y echar luz sobre la oscuridad no evitará las consecuencias, pero al menos hará que ese miedo persecutor se marche.

○ A veces tenemos miedo a cosas que no son realmente peligrosas, como a la mayoría de las arañas, y en otras ocasiones no mostramos ninguna señal de miedo ante circunstancias objetivamente de riesgo, como tener el colesterol alto o conducir usando el celular. El miedo donde no se necesita realmente genera ansiedad, en cambio, su ausencia puede provocar tragedias.

Ejercicio sugerido

Gran parte del miedo o ansiedad que sentimos viene de pensamientos que no cuestionamos pero que detonan miedo o ansiedad porque los vemos como un instructivo a seguir para la vida. A veces es imposible cumplirlos o muy costoso de alcanzarlos y eso nos produce temor. Convendría identificar algunas de las creencias o generalizaciones que tenemos en la cabeza y ver con cuál nos identificamos y encontrar qué es lo que nos asusta de eso.

Voy a darte una lista de creencias, para que luego de que observes la mecánica del ejercicio, identifiques algunas propias que no están incluidas. La idea es que veas con cuáles te identificas y luego que completes lo que aplique en la columna de la derecha. Te voy a dar un par de ejemplos al inicio y luego tú le sigues. Si por alguna razón se te dificulta, al final te daré una respuesta sugerida para cada ejemplo, pero primero intenta hacerlo por tu cuenta y si sientes que no puedes, consulta la lista del final, no antes.

Pensamiento o creencia detonadora	Lo que realmente asusta
Siempre debo hacer las cosas bien.	Si no seré un fracasado (y tengo miedo a que los demás no me valoren).
Tengo que tener una pareja.	Tengo miedo a la soledad.
Debo ser un buen padre/madre.	no quiero traumarlos
Tengo que ser fuerte.	llorar es un signo de débil
No debería tener miedo.	lo que este en la oscuridad
No puedo decir la verdad.	más verguenza
Tengo que ser independiente.	depender de todos
No puedo equivocarme.	sentir humillación
Tengo que tener más amigos.	a quedar solo
La gente **debería** ser honesta.	a que mientan

Pensamiento o creencia detonadora	Lo que realmente asusta
Debo tener el control.	*perder el control / nuevas exp.*
No puedo decir que no.	*explicación no sea valida*
No debo tener pensamientos negativos.	*atraer*
Debería ser más perseverante.	*a desistir*
Ya **no puedo** arrepentirme.	*cometer error*
Ahora **tengo que** aguantarme.	*a tomar otra decisión empezar de nuevo*
Mi hijo **debe ser** un triunfador.	*callejero.*

La idea con este ejercicio es identificar miedos detrás de esas creencias rígidas que aprendimos en algún momento de la vida. Seguramente no los resolverás con este ejercicio, pero saber dónde está el problema puede ayudarnos a encontrar un camino, ¿no es así?

Como dije, si por alguna razón no pudiste llenar los espacios, acá te dejo unos ejemplos para que de nuevo lo hagas con tus palabras. También puedes consultarlos para comparar tus respuestas.

Pensamiento o creencia detonadora	Lo que realmente asusta
Siempre debo hacer las cosas bien.	Si no seré un fracasado (y tengo miedo a que los demás no me valoren).
Tengo que tener una pareja.	Tengo miedo a la soledad.
Debo ser un buen padre/madre.	Para que no me juzguen / Para que mis hijos me quieran.
Tengo que ser fuerte.	Para que no me vean derrumbarme (tengo miedo que me vean débil).
No debería tener miedo.	No quiero parecer cobarde (y que por eso me rechacen o se burlen).
No puedo decir la verdad.	Tengo miedo a las consecuencias (como que ya no me quieran, que mi imagen se venga abajo o que me rechacen).

Pensamiento o creencia detonadora	Lo que realmente asusta
Tengo que ser independiente.	Tengo miedo de depender de alguien y que luego me abandone.
No puedo equivocarme.	Cometer errores me hace ver tonto (eso hará que la gente se burle o me rechace).
Tengo que tener más amigos.	Si no me voy a quedar solo (y eso me da mucho miedo).
La gente **debería** ser honesta.	Odio el engaño y la mentira (porque si lo hacen y no me doy cuenta, me pueden lastimar).
Debo tener el control.	Porque si no todo será catastrófico y no habrá solución.
No puedo decir que no.	No quiero que me vean como egoísta (tengo miedo a la crítica).
No debo tener pensamientos negativos.	Tengo miedo de atraerlos (o darme cuenta de que hay cosas que pueden salir mal).
Debería ser más perseverante.	Tengo miedo de no poder.
Ya **no puedo** arrepentirme.	No quiero que digan que no tengo palabra o que soy cobarde (tengo miedo a que mi imagen ante los demás se venga para abajo).
Ahora **tengo que** aguantarme.	Si cometo un error debo pagar o sufrir las consecuencias (porque tengo miedo que piensen que no tengo palabra y me rechacen).
Mi hijo **debe ser** un triunfador.	Tengo miedo de que fracase (como yo).

3

LOS MIEDOS PROFUNDOS

Una de las grandes paradojas de la vida
es que la autoconciencia genera ansiedad.
IRVIN D. YALOM, *Verdugo del amor*

Nuestro viaje continúa y entramos a una parte de nuestra cueva que es de las más profundas; ahí donde fluyen los ríos subterráneos que no siempre pueden ser vistos, pero que de pronto emergen por momentos para luego volver a ocultarse en el alma de la roca. Estos ríos parecen no atemorizar a muchos, precisamente porque no se ven, pero sus corrientes y trayectos suelen ser impredecibles y muchas veces no se sabe a dónde van a terminar en realidad.

Un buen ejemplo de esto lo encontramos en la mitología griega y sus cinco ríos del Inframundo: Estigia (río del odio), Lete (río del olvido), Cocito (río de los lamentos), Flegetonte (río del fuego) y el Aqueronte (río del dolor o la aflicción). Es en este último que navegaba Caronte, el viejo barquero cuya tarea era trasladar a las almas de los muertos hacia el Inframundo a través precisamente de ese río que era inaccesible para los vivos y para aquellas almas que no hubieran tenido la fortuna de llevar una moneda para pagar el viaje. Cabe señalar que muchos de los mitos y leyendas que ha creado la humanidad tienen que ver precisamente con viajes que se emprenden en busca de la inmortalidad. Tales viajes los suele protagonizar un héroe o personaje solitario que se ha hecho como misión de vida encontrar tal secreto para liberar a los suyos, y a sí mismo, del inevitable destino mortal.

Cuando yo era niño, mi padre gustaba mucho de los grabados de Gustave Doré, un gran ilustrador del siglo XIX, y recuerdo que en algunas ocasiones veíamos juntos algunos libros que contenían sus grabados. Me resultaban un tanto aterradores por su contenido y juego de sombras; estoy seguro que mi padre me explicó el proceso del grabado, pero no lo recuerdo con certeza. Mis ojos y mi mente estaban puestos en aquellas imágenes, en particular en una: la de Caronte que realizó Doré para ilustrar una edición de la *Divina Comedia*, de Dante, que, por cierto, fue uno de los primeros libros que despertó mi interés por la lectura cuando era niño. Navegar el río de la muerte parecía ser doloroso hasta para el viejo barquero, a pesar de ser él mismo inmortal; eso de dedicar la eternidad a transportar las almas de los mortales debió provocarle emociones muy variadas. Lo pienso porque definitivamente el rostro de Caronte no reflejaba triunfo, alegría o serenidad; lo veía más bien sufriente, angustiado, mientras las aguas estaban agitadas y el paisaje era sombrío. No puedo imaginar que sintieron aquellas almas al enfrentarse a todo aquello.

Pero aquí no vamos a recorrer los cinco ríos del Inframundo griego, sino los cuatro de nuestro mundo existencial. Cada uno representa una preocupación o un temor profundo que todos tenemos, pero pocos reconocemos. Me refiero a la muerte, la falta de sentido de vida, la soledad o aislamiento existencial y la libertad. Lo anterior es la propuesta de la psicoterapia existencial que me gustaría seguir para que cada uno pueda encontrar su reflejo en estos temores o preocupaciones meramente humanas.

¿Qué son estos cuatro elementos? Desde la propuesta existencial han sido descritos de distintas maneras y algunas de ellas pudieran resultar ambiguas o confusas para entender a qué nos estamos refiriendo y si podemos identificarlos como miedos. Han sido descritos como supuestos, preocupaciones, propiedades intrínsecas de la existencia, conflictos, angustia y, por supuesto, miedos. A partir de aquí vamos a adherirnos a este último término y también a las propuestas de uno de sus principales exponentes; el doctor Irvin D. Yalom, quien precisamente en su libro *Psicoterapia existencial* es quien de alguna forma les otorga todas esas categorías ya desde la introducción.

Debo decir que normalmente estos cuatro miedos existenciales no son tan reconocibles por varias razones. Son como los ríos subterráneos. Digamos que se mantienen inconscientes, un tanto reprimidos y ocultos debajo de lo que está más superficial en nuestras vidas. Y no es casualidad que esto sea así, porque sin duda no es agradable pensar en tocar lo que duele y encontrarse con lo que asusta. Normalmente la negación y la evitación previenen que entremos en contacto con la idea de afrontar el miedo que proviene de la angustia existencial de pensar que vamos a morir, que estamos fundamentalmente solos, que nuestro sentido de vida es más bien construido o imaginado y que somos totalmente responsables del camino que tomamos y las consecuencias de nuestras decisiones. A veces se encuentran tan en lo profundo de nosotros que incluso hay personas que niegan tenerlos. Pienso que una persona que dice que no le tiene miedo a nada es alguien que no se ha detenido a pensar a qué le tiene miedo o es alguien que tiene la necesidad de decir que a nada le teme. Por cierto, no es lo mismo los miedos profundos que los miedos que enviamos a la profundidad. Los primeros habitan ahí; a los segundos pretendemos esconderlos, pero siempre volverán a la superficie cuando nos distraigamos con otra cosa.

Además de ser profundos, los miedos existenciales son como miedos de baja velocidad, en otras palabras, como si sus aguas fueran densas y fluyeran sin prisa, pero sin pausa y, sin embargo, el supuesto es que estas preocupaciones existenciales, humanas y fundamentales son el núcleo de gran parte del sufrimiento y la desesperación existencial que todos experimentamos y que dan origen a muchos de los miedos cotidianos en nuestra vida, particularmente cuando las circunstancias nos obligan a enfrentar la realidad. Al igual que un río, su cauce se hace cada vez más profundo con el paso de los años.

Esto me suena a filosofía

La propuesta existencial proviene de tradiciones antiguas dado que el ser humano siempre se ha hecho preguntas acerca de su existencia: ¿De dónde venimos?, ¿para dónde vamos?, ¿qué hacemos aquí? y ¿qué pasa con la muerte? Preguntas que inicialmente abordó la filosofía más que la ciencia y que podemos abreviar diciendo que luego derivó precisamente en el existencialismo como tal, la escuela existencialista después, y eventualmente en la aproximación y las propuestas humanistas. Según el pensamiento existencial, debemos mirar dentro de nosotros para encontrar el significado, afirmar nuestros valores y tomar las decisiones que dan forma a nuestras vidas.

Así que sí, el asunto tiene algo de filosófico. Como dije en el primer capítulo, el miedo es una emoción y es mucho más que eso. Es lo medible en términos de funcionamiento cerebral, así como las conductas que el miedo produce, además de ser lo subjetivo de la experiencia humana que no puede resultar precisamente cuantificable en todos los casos. No podemos quedarnos sólo con una visión neurológica o conductista del tema. Es por eso que, especialmente en este capítulo, cada uno de nosotros podrá considerar aproximarse a su experiencia y significado; hilar estos temores en la trama de la vida para producir una narrativa que nos vuelva a dar continuidad y nos confronte con la crisis para luego salir de ella o, siguiendo la línea de pensamiento que hemos llevado, que nos confronte con la cueva misma para cruzarla. Recordemos que una crisis se manifiesta por una experiencia de paralización de la continuidad del proceso de vida. De pronto, frente a la boca de la cueva, nos sentimos perplejos, confundidos y solos, congelados en el presente la vida no se detiene aunque nosotros detengamos nuestra vida por el temor a seguir adelante. El futuro puede verse justo como el interior de la cueva: vacío y oscuro.

Pero lo anterior no significa que vayamos a abordar esto desde la filosofía, lo haremos desde lo humano y lo cotidiano porque el caso es continuar el viaje y salir del otro lado del miedo, no quedarnos a filosofar sobre él. Vamos, pues.

La muerte

Lo que no muere periódicamente,
envejece peligrosamente.
Anónimo náhuatl

La muerte es quizá el último tabú de la humanidad y la gran raíz de muchos otros miedos. Basta recordar los descritos en la capítulo anterior para darnos cuenta de cuántos de ellos tienen que ver con el miedo a la muerte. Miedo a caer, a las cosas que se mueven a gran velocidad o a las serpientes. Incluso hay un miedo al daño y que éste nos conduzca a morir. Y, sin embargo, se nos olvida, o no queremos recordar, que la muerte tiene al menos tres cualidades:

* Es universal.
  Como el único requisito indispensable para morir es estar vivo, todos los que hoy vivimos en algún momento vamos a morir. Esto incluye, por supuesto, a todo el mundo. Es decir, no sólo nosotros, también los que amamos. Los niños pueden pensar en algún momento de su desarrollo que la muerte es selectiva; saben que la muerte existe pero creen que ni él ni sus papás ni nada ni nadie de lo que ama puede morir nunca. Los adultos quisiéramos pensar así y tal vez lo hacemos de manera inconsciente.

- Es irreversible.

Ya sé que hay personas que dicen que se han muerto y han regresado a la vida. Que estaban en el sitio del accidente, en el quirófano o en cualquier otro lado y que pudieron sentir cómo sus cuerpos salían, podían verlo y escucharlo todo desde una altura indeterminada y que los médicos atestiguaron que su corazón dejó de latir y cesó la respiración. No digo que esas personas mientan, pero sí creo que están contando lo que genuinamente creen que les pasó. Hoy por eso la muerte clínica se diagnostica no sólo con el cese de la respiración y la actividad cardiaca o circulatoria, sino además con el cese de la actividad cerebral. Una vez que la muerte cerebral ocurre ya no hay reversa, aunque algunos órganos y células puedan seguir funcionando por algún tiempo más. No hablo pues de la muerte de todo el organismo, sino de la muerte del organismo como un todo. Entonces podemos decir que cuando uno se muere, se muere, y si volvió es que muerto en realidad no estaba. La muerte es irreversible y eso en parte la hace terrorífica porque es el viaje final y sin retorno posible.

- Es inevitable.

La muerte es inevitable, por más que el novelesco doctor Víctor Frankenstein o el héroe épico Gilgamesh tuvieran el profundo deseo de que no fuera así. No se ha encontrado el secreto de la inmortalidad, así que, hagamos lo que hagamos, vamos a morir. Si somos buenos moriremos, lo mismo que si somos malos, viejos, jóvenes, pobres o ricos, porque ya sabemos que además es universal.

Yo agregaría, para rematar, otra cualidad que tiene la muerte en algunas ocasiones: es impredecible. Quizá a algunos les gustaría conocer con anticipación el momento exacto en que van a morir, pero no sé si el efecto de esto fuera benéfico para quien lo supiera. Es decir, saber que la muerte es inevitable, pero que su llegada sea impredecible es verdad que nos da incertidumbre, pero también la oportunidad de vivir sin una cuenta regresiva que nos angustie más de la cuenta. Aunque esta cuenta de alguna manera exista, si se quiere ver así.

Como muchos hacen con los temores existenciales cuando los miran, los miran de reojo y por encimita. Especialmente con la muerte, "no vaya a ser que la invoquemos" y, sin embargo, su llegada es inevitable. Ni el solo hecho de nombrarla hará que fallezcamos antes, ni el nunca mencionarla nos hará inmortales. La cuestión es que cuando solemos pensar en ella seriamente es cuando ya sentimos su cercanía, como cuando estamos ante la vejez o la enfermedad. Para muchos que evitaron pensar en ella, su llegada inesperada y hasta inoportuna, es la que evoca la mayor angustia, especialmente si a la mera hora queremos atragantarnos de un bocado con lo que sentimos que nos falta de vida, queremos cerrar ciclos, acabar pendientes o hacer lo que creemos que nos falta y que no hicimos "a tiempo." Todos son intentos neuróticos de querer distraerla, regatear más tiempo o incluso ver si la ahuyentamos aunque sea un poco más. La noción de que podríamos haber hecho más y de que perdimos oportunidades o fracasamos de alguna manera nos puede dejar con bastante angustia en la antesala de la muerte.

Cuando no hemos pensado seriamente en la muerte nos pasa lo que a muchos, los viernes en la tarde, justo unos minutos antes del salir del trabajo, al darse cuenta de que ya no van a resolver los asuntos pendientes del día, hacen la "operación cajón" que consiste en guardar todo lo inacabado en algún cajón del escritorio para ocuparse de ello el siguiente lunes. Lo malo con la "operación cajón" ante la muerte, es que la vida ya no traerá para nosotros tal cosa como el siguiente lunes.

En general, se dice que los mexicanos no tenemos miedo a la muerte y nos reímos de ella (al menos por ahí del día de muertos). Pero una vez más no son más que intentos de dominarla. La representamos como la Catrina para hacerla más amable y hasta bailadora, pero principalmente para tener una representación más concreta de ella, reconocerla y ubicarla por si la vemos venir a la vuelta de la esquina. Juguetear con su concepto es una forma de banalizarla para hacerla, en nuestra imaginación, menos agresiva. Las noticias dan cuenta de miles de muertes que sentimos muy lejanas si no son de los nuestros y la experiencia personal se reduce en muchas ocasiones a un "¡Qué barbaridad!" La sentimos lejana y ajena. Como que eso no nos va a pasar a nosotros.

Memento Mori

Pensar y repensar en la muerte como un hecho inevitable puede servirnos como una especie de motor o despertador para la vida y para vivir con mayor plenitud. ¿Qué disfrute puede haber en lo que es infinito o inmortal? La escasez convierte a las cosas en algo más valioso y es justo sabernos con una vida escasa lo que nos impulsa hacia adelante.

Se cuenta que los romanos tenían una costumbre peculiar, cuando un general regresaba a la ciudad triunfante de sus batallas, solía desfilar ante el pueblo para ser reconocido por sus logros. Pocos notaban la presencia de un sirviente que iba caminando detrás de su señor repitiendo constantemente la frase: *Memento mori*", que significa "recuerda que morirás." Al parecer, la intención de esta práctica era evitar que los generales cayeran en la soberbia o que se equipararan con los dioses inmortales.

Posteriormente, surgieron infinidad de representaciones que se utilizaron como *memento mori*, para recordar lo inevitable de la muerte y así aprovechar la vida: tener un cráneo sobre la mesa para reflexionar sobre la mortalidad o como compañero de escritura. Dibujos, pinturas y esculturas que nos recuerdan a la muerte abundan por todas partes y son identificables para el ojo que sabe o quiere ver. Tal es el caso de las *Vanitas* que son justamente representaciones o pinturas de lo pasajero y perecedero de la vida, así como de la insignificancia de las cosas materiales y los placeres terrenales. La frase latina de donde proviene es *Vanitas vanitatum omnia vanitas*, que quiere decir: "Vanidad de vanidades, todo es vanidad." En este caso, vanidad se refiere a lo vacío, a lo superficial que nos da placer momentáneo, pero que también habrá de marcharse. Los elementos que componen estas vanitas son, como dije, cráneos, velas apagándose, relojes de arena, frutas pudriéndose, flores marchitas o burbujas de jabón, todo entremezclado con bebidas, instrumentos musicales, libros y joyas.

Sin embargo, actualmente evitamos asociar un bodegón de frutas con la muerte y, como ya dije, a las "calacas" las hacemos bailar. Quien piense que la reflexión sobre la muerte y el morir es un tema macabro, morboso y de mal gusto que debe ser evitado porque podría provocarnos angustia y hasta depresión, no está tan equivocado. Pero lo que se busca no es eso, sino lograr un equilibrio entre ser consciente de la muerte sin ser abrumado por ella. La realidad e inevitabilidad de la muerte nos anima a aprovechar al máximo las oportunidades y a valorar las cosas que tenemos y a las personas que amamos en cuanto las percibimos efímeras. ¿Cuántas veces pensamos que habrá tiempo y oportunidad para ver, hablar o perdonar a alguien y la muerte se nos "adelantó" pues pensábamos que tendríamos tiempo?

Entonces, ¿qué nos recuerda la vida sino la muerte? No pensar en ella nos evita vivir la vida de manera más completa porque ante la perspectiva, aunque sea inconsciente de una sensación de inmortalidad, vamos dejando que el tiempo se nos escape de las manos. Ésa es la razón por la que no nos movemos de la boca de la cueva, porque pensamos que "ya llegará el momento de entrar y cruzarla." Como ya dije, puede que nosotros nos detengamos en el camino de la vida, pero la vida no se detendrá a esperarnos en el camino, y si pensar en la muerte no se convierte en un motor para avanzar y trascender no sólo los miedos, sino una vida como en piloto automático, no sé qué lo hará.

Pero pensándolo bien, y sabiendo que es verdad que la muerte nos atemoriza, ¿de verdad querríamos ser inmortales? Y de ser así, ¿querríamos que todos lo fueran o sólo nosotros o "los nuestros"? y ¿"los suyos" de "los nuestros"? Porque si, por ejemplo, queremos que nuestros hijos vivan para siempre, no debemos olvidar que ellos a su vez tienen a "los suyos", me refiero a amigos y parejas que tienen padres que a su vez tienen otros hijos que también tienen amigos y parejas y que quizá hasta tienen hijos. Por lo tanto, ¿dónde empiezan "los otros" y dónde acaban "los nuestros"? En ese caso, ya para no dejar a nadie afuera vamos a abogar porque nadie muera. Pero entonces ¿qué hacemos con los que están naciendo? Si muchos nacen y nadie muere, ¿luego dónde vamos a caber y cómo vamos a vivir? Eso sin pensar que la inmortalidad no garantiza que el envejecimiento y las enfermedades desaparecerán.

Y en todo caso, ¿inmortales para qué? ¿Sólo para evitar el terror de la muerte? Algunas parejas discuten acerca de quién es el que va a morir primero de los dos, como si se tratara de un acto de amor partir primero; uno dice al otro algo como: "Yo me quiero morir primero que tú", transmitiendo la idea de que quiere que el otro viva. Pero ¿no será el temor a confrontar la muerte del otro lo que nos hace querer irnos antes para no sufrir? Se dice esto como si la muerte propia no asustara.

La angustia o ansiedad que nos causa la muerte ha sido el origen de muchas de las grandes obras de la humanidad; no es casualidad que gran parte del arte, vestigios y obras monumentales que han sobrevivido hasta nuestros días, tiene que ver con tumbas, enterramientos y monumentos funerarios. La mayoría de las religiones tiene su origen en la promesa de una vida después de la muerte. Por cierto, hay quien sostiene que miedo a la muerte no se puede tener porque no la hemos experimentado nunca. Yo creo que sí se le puede temer por lo que nos imaginamos que es; una vez más el temor es real, aunque su origen pueda ser infundado. De cualquier manera tiene que ver con el miedo a "ya no ser."

La muerte cercana

Con muerte cercana no me refiero a la que se presenta en el momento de la agonía, sino a la que percibimos como más cercana por diversas razones. Por ejemplo, la muerte del otro siempre será un recordatorio de mi propia muerte, especialmente si ese otro es un contemporáneo o es más joven que yo. La percibimos más cercana en cuanto más se parece a nosotros aquel que ha muerto o en las circunstancias de su muerte. Nos inquieta más que haya muerto el vecino en circunstancias inciertas a que escuchemos que en Pakistán han muerto trescientas personas. Pero si el vecino murió de una caída mientras ponía el árbol de Navidad en su casa, nos tranquilizamos al recordar que a nosotros, por suerte, ni nos gusta decorar. ¡Estamos a salvo! Es como si la muerte se acercara y se alejara según la información que vamos recopilando de los hechos.

Cercana es también, por supuesto, como resultado del paso del tiempo. Probablemente entre los veinte o treinta años de edad estamos demasiado ocupados para detenernos a pensar acerca de ella. ¡Hay muchos cumpleaños que celebrar por delante!, así que la percibimos muy lejana. Para muchos, pasados los cincuenta años, el conteo del tiempo empieza a tener una ligera variante. Ya no contamos tanto los años acumulados, sino los años que creemos que nos faltan por vivir. Entramos en una modalidad de cuenta regresiva que nos sirve como *memento mori*. O no, si es que agarramos un segundo aire y nos lanzamos de cabeza a las conductas neuróticas y compulsivas que hacen tanto ruido que no nos dejan escuchar al miedo. Es justo por ese miedo que preferimos creer, de manera casi infantil, que la muerte aún no está cerca y que tenemos aún mucha vida por vivir. Igual y sí, igual y no.

La muerte a destiempo

La muerte no es lineal. Lo ideal sería que murieran primero los abuelos, luego los padres y, finalmente, los hijos, pero sólo cuando estos últimos, a su vez, ya se hayan convertido en abuelos. Es posible que, cronológicamente hablando, podamos afirmar que la vejez es la antesala de la muerte, pero de ser así, ¿en dónde ponemos la muerte de los niños y los jóvenes? Y, sin embargo, todavía nos admiramos, o nos asusta, escuchar que se mueran los jóvenes y los sanos. Parece ser que una forma de defendernos de la muerte es pensar que está reservada para viejos y enfermos. De pronto nos avisan que fulanito se murió y respondemos: "¿Cómo, pero si apenas ayer lo vi?", como si hubiera un tiempo de espera reglamentario entre que alguien es visto por otro y que pueda morir. Si alguien muere de manera repentina, por ejemplo de un infarto, exclamamos: "Pero si estaba sano." O si sucede antes de la vejez: "Qué cosa, pero si estaba muy joven." Vaya, que nos hace buena falta tener más de aquellos *memento mori* porque de pronto nos olvidamos de la naturaleza frágil de la vida.

No hay muerte a destiempo, cada uno muere dentro del suyo, aunque nos duela y nos asuste.

La muerte injusta

Hay otra visión que hemos construido alrededor de la muerte y trata de una especie de castigo. Cuando muere alguien a veces decimos: "No le ha hecho mal a nadie" y de inmediato nos vienen a la mente todos aquellos delincuentes y asesinos que andan por ahí sueltos sin recibir un justo castigo. Quizá el tema de la pena de muerte ha contribuido a esa creencia.

La cuestión es que pensar que la muerte de alguien es injusta nos hará sentir no sólo dolidos, sino ultrajados e indignados. Pero ¿contra quién?, ¿contra algún dios? La mayoría de las religiones dice que tras la muerte recibiremos una especie de recompensa (siempre que nos hayamos "portado bien", claro está) y que iremos a un lugar mejor. Incluso nos han hecho una promesa de vida eterna (siempre que, por supuesto, crucemos primero el umbral de la muerte). Entonces, ¿dónde está la injusticia o cuál es el castigo? ¿Será que en el fondo ya no creemos realmente en eso? De ser así, también se explica esa angustia que sentimos ante su inminencia. Creer que hay algo después, y que eso es bueno, tranquiliza de alguna manera. Lamentablemente, no basta con tener la mera creencia de esto, pues deberíamos *estar* en la creencia, es decir, sentirla y hacerla nuestra para que se convierta, incluso en una especie de certeza interna que nos dé paz. De alguna manera, es tener fe en la existencia de una entidad rescatadora que, para serlo, debe ser inmortal y, por supuesto, benevolente pues nos recibirá en su regazo tras la muerte. Hay quien propone que deberíamos arrancarnos estas ideas infantiles y afrontar la muerte "como lo que es": el fin y la extinción de todo. Yo, la verdad, como no recuerdo haberme muerto antes, no puedo tener la certeza de qué haya y qué no haya, pero creo que a mí me sirve estar en la creencia de que algo sigue. Ya lo averiguaré, y ustedes también.

Pero si ya no creemos desde lo profundo, ¿qué nos queda? ¿La ciencia y la esperanza de que se encuentre el método o supuesto elixir de la inmortalidad? ¿Y mientras tanto qué? ¿Podríamos decir a consecuencia de esto que las ciencias médicas nos han fallado, o el Estado o los mercados financieros? La civilización occidental ha desarrollado un "arte del buen vivir" en torno a una economía de consumo, pero parece que se ha alejado del "arte del bien morir", evitando a la muerte como un hecho de la vida.

Quizá es el miedo el que vuelve aquí a la escena. Si los buenos mueren, si también les pasa a los niños y puede llegar en cualquier momento, entonces "nadie está a salvo." ¡Qué injusto que no haya reglas claras y predecibles en este juego de la vida! Pero sí que las hay: la muerte es universal, inevitable e irreversible (y a veces inesperada); ésas son las reglas, nadie nos las dijo y, sin embargo, al aceptar la vida, implícitamente las aceptamos también.

La muerte oportuna

Hemos de morir a tiempo para no morir del todo.
Anónimo náhuatl

Entonces, ¿cuándo es oportuno morirse? ¿Cuando ya se es viejo, se está terriblemente enfermo sin posibilidad de cura o cuando ya no quedan ganas de vivir? No pocas veces hemos pensado que cuando alguien sufre una larga y dolorosa enfermedad, la muerte podría ser una salida piadosa para cesar su sufrimiento. No en balde uno de los nombres que hemos dado a la muerte a lo largo del tiempo es "la gran liberadora." Pero resulta que la muerte tiene su propio reloj (de arena, según la pintan) y a veces llega antes o después de lo que se "supone" debe de llegar. Raras veces es, precisamente, "oportuna."

A mi parecer no es tan importante que la muerte sea oportuna como sí creo que lo es aprovechar la oportunidad que nos da la conciencia de la muerte. Ya que es inevitable, hagamos algo que nos haga sentir útiles, importantes, amados y generosos, mientras llega, pues les prometo que en algún momento lo hará con todos.

Hay quien dice que se quiere morir relativamente joven porque eso de envejecer le trae un panorama de sufrimiento y dependencia. ¿Será esto un signo de falta de sentido de vida? ¿O de sentirnos desconectados del resto, es decir, profundamente solos? Esto buscaremos explorarlo en los siguientes miedos existenciales.

La libertad

> *Exponte a tu miedo más profundo; después de eso,*
> *el miedo no tiene poder, y el miedo a la libertad*
> *se encoge y desaparece. Eres libre.*
> JIM MORRISON, cantautor

Suena paradójico decir que le podemos temer a la libertad. Quizá, de los cuatro temores existenciales, es el más complejo de identificar porque, lo sabemos, los humanos hemos dicho que es de los valores más preciados que podemos tener. Hemos muerto y matado por alcanzarla. Hemos derribado muros y confeccionado revoluciones para que, luego de las celebraciones y festejos, nos miremos sin saber qué hacer con eso en realidad.

Pero en sí, ¿qué es la libertad? ¿Es un concepto universal que implica la manida idea de "romper cadenas"? Es más bien, como decía Erich Fromm en su libro *Miedo a la libertad*, el resultado de escapar de lo que nos oprime o es más bien la búsqueda de algo deseado por sí mismo. Fromm distingue entre estos dos tipos de libertad: "libertad de" (libertad negativa) y "libertad para" (libertad positiva). La primera, como ya dije, es emancipadora y nos lleva a buscarla por el deseo de ya no querer vivir bajo alguna opresión o restricciones impuestas. La libertad negativa es la libertad de la interferencia externa que le impide a cada uno hacer lo que quiere cuando quiere. Cuanta más libertad negativa tengamos, menos obstáculos existirán entre nosotros y lo que queremos hacer. Podemos pensar en la libertad negativa como una oportunidad de libertad, porque nos da acceso a oportunidades deseables, independientemente de si decidimos aprovecharlas o no. El concepto de libertad negativa se puede resumir como: "No soy esclavo de nadie." Es un poco como la libertad que buscan los niños para jugar, comer e ir a dormir en el momento que quieran, al menos hasta que llega mamá o papá y se las quita de nuevo. Ésa es la cuestión con la libertad negativa; podemos volver a perderla.

La segunda, la "libertad para", es la búsqueda de la libertad para hacer algo con ella, con el fin de controlar y dirigir la propia vida. La libertad positiva nos permite tomar conscientemente nuestras propias decisiones, crear nuestro propio sentido de vida y darle forma; actuamos en lugar de ser actuados. El concepto de libertad positiva se puede resumir así: "Soy mi propio maestro." Esta libertad no se busca porque sí, por el solo hecho de decir "soy libre", sino para alcanzar aquello que se desea sin imposiciones. Esto es lo que Fromm consideraba la libertad verdadera; la que no viene del miedo y sí del deseo. Esta libertad es esencialmente un estado interno que es lo que le da a uno la experiencia de autonomía y la capacidad de elegir su propia actitud. A esta segunda libertad es a la que me habré de referir al vincular la libertad con el miedo.

Entonces, ¿qué nos asusta de ella? ¿Puede la libertad convertirse en una carga demasiado pesada para la persona; algo de lo que pueda tratar de escapar? Jean-Paul Sartre afirmó que, debido a que no existe Dios, estamos condenados a ser libres. Pero tal libertad puede ser bastante desalentadora y conduce a sentimientos de abandono, desesperación y tristeza al sabernos sin guía, sin un padre benévolo que nos acompañe como niños caminando entre las sombras. Arrojados al infierno de las consecuencias de nuestros propios deseos y decisiones. Eso debe ser suficiente para atemorizarnos ante la perspectiva de ser libres.

El miedo a escena… una vez más

Cuando las personas se dan cuenta de que en realidad son libres de elegir en una situación, se genera ansiedad. Es por eso que a muchas personas no les gusta tomar decisiones por sí mismas. Van por la vida pidiendo consejos, consultando horóscopos o haciendo que les lean las cartas del tarot. Prefieren que alguien más decida por ellos como una especie de mecanismo de defensa que mitiga la ansiedad que genera la libertad de tomar decisiones. Por cierto, se dice que pedir un consejo a alguien es realmente tratar de validar y encontrar respaldo en algo que ya decidimos hacer: mitigar el miedo. Si la persona nos aconseja lo que no queremos, ponemos cara como de reflexión, decimos algo como: "Sí, tienes razón", sólo por ser amables (o descaradamente decimos "es que tú no me entiendes") y vamos en búsqueda de otra persona "más sensata" que nos diga lo que tenemos que hacer. Si en cambio el consejo nos viene bien, porque va en línea con lo que realmente queremos, nos apresuramos a seguirlo casi de un salto. Si nos va bien, seguimos adelante con singular alegría. Si nos va mal, siempre podemos regresar a reprochar a nuestro consejero los malos resultados de su pésimo consejo.

Quien teme a la libertad, sin saberlo, prefiere una vida rutinaria y predecible que se ajuste a lo esperado por la sociedad y la familia. Las rutinas familiares reducen la ansiedad. Cuando las personas se sienten amenazadas y ansiosas se vuelven más rígidas y cuando tienen dudas tienden a volverse dogmáticas. Argumentan un apego a lo tradicional para construir una defensa y así esconderse del hecho de saberse libres. La frase favorita de estas personas es: "No me quedó de otra" o "no tuve alternativa." Siempre la hay; siempre se puede decidir el dejar de actuar o actuar de una manera que, aunque no nos guste, es una posibilidad. Eso es en parte lo que nos asusta; el que tengamos que asumir la responsabilidad de nuestras decisiones y ser sujetos a la crítica y al escrutinio social. El "qué dirán" del que ya hablé con anterioridad.

Otra forma de defendernos de este miedo a ser libres es la prisa. Hay que decidir rápidamente cuando estamos frente a una encrucijada de caminos para así no pensar, aunque nos encanta hacer como que pensamos. La realidad es que, salvo situaciones realmente de vida o muerte, deberíamos hacer una pausa para reflexionar acerca de lo que realmente queremos alcanzar con la libertad. Nuestra defensa acá es argumentar que "no hay tiempo que perder, ni nada que pensar." Pero tampoco nos gusta pensar mucho porque justo por esa pequeña rendija es que la ansiedad y la angustia se cuelan hacia nuestra conciencia. Por eso es mejor someterse al reloj, a los audífonos y a lo compulsivo.

El miedo a la libertad y las adicciones

No resulta paradójico, entonces, que el miedo a sabernos libres nos haga buscar someternos a nuevos amos. Después de todo, si no sabemos para qué queremos la libertad ni cómo usarla para transformar nuestras vidas, para qué vamos a andar por la vida sin correa. ¿Vagar sin rumbo? ¡Busquemos mejor un nuevo amo!

¿Avanzar por el interior de la cueva? Mejor vamos a la seguridad de la entrada donde podamos acampar sin que nada nos asuste. Pero ¿qué sucede si nadie quiere hacerse cargo de nuestras vidas? ¿Si no hay nada a que adherirse, como normas y preceptos sociales o religiosos? Es aquí que esa ansiedad existencial puede conducirnos al consumo del alcohol y las drogas. Uno se puede escudar en esto en mil y un argumentos: "Lo hago porque quiero, porque me gusta, porque soy libre...", pero la realidad es que no. Cualquier sustancia adictiva se apodera de nuestra voluntad y hace que nuestro cerebro nos pida cada vez más; "premiando" con sensaciones placenteras transitorias, si obedecemos, y "castigando" con un gran malestar, si no. Con esto la angustia de la que queríamos escapar no hace sino aumentar, así que necesitamos más de esa "medicina" para escapar. El uso excesivo de alcohol y drogas erosiona nuestra libertad para imaginar, reflexionar y descubrir alguna posibilidad que nos hubiera ayudado a enfrentar la ansiedad en primer lugar. Por lo tanto, escapamos de la ansiedad al entregar nuestra libertad. Las adicciones permiten pocas alternativas; son un amo muy demandante.

Intentar recuperarse de una adicción involucra el deseo de ser libres; no de la sustancia (libertad de), sino de tomar el control de nuestras vidas (libertad para). Es saber que el camino no será sencillo ni agradable, por más que lo que se busque sea bueno. La cueva se ha llenado de demonios que no quieren que nos vayamos de ahí. Cuando una persona se compromete voluntariamente a recuperarse de cualquier adicción, tiene que enfrentar sentimientos y pensamientos demasiado desagradables en el proceso.

¿Somos realmente libres?

> *La libertad es siempre una cuestión de grado*
> *y no un bien absoluto que poseemos o no.*
> CHRISTOF KOCH, científico

¿Somos realmente libres? O la pregunta debería ser, ¿qué tan libres somos o podemos ser? Si lo vemos desde el plano físico, estamos limitados por la genética, el funcionamiento neurológico, las hormonas, las necesidades, las leyes de la Física, el tiempo y el espacio. Estamos también limitados por la sociedad, la economía y las leyes. Hay cosas que podemos hacer que implican un costo muy alto y otras que ni aun pagando el precio que sea estamos en libertad de hacer.

Una de las preguntas más antiguas de la humanidad ha sido si tenemos libre albedrío. La filosofía fue la que inicialmente trató de dar respuesta y luego llegó la psicología y las neurociencias a tratar de dilucidar si de verdad podemos elegir qué hacer con nuestras vidas.

Hay quien argumenta que, dadas tantas limitaciones insalvables, el tema de la verdadera libertad, de nuestro libre albedrío, no es más que un mito. Que tendríamos que resignarnos a reconocer que nunca somos ni seremos verdaderamente libres y que, a lo sumo, podemos hacer como que lo somos para sentirnos mejor. De ser esto cierto, ya no habría miedo a la libertad porque ésta no sería alcanzable. Sin embargo, el miedo existe.

En la actualidad tenemos una gran cantidad de evidencia psicológica que sugiere que la creencia en el libre albedrío, independientemente de si éste es objetivamente cierto o no, es muy importante para nuestro comportamiento. También está quedando claro que la forma en que hablamos o buscamos la libertad se verá afectada si creemos en que es posible obtenerla. El doctor Roy Baumeister, profesor de Psicología en la Universidad Estatal de Florida y especialista en Psicología social, ha realizado varios estudios en este sentido y sugiere que lo que importa es si creemos que estamos tomando decisiones libres, independientemente de si nuestro comportamiento es realmente "sin causa." Para el doctor Baumeister, creer que somos libres nos lleva a actuar como si lo fuéramos y de igual forma creer lo contrario determina nuestro actuar. Por ejemplo, ha llevado a cabo experimentos que indican que decirles a las personas que no tienen libre albedrío les lleva a comportarse en formas socialmente irresponsables, como engañar; surge entonces una reducción en los comportamientos de ayuda y de los sentimientos de gratitud.

Un estudio reciente mostró que es posible disminuir la creencia de las personas en el libre albedrío simplemente haciéndoles leer un artículo científico que sugería que todo está predeterminado. Esto hizo que los participantes estuvieran menos dispuestos a donar a causas benéficas y, en general, creer que no se tiene libertad verdadera puede hacernos sentir con menos responsabilidad moral por los resultados de nuestras acciones. De hecho, algunos estudios han demostrado que las personas que creen en el libre albedrío tienen más probabilidades de tener resultados positivos en la vida, como la felicidad, el éxito académico y un mejor desempeño laboral. Sin embargo, aún falta mucho por investigar.

Por mi parte, pienso que dentro de nuestras propias circunstancias aún somos libres de decidir y no son precisamente las decisiones lo que nos asusta, sino el resultado de las mismas. Descubrir que ya no podemos culpar de lo que hoy hacemos sólo a nuestra infancia, nuestros padres, al amiguito de la escuela que me hacía bullying o a las supuestas injusticias de la vida me obliga a preguntarme: ¿Qué voy a hacer a partir de todo lo que me ha pasado? O quizá para muchos cerrar los ojos a la libertad aplaque un poco el miedo, como hacen los niños pequeños con aquello que les asusta y prefieren no ver.

Más adelante en el libro hablaré del miedo a tomar decisiones de manera más específica.

El aislamiento

> *¡Tengo tanto miedo de encontrar a otro como yo,*
> *y muchas ganas de encontrar uno!*
> *Estoy tan completamente solo, pero también tengo*
> *tanto miedo de que se rompa mi aislamiento*
> *y ya no sea la cabeza y la regla de mi universo.*
> ANAÏS NIN, *House of Incest*

El miedo intenso podría conducir al aislamiento; de hecho frecuentemente lo hace como una forma de evitarnos algún dolor o amenaza. Recordemos que la función del miedo es protegernos. Pero no es acerca de eso que se trata este apartado; tampoco trata del aislamiento por miedo, sino el miedo al aislamiento existencial.

El aislamiento existencial es mucho más que estar separados físicamente de otras personas; no tanto es "sentirnos" solos o solitarios, sino "sabernos" en un aislamiento de los demás y del resto, no importa qué tan cercana sea su presencia y qué tan involucrados estemos con cada elemento. Imaginemos por un momento que estamos recubiertos, además de por la piel, por una fina membrana invisible que nos rodea de pies a cabeza y que no puede quitarse porque es parte de nosotros. Esa membrana impide que tengamos un contacto real con el mundo y con la gente; no quiere decir que no podamos interactuar con ellos, sólo que esa membrana nos hace únicos porque cada una es diferente; después de todo está hecha a la medida. Llamaremos a esa supuesta membrana "unicidad", que no es otra cosa que nuestra condición de ser individuos únicos, irrepetibles e insustituibles. Esta condición que a muchos puede hacer sentir especiales y orgullosos es la misma que nos impide realmente ser parte de un todo o del todo, aunque evidentemente participamos dentro de él.

Es como si cada uno de nosotros fuera un alienígena proveniente de planetas distintos, pero habiendo nacido en este mismo planeta. Hay muchos como nosotros y, sin embargo, ninguno comparte exactamente nuestro origen, nuestra membrana... nuestra unicidad.

Irvin Yalom describe a este fenómeno de aislamiento existencial como una brecha insalvable entre uno mismo y cualquier otro ser, y aún más fundamental: una separación entre uno mismo y el mundo. No importa cuál sea nuestra experiencia del mundo, no es la misma experiencia que la de los demás. Hay una soledad inherente al darnos cuenta de que nuestro mundo, nuestra realidad, nunca puede ser completamente compartida y experimentada de la misma manera por otro. ¿Cómo comunicar la sensación de dolor a otro? ¿Cómo decir a qué sabe un helado de naranja y cómo comparar sabores aunque dos personas probaran del mismo helado? ¿Cómo realmente conectar con el sentir, con el amar de otro si nuestro único referente es nuestra experiencia incomunicable que, cuando mucho, puede compararse con otras experiencias que tampoco sabemos cómo las vive el otro?

Ya sé que esto puede empezar a sonar un tanto rebuscado y pesimista. Que cuando uno dice que ama a otro pues ese otro entiende que es amado y si además decimos que el amor es mucho, no hay nada más que decir o incluso demostrar. Entiendo que ese puede ser el pensamiento de varios ahora mismo mientras leen este apartado. Pero pienso que precisamente por la complejidad que implica detenernos en estas aguas a reflexionar es que preferimos tomar el camino de las convenciones; de un punto común para entendernos de manera más simple y directa, y eso está bien. Tampoco es que la propuesta sea relacionarnos con todo a través de introducirnos en el río subterráneo que además nos da miedo. No habría entonces tiempo para el amor si lo que hay es la necesidad de sentirse seguros. Y es justamente cuando vemos que el aislamiento de esta manera puede despertar angustia o temor. Como respuesta, la mente rápidamente se apresta a negar que esto siquiera tenga sentido, que sea interesante o siquiera comprensible porque es algo que no se quiere ver ni se quiere pensar en ello. Afortunadamente no es esta la propuesta; lo que se propone es una pausa personal de vez en vez para tocar y reflexionar acerca de este miedo casi invisible. No se trata, como ya dije, de vivir pensando en el aislamiento existencial que nos separa del resto, todos los días a toda hora.

Entonces, ¿cómo saber cómo son las aguas de un río subterráneo que no puede verse? Fuera de la deliberada actitud de sentarnos a reflexionar acerca del tema, hay momentos en que el agua de este río nos salpica y es ahí que muestra su naturaleza. Sentimos ese miedo existencial cuando reflexionamos acerca del hecho de que existe la posibilidad de que nadie en el mundo esté pensando en nosotros. Incluso eso podría estar ocurriendo en este mismo momento mientras lees este libro. Otra manera de percibir este temor es cuando nos sentimos profundamente incomprendidos; como si no perteneciéramos a nada ni a nadie. Son momentos en los que nos sentimos fuera de lugar. No es casualidad que de pronto los jóvenes, justo en la adolescencia, comiencen a experimentar estas crisis existenciales.

Otro momento de encuentro con el aislamiento es justamente en la antesala de la muerte; es en ese momento que puede aparecer este profundo miedo a sabernos solos. "Es saber que nacimos solos y que solos habremos de morir", dice Yalom. Nacimiento y muerte, por cierto, ambas son experiencias incomunicables porque nadie recuerda lo primero y nadie ha experimentado lo otro. O nadie puede recordarlo tampoco, si es que se cree en eso del renacimiento.

Como vemos no son tantas las oportunidades claras de sumergirnos en esas aguas y realmente son aún menos los que lo hacen por voluntad propia. No es que se necesite valor tanto como curiosidad y el deseo de encontrar la raíz de una sensación de insatisfacción que nos invade cuando parece que todo lo tenemos en la vida.

¿Es el aislamiento existencial más intenso en los hombres?

El doctor Peter Helm, de la Universidad de Arizona, dice que el aislamiento existencial tiende a ser más fuerte en los hombres que en las mujeres. Pero la razón no es precisamente por diferencias de género o incluso algo genético, sino por una influencia social y aprendida (o quizá debo decir un tanto impuesta). Lo que identifica el doctor Helm es que aquellas personas que se permitían manifestar y valorar ciertos rasgos como amabilidad, calidez o empatía, mostraban una menor sensación de aislamiento existencial. Y socialmente son las mujeres las que suelen estar más cercanas y dispuestas a estos elementos.

Los hombres, en cambio, generalmente están auto restringidos en el rango de emociones que se consideran como pro sociales (las que nos acercan a los demás). Ser cálido, amable y emocional no es visto por muchos hombres como deseable y las expresiones de agresividad y dominancia son privilegiadas por el grupo social como una demostración de status y hasta de hombría. Entonces podríamos decir, basados en el estudio del doctor Helm, que los hombres experimentan un mayor aislamiento existencial porque aceptan normas sociales que impiden su capacidad de conectarse realmente con los demás. Parece ser que la tendencia es que eso empiece a cambiar, pero considero que todavía nos falta largo camino por recorrer en este sentido.

¿Hay esperanza o no ante el aislamiento?

Según Yalom, no hay solución para el aislamiento porque es parte de la existencia; entonces lo que queda por hacer es enfrentarlo y encontrar una manera de incorporarlo al camino de la vida o nosotros adaptarnos a él, pero sin tener que ocultarlo o negarlo, al menos, no de nosotros mismos.

Es verdad que de los cuatro miedos este puede parecer el menos interesante de explorar y hasta el menos peligroso, pero si no tenemos cuidado podría ser el más traicionero. Como un ejemplo de esto el doctor Israel Orbach, quien fue un psicólogo clínico y profesor especializado en comportamiento suicida y prevención del suicidio, dedicó un capítulo completo en su libro *Problemas existenciales y espirituales en las actitudes de muerte*, para hablar de la relación del suicidio con las crisis existenciales. Sentirse desconectado y sin esperanza podría ser tierra fértil para este tipo de conductas y algunas otras menos radicales, pero igualmente angustiosas.

En otro estudio realizado por el doctor Helm y colaboradores, esta vez publicado en el 2019 en el *Journal of Research in Personality*, se sugiere que el aislamiento existencial está relacionado con niveles más altos de cogniciones relacionadas con la muerte.

El doctor Helm dice:

> *El aislamiento existencial en particular me fascina porque creo que hay numerosas instancias en nuestra vida diaria que pueden recordarnos nuestra separación inherente y, sin embargo, casi no hay discusión sobre cómo esta experiencia puede tener repercusiones reales. Mi amplio programa de investigación tiene como objetivo descubrir la naturaleza y las consecuencias de sentirse existencialmente aislado de los demás [...].*

El estudio concluye, al menos de manera preliminar, que las personas con una mayor sensación de aislamiento existencial tenían más pensamientos acerca de la muerte que aquellas que simplemente se sentían solas o que experimentaban cualquier otro sentimiento. Quizá este estudio tenga una correlación interesante con lo citado por el doctor Orbach.

Integrar este temor existencial implica, para mí, lograr una maniobra magistral a fin de evitar que nos domine y terminar por sucumbir en sus aguas. Por ello, propongo no evitar el tomar conciencia de este inevitable aislamiento sabiendo que existe y actuar de alguna forma como si no existiera, claro, sin olvidar que no es así. Esta extraña maniobra podría permitirnos sentir que hay una diferencia significativa en conectar con los demás al nivel que sea posible conectar, a pesar de saber que en el fondo nunca podremos hacerlo. Permitirnos la expresión emocional, la calidez y la amabilidad para con los otros, no desde una actitud de fingimiento, sino desde una especie de ensayo de lo que haríamos si fuera posible lo que no es. Conectémonos con los demás como si en ello estuviera la conjura de todos nuestros miedos, sabiendo que ulteriormente eso no sucederá, pero sintiendo que sí. Al fin y al cabo la vida transcurre mayormente sobre la experiencia subjetiva, ¿no es así? No creo que este pequeño truco incomodara mucho a Yalom.

La falta de sentido de la vida

> *El significado hace que muchas cosas sean soportables,*
> *tal vez todo.*
> CARL GUSTAV JUNG, psiquiatra

Qué puede ser más profundamente aterrador que reflexionar acerca de que es posible que la vida que estamos viviendo en este momento no tenga ningún sentido y realmente ningún significado. Para la mayoría de nosotros los días suelen ser bastante monótonos y repetitivos y, para muchos, su máximo anhelo es que llegue el viernes para luego lamentarse de que ya es domingo por la tarde, lo cual es un recordatorio de que el lunes está por llegar. Más trágico puede ser todavía alegrarse de que es lunes para regresar a la rutina y no pensar en lo triste que es el fin de semana.

En ocasiones sentimos que el tiempo, los años, la vida, va demasiado rápido y que en realidad no hemos hecho mucho más que meter la pata de vez en cuando. Y conste que no estoy diciendo que todos lo vivan así, digo que aquellos que así lo viven es probable que no hayan encontrado hacia dónde dirigir su vida y dejan que la inercia de los días se encargue de repetirlo todo. En este caso, la vida es finita, no tan larga como pensamos y en la que no estamos haciendo algo con ella como no sea desperdiciarla dando vueltas alrededor del sol trepados en esta bola de agua y tierra.

¿Cuál es el significado de la vida? ¿Qué significado *tiene mi vida*? ¿Por qué y para qué vivimos? ¿Alguien nos puso aquí y de ser así, para qué? ¿Si de todos modos nos vamos a morir, qué caso tiene la vida? ¿Por qué y para qué hacemos lo que hacemos? ¿Tiene caso hacerse todas estas preguntas? ¿De verdad tienen respuesta?

En filosofía, hay una palabra para describir los momentos en los que sentimos un hambre de significado dentro del mundo. Esto se conoce como "absurdo" y es abordado por filósofos como Albert Camus y Søren Kierkegaard. Lo absurdo puede surgir de una repentina necesidad de hacernos todas esas preguntas. Lo absurdo son momentos en el tiempo en los que las personas buscamos significado a nuestras vidas, pero no lo podemos encontrar. Somos seres que buscan significados en un mundo que no lo tiene. Hay varias formas de hacer frente a lo absurdo. Según Camus, la mejor manera de lidiar con lo absurdo es enfrentarlo, no retroceder o ahogarnos en él. En cambio, podemos pensar, aceptar y vivir la vida como si tuviera sentido, mientras que en el fondo sabemos que tal vez no lo tenga.

Quizá la pregunta a plantearse debería ser más del tipo: ¿Qué significado *le puedo dar yo a mi vida*? Es decir, no estamos buscando algo que no existe, sino que estamos abiertos a la posibilidad de crear algo para nosotros; eso cambia la perspectiva de manera importante.

¿Estamos buscando o creando el sentido de vida?

Pensar que hay un significado designado o que preexiste a nosotros es como si pensáramos que nacimos para ser o hacer algo, pero ello implicaría que hay algo predeterminado como nuestro camino o misión en la vida. Los que piensan que hay que encontrarlo, pues se van a poner a buscarlo. ¿Tiene sentido, no? Los que crean, en cambio, que el sentido de la vida no preexiste, sino que se construye y que no hay un plan preestablecido para cada uno de nosotros, entonces se van a poner a crear o construir su propio sentido de vida eligiendo hacer algo que *les haga sentir* que lo han logrado.

Por ejemplo, algunos lo construyen o dicen que lo "encuentran" defendiendo causas sociales, compartiendo su tiempo con quien lo necesita, a través del arte, enseñando, ayudando o a través de la religión, donde creen que el sentido de vida lo determina un ser superior.

Sin embargo, pienso que lo que produce más angustia es que no pase lo uno ni lo otro, es decir, que ni creamos que loencontraremos ni que sea posible construirlo. Pensar así cierra todas las posibilidades y nos confronta no sólo con la angustia existencial de la falta de sentido de vida, sino con la indefensión y la desesperanza.

Significado cósmico y personal

Aquí hablaremos en parte de la distinción que hace Irvin Yalom acerca del origen del significado para cada persona. Por un lado está el significado cósmico y por el otro el personal.

Significado cósmico

Está basado primordialmente en alguna creencia religiosa que sostiene que hay un plan divino para nosotros y el mundo. Si lo ligamos con el temor anterior (miedo a la libertad), puede llegar a ser reconfortante que no haya que decidir qué hacer, si lo que hay que hacer "ya está escrito" o predeterminado. En este caso parte del significado de la vida es haber nacido para "hacer la voluntad de Dios." Sin pretender desacreditar esta forma de encontrar significado, no podemos evitar pensar que esto no siempre resulta positivo. Conocemos varios casos de religiones fundamentalistas que promueven la idea de que hay un Dios que pide sangre o desea cobrar venganza contra los "infieles" a su dogma. Bajo este esquema alguien podría pensar que su misión en la vida es cometer un acto suicida sembrando el terror al acabar con la vida de incontables inocentes. Es verdad que podría ser respetable que diga que ése es su camino; lo malo es que a los demás, a la mayoría, no nos viene bien por el hecho de ser incompatible con la vida.

Significado personal

Cuando la religión, la que sea, ya no puede proveer a las personas con un mensaje que pueda guiarlos por el camino de la vida, el miedo existencial a sentir que no se tiene un sentido de vida nos lleva a inventar uno propio. Las creencias y valores de cada uno hacen entonces las veces de "dogma personal", lo cual nos reconforta. Nos enorgullecemos de nuestras ideas e ideales cuando sentimos que son parte de la construcción de un bien mayor. Además, construir una misión o significado personal de alguna manera nos da estructura; es lo que va construyendo nuestro camino con todo y cueva incluida.

Considero que no importa tanto si decimos que encontramos nuestro camino o pensemos que lo construimos. Tampoco cuál, digamos, es nuestro propósito o sentido de vida, mientras esté ahí. ¿Quién tiene la autoridad para decir que no es verdad si alguien afirma que "nació para ser feliz", que su "destino" es ayudar a los que sufren o que descubrió que su camino en la vida es alertar a los demás acerca de los peligros que encierra el consumo de drogas porque esa persona se ha recuperado de una adicción? ¿Cuál sería el objetivo de señalarles su supuesto error de pensamiento si con ello se comprometen con un sentido personal?

Ya sabemos que, en el fondo, nuestra vida carece de una importancia objetiva e inherente y que la única finalidad del sentido de la vida es mantenernos con ganas de vivir hasta el momento de la muerte porque "todavía tenemos mucho que hacer" o porque "no hemos completado aún nuestra misión." Ya lo decía Albert Camus: "El Acto más importante que realizamos cada día es tomar la decisión de no suicidarnos." El mismo Irvin Yalom nos dice algo muy similar: "El ser humano parece requerir significado. Vivir sin significado, metas, valores o ideales, parece provocar angustia considerable. En forma severa, puede llevar a la decisión de terminar con la propia vida." Sería posible pensar que, mientras podamos creer que nuestra vida tiene sentido, aquí estaremos.

Incluso podríamos reemplazar otra pregunta existencial por otra más útil. Cambiar el: "¿Para qué vivir?" por un: "¿Cómo he de vivir? Tendríamos que pensar hacia dónde dirigir nuestra vida y cuál es el sentido que le queremos dar. Yalom nos da algunas pistas y sugerencias al respecto:

Rutas posibles hacia la construcción de un sentido personal de vida

Autorrealización

La autorrealización puede considerarse como la plenitud del potencial creativo, intelectual o social de cada uno. Es un proceso psicológico que maximiza el uso de las habilidades y recursos de una persona, y es variable de persona a persona. Sin embargo, un componente común tiene que ver con dedicarnos a lo que nos gusta, a lo que nos haga sentir a plenitud y que finalmente nos aporte una sensación de gozo o disfrute. Sabemos que lo hemos alcanzado cuando hemos logrado cierto nivel de éxito reconocido internamente y cierto nivel de éxito reconocido externamente. Con esto no quiero decir que se trate de ganar la mayor cantidad de dinero posible o de convertirse en la persona más famosa del mundo, sino de alcanzar nuestro máximo potencial posible sin importar si eliges el camino de la medicina, las ciencias, las artes, la política o la psicología. La autorrealización involucra los logros de cada uno, dentro de un todo colectivo.

Altruismo

Es la preocupación por el bienestar del otro a través de la acción. No se trata de dar caridad o limosna, sino de involucrar nuestro tiempo, conocimientos o recursos para ayudar a quien lo necesite, dentro de nuestras posibilidades. No es un sacrificio en sí mismo porque se hace con genuina empatía. Hay un sinnúmero de personas que dedican parte de su vida a enseñar, cuidar o compartir. Eso, por supuesto, marca un profundo sentido de vida para el que lo experimenta. Toda angustia se conjura; la cueva se desvanece.

Dedicarse a una causa

Es el compromiso personal que podemos hacer con la familia, un hijo, nuestra patria, la sociedad, el medio ambiente, los animales o lo que sea que nos haga sentir genuinamente involucrados. Hacer esto nos compromete con algo más grande, que a la vez nos hace sentir parte necesaria y útil de ello. Sentir que con nuestra participación estamos haciendo una diferencia, a pesar de que sabemos que somos sólo uno. Muchas veces personas que han sufrido adversidades en la vida, como un accidente que los ha dejado con lesiones permanentes, padres que han perdido a sus hijos o sobrevivientes de desastres deciden sublimar su experiencia al comprometerse con una causa y compartir con otros aquello que han podido capitalizar derivado de esa experiencia. Esto último involucra también autorrealización personal y altruismo, por supuesto.

Creatividad

Es crear con intención, no un hacer por hacer. Se trata de utilizar los recursos personales en la creación, expansión o invención de lo posible. Desde actividades artísticas, tecnológicas, sociales o laborales, la creatividad puede hacer de este mundo no sólo un lugar mejor, sino, además, uno más bello. En este sentido la creatividad y su resultado se dirigen no sólo a la satisfacción del individuo, sino hacia la comunidad entera. ¿Qué bien hace y qué sentido tiene una creatividad de la que nadie se beneficia?

La aproximación hedonista

Nada de malo tiene tomar como sentido de vida el disfrutar plenamente la existencia. No todo lo que no es altruista tendría por qué ser egoísta. Por el contrario, el sentir que disfrutamos de la vida nos puede hacer sentir más generosos, compartidos y comprometidos. Es retener la capacidad de asombro, permitirnos experimentar las emociones y gestionarlas de manera que nos acompañen hacia donde queramos ir. Con este abordaje, lejos de que la cueva nos atemorice, nos llenaría de fascinación y curiosidad. No sería negar el miedo, sino emocionarnos ante su presencia como parte de una respuesta natural de la vida ante lo nuevo y desconocido.

Entiendo también que puede haber significados que no sean necesariamente cósmicos o personales; me refiero a aquellos que nos pretende imponer la familia, la sociedad o la cultura cuando nos marcan metas a alcanzar para considerarnos seres "realizados" o significativos para la sociedad. Por ejemplo casarse, estudiar una carrera (con maestría y doctorado incluidos), tener hijos, hacerse de una casa propia, lograr una posición social laboral o financiera, etcétera. Con estas imposiciones, tomadas como sentido de vida, aquellos a los que no les haga sentido y no las quieran seguir, que no las cumpla, incluso quien no las cumpla a cierta edad, puede sentir que ha fracasado, que su vida no tiene sentido. Tampoco creo que haya que oponerse necesariamente a alcanzar hitos sociales o culturales, pero no considero que sea sano tomarlos como nuestros si lo que queremos se encuentra en otro camino. El sentido de la vida no se puede construir de manera verdadera desde la obligación, y menos, si ésta ha sido impuesta.

¿Para qué querríamos invocar a estos miedos?

Sin duda más de uno puede pensar que hablar de estos cuatro temores es como tener una visión depresiva o pesimista de la vida o buscar motivos innecesarios para estar angustiado. Si bien éstas pueden ser manifestaciones de una preocupación por los temas existenciales, ni la depresión ni la obsesión con la muerte son el propósito de ir a su encuentro. La realidad es que reconocerlos no niega la existencia de lo placentero, del amor o del deseo de estar vivos. Sin embargo, no deberíamos usar todo lo anterior como una cortina de humo para negar que fundamentalmente estos miedos existen en cada uno de nosotros. No se trata de inventar lo que no hay, sino de reconocer lo que ahí ha estado y estará acompañándonos mientras existamos.

Enfrentarnos cara a cara con cualquiera de estos miedos o darnos cuenta de que eventualmente los enfrentaremos uno a uno, o a todos, puede liberar a la abrumadora sensación de temor o ansiedad que estaba reprimida bajo nuestros mecanismos de defensa. Si bien puede ser reconfortante simplemente no pensar en la inevitabilidad de la muerte o la soledad que todos experimentamos de vez en cuando, evitar o negar la realidad no nos ayudará a afrontar los problemas reales. Sin aceptar y encontrar una manera de vivir con estas realidades del ser humano, es imposible vivir auténticamente, de lo contrario, sólo lo haríamos de forma superficial; es decir, entraríamos a la cueva, pero nos quedaríamos cual cavernícolas viviendo en ella sin explorar sus profundidades y, finalmente, sin cruzarla.

La idea central de acercarnos a estos miedos, además de identificarlos y reconocerlos, es buscar una especie de despertar hacia nuestra condición humana más profunda.

No es evitar el paso por el miedo lo que nos dará confianza, sino saber que lo hemos atravesado y que, aun así, hemos podido sobrevivir a la experiencia.

¿Cómo acceder a ellos?

Sabiendo que los miedos son profundos es complicado encontrarlos entre lo vertiginoso de la vida cotidiana y sus distractores que utilizamos como mecanismos de defensa. Sin embargo, podemos deliberadamente salir a su encuentro, para esto requeriremos disposición, curiosidad, silencio, tiempo, reflexión, apertura y saber que toparnos de frente con ellos no será placentero, al principio. Tenemos que desacelerarnos voluntariamente para escucharlos, hacernos preguntas que la mente, en su posición más defensiva, te dice que son inútiles y que no te llevan a nada.

Por otra parte, no siempre salimos voluntaria y conscientemente a su encuentro, sino que simplemente nos los encontramos: en momentos de crisis existencial derivados de grandes pérdidas, cambios repentinos, agotamiento, frustración o como cuando sentimos que todos nos han dado la espalda. Pueden aparecer durante una eterna noche de insomnio, en un momento de ansiedad en el que te la pasas fumando, tras el diagnóstico de una enfermedad grave o cuando te enteras de que te has quedado sin el trabajo que desempeñaste por muchos, muchos años. Te los puedes encontrar frente al espejo una mañana al descubrir que has envejecido o al sentirte en una inmensa soledad por haber dedicado tu vida a lograr metas financieras o laborales, mientras te alejabas cada vez más de tus vínculos afectivos importantes. También, por supuesto, es posible que se presenten unas semanas posteriores a la muerte de un ser querido.

Una historia al respecto

Nadie en su sano juicio querría confrontar de la noche a la mañana a alguno de estos miedos existenciales, por más lejanos o ajenos que los podamos sentir en este momento de nuestras vidas. Sin embargo, a veces se presentan y no siempre lo hacen de uno en uno, como ya dije. ¿Quién querría de pronto verse confrontado con la muerte, el aislamiento y la falta de sentido de vida de manera simultánea? Nadie, pero nadie, ¿verdad? Pues eso mismo es lo que le ocurrió a una de mis pacientes hace ya algún tiempo.

Vanesa era una mujer profesional, empresaria y muy comprometida con su desarrollo personal. Estaba casada y aunque tenía un hijo, ansiaba la llegada de una hija. Todo parecía indicar que su anhelo se vería cumplido con su siguiente embarazo, el de la hija que habría de llamarse Donatella. Lamentablemente, las cosas no resultaron como se esperaban para ambas y la pequeña murió. Todo se vino abajo para Vanesa y no hubo una célula de su cuerpo o vínculo afectivo importante para ella que no se viera afectado por este trágico acontecimiento. De pronto tuvo que enfrentar la realidad de lo que habría parecido imposible: la muerte de su hija. Como consecuencia, ella comenzó a sentirse muy sola, aislada, pues parte de su dolor consistía en no sentirse adecuadamente comprendida por nadie, ni siquiera por su pareja, que con la mejor intención trataba de animarla a estar mejor. No exagero al decir que estaba aislada del resto de la gente, sumergida en un dolor inexplicable e incomunicable. Dos motivos de angustia existencial, la muerte y el aislamiento, se habían unido al dolor de la pérdida.

De ella podríamos decir que no entró a la cueva por voluntad, sino que fue arrojada al interior rodando entre soledad, oscuridad y lamentos. Pudo quedarse ahí para siempre, entre una habitación vacía que se había quedado congelada esperando la llegada de quien nunca llegó y las ganas de ya no volver a levantarse de la cama. ¿Para qué? ¿Qué sentido tenía ya la vida después de esta pérdida? Sobrevivía para lo indispensable, para su primer y, en ese instante, su único hijo. Nunca pudo volver a embarazarse. Donatella nunca volvió, como ella la deseaba, ni siquiera en el cuerpo y la forma de otro hijo que siguió buscando. Poco a poco la falta de sentido de vida se fue haciendo presente.

¿Superó Vanesa la pérdida de su hija y de todo lo que representaba para ella? No. Eso no se supera, se aprende a vivir con ello, pero aun así no lo tuvo que hacer en soledad todo el tiempo. Algo dentro de la cueva parecía llamarla, algo que parecía ser un camino que se vislumbraba más allá del dolor, la tristeza y el miedo. Era la presencia simbólica de aquella hija que no llegó, pero que nunca se fue del todo. Eso pasa con el sentido de vida, una vez que nos orientamos hacia él, podemos hacerlo cambiar de forma, incluso hacerlo simbólico.

Fue así que con gran dificultad Vanesa se fue incorporando, o mejor dicho reincorporando, al camino de la vida, aunque evidentemente no era el mismo que ella había soñado. Trataba de orientarse dentro de aquella oscuridad y seguir aquella "voz" que la incitaba a continuar; por supuesto que no pudo hacerlo hasta que sus ojos se habituaron a las sombras. Queda claro suponer que ella no se había embarazado para ir al encuentro de ningún temor existencial y mucho menos de la pérdida; sin embargo, todo la encontró a ella y la obligó a tomar otra ruta más larga y dolorosa.

Tras vivir la experiencia pudo seguir como una mujer profesional y empresaria, sin embargo, encontró en el camino la posibilidad de hacer del resultado de su vivencia algo útil. De modo que empezó a ayudar a otros, desde una profunda empatía, a encontrar rumbo ante la adversidad, algo a lo que no le era complejo acceder, porque ella venía justo de ahí. Expandió su quehacer profesional y humano hacia la transmisión de ideas, herramientas y acompañamiento. Ayudaba a otros a ver posibilidades para salir del otro lado de esa oscuridad. Recuerdo puntualmente una frase que me dijo un día y que enmarca con claridad cómo construyó su sentido de vida de la mano de su hija: "Mi misión de ayudar viene de sentir que mi hija me dice qué debo decirle a la gente."

Vanesa encontró un sentido para ella y construyó uno para su hija. Quizá después de todo, ni el dolor ni la muerte ni el miedo acaben con nosotros si encontramos o construimos un camino que podamos transitar con sentido y significado.

¿Y si no estamos listos?

Generalmente cuando los miedos nos encuentran nunca estamos listos y aun así debemos afrontarlos. Sin embargo, tampoco creo que si no se han hecho presentes haya que salir a buscarlos como obligación, especialmente si uno siente que no está listo o simplemente se declara que no se quiere. Sólo hay que estar razonablemente ciertos de que esa supuesta falta de interés o deseo no sea un disfraz del miedo para mantenerte lejos de lo que sabes que duele. Son parte del viaje de la vida, eso es verdad, pero cada uno sabe cuándo está listo, o no, para sumergirse en esos profundos ríos subterráneos. El que no quieras o sientas que no puedes afrontar a estos miedos existenciales no significa, por ahora, que no puedas hacerte cargo de tus otros miedos más cotidianos o del momento. Siempre hay oportunidad de volver a la cueva, aunque no siempre estemos listos o dispuestos a ellos, eso sí. *Memento mori.*

¿Qué vimos en este capítulo?

○ Hay cuatro temores o angustias existenciales que pueden ser considerados miedos profundos, normalmente son inconscientes y los compartimos humanos: la muerte, la libertad, el aislamiento y la falta de sentido de vida.

○ Hay quien dice que no podemos tener miedo a la muerte como tal porque nunca hemos tenido esa experiencia antes, pero el miedo es real, aunque se presente bajo la forma de angustia o ansiedad, aunque sus causas puedan no tener un sustento objetivo.

○ La libertad nos atemoriza porque implica responsabilidad y asumir las consecuencias de nuestras decisiones y actos. A veces es más liberador decir que actuamos obligados por las circunstancias o "no nos quedó de otra" para justificar decisiones tomadas bajo la presión del miedo. Quien teme a la libertad prefiere una vida predecible y rutinaria.

○ Como no hay una persona exactamente igual a nosotros, nadie puede pensar y sentir de la misma manera. Esto nos lleva a concluir que, en el fondo, estamos solos, aunque estemos rodeados de otras personas. Aun así, aislarnos de los otros tiene consecuencias importantes en la salud mental. Busquemos conectar con los demás en el nivel que nos sea posible.

○ Creer que estamos para algo en este mundo nos ayuda a vivir. Si no encontramos un significado cósmico, se hace necesario crear uno personal. No tenerlo significa caer en la angustia de pensar que nada de lo que hagamos importa o tiene sentido.

Ejercicio sugerido

Los miedos existenciales o profundos no son siempre tan sencillos de detectar. A veces tenemos que buscarlos de manera indirecta y aun así cuesta identificarlos, de modo que hagamos un pequeño ejercicio y veamos lo que descubres:

● Imagina que dentro de ti habita un animal o que éste forma parte de tu espíritu o esencia. ¿Qué animal sería? A continuación completa los enunciados:

■ El (animal) _____ que hay en mí ama:

_____

■ El _____ que hay en mí necesita:

_____

■ El _____ que hay en mí desea:

_____

■ El _____ que hay en mí teme:

_____

● Ahora imagina que dentro de ti habita tu niño o niña interior, ese que alguna vez fuiste y, a veces, el que no pudiste dejar salir por la infancia o niñez que tuviste. Completa las frases:

■ El niño / la niña que hay en mí ama:

_____

■ El niño / la niña que hay en mí necesita:

_____

■ El niño / la niña que hay en mí desea:

_____

■ El niño / la niña que hay en mí teme:

_____

● Ahora imagina que en tu futuro hay una persona anciana, que es en la que posiblemente te vas a convertir. Imagina que la llamas y le pides que permanezca por un momento dentro de ti para que te pueda ayudar a responder lo siguiente:

■ La persona anciana que hay en mí ama:

_____

■ La persona anciana que hay en mí necesita:

_____

■ La persona anciana que hay en mí desea:

_____

■ La persona anciana que hay en mí teme:

_____

● Para terminar, responde siendo tú mismo o tú misma:

■ Yo amo: _____

■ Yo necesito: _____

■ Yo deseo: _____

■ Yo temo: _____

_____

Hay muchas cosas que puedes hacer a partir de estas respuestas, como:

1. Preguntarte por qué elegiste a ese animal y no a otro.

■ ¿Cuáles son sus cualidades?

■ ¿Cuál es su fortaleza principal?

■ ¿Tiene confianza en sí mismo?

■ ¿Cuáles son sus miedos o depredadores naturales? ¿Acaso elegiste uno que está en la cima de la cadena alimenticia porque sabes que no tiene enemigos?

■ Mirar diferencias y similitudes entre los personajes citados (el animal/la niña o el niño/la persona anciana/tú mismo).

■ Identificar los miedos de cada personaje con los miedos existenciales de los que ya hablamos.

■ Darte cuenta de cómo te permites expresar con más autenticidad lo que hay en tu interior, si siendo tú o teniendo que hacerlo a través de un animal, un niño o un anciano.

■ Observar si tu vida actual te está acercando a lo que cada uno de estos personajes ama y te aleja de lo que temen o los estás haciendo al revés.

■ Advertir si estás buscando cumplir los deseos de cada personaje y si en distintas etapas de tu vida has logrado satisfacer las necesidades de todos ellos. De no ser así, éste puede ser un buen momento para empezar, ¿no lo crees?

4

LOS DISFRACES DEL MIEDO

Muchos de nosotros elegimos nuestro camino
por miedo disfrazado de practicidad.
JIM CARREY, actor

Si desde niños nos han enseñado a negar los miedos, o no nos enseñaron a expresar adecuadamente las emociones, es posible que decidamos mantenerlos ocultos. No queremos ser juzgados por los demás negativamente y tampoco que "descubran" nuestras supuestas debilidades. La sola posibilidad de mostrar nuestros miedos nos hace tener otros miedos: tememos perder la estima, la dignidad, la admiración, el prestigio, el estatus o hasta nuestros vínculos más profundos e importantes. Según sea el caso, tenemos miedo a no ser un buen ejemplo para los hijos o perder el poder y respeto de nuestros colaboradores. A veces, con tal de que no se haga presente y nos delate, preferimos no exponernos a situaciones que pongan a alguno de nuestros miedos en alerta. Preferimos tomar caminos seguros o, peor aún, nos detenemos en el camino con tal de no tener que cruzar la cueva simulando que ése es un buen sitio para acampar.

Pero el miedo tiene que cumplir con su función de protegernos, así que no va a quedarse habitando en los calabozos de la mente como si nada y buscará la forma de salir y cumplir con su misión. A la manera de algunos ingeniosos prisioneros, el miedo tendrá una idea: disfrazarse de otra cosa para escabullirse y actuar. Incluso puede llegar a engañarnos a nosotros mismos, pero él sabe quién es y lo que debe de hacer, sólo que por ahora le hemos complicado las cosas al obligarlo a disfrazarse. Trabajar dentro de una botarga todos los días a todas horas debe dificultar prácticamente toda actividad cotidiana.

¿De qué se disfraza el miedo? ¿Cómo reconocerlo si está disfrazado? Pues precisamente en este capítulo me encargaré de describir algunos de los disfraces favoritos del miedo. Con ello no quiero decir que siempre está detrás de todas las otras emociones o situaciones. Obviamente, muchas de estas condiciones que voy a describir son genuinas y no miedos disfrazados, pero conviene conocer cuándo sí y a quién suplanta sólo para preguntarnos: ¿Será que detrás de esto que me pasa o siento hay un miedo que no he reconocido?

Como ejemplo de esto pensemos en una persona que se disfraza de bombero. Los bomberos reales existen y alguien con un buen disfraz podría engañar incluso a otros bomberos. Bueno, pues así como hay bomberos reales y personas disfrazadas de bombero, también hay enojos reales y miedos disfrazados de enojo. ¿Cómo distinguirlos? Observando cómo se comportan. Un bombero real sabrá qué hacer ante una emergencia, de igual modo, un enojo auténtico sabrá moderarse para comunicar adecuadamente el desacuerdo que lo ha causado; en cambio, un miedo disfrazado de enojo será más intenso, querrá demostrar poder y será más prolongado. En términos técnicos, podemos decir que tratamos de encontrar una emoción inconsciente debajo de sentimientos y conductas conscientes.

Vamos pues a explorar algunos de esos disfraces para reconocer cómo detrás de cada uno de ellos, hay un miedo que quiere ser escuchado. Aunque debo decir que no basta con reconocerlos y que tampoco debería ser el único paso a realizar o el paso final. Necesitamos eventualmente saber qué quiere de nosotros; explorar sus pasadizos y conectarlos con hechos de nuestra vida, por ejemplo, ¿qué evento, circunstancia o persona podría estar desencadenando ese miedo?, ¿es algo que está sucediendo ahora mismo o algo que pasó hace muchos años? Veamos.

Enojo, ira o agresión

> *El miedo es el camino hacia el lado oscuro.*
> *El miedo lleva a la ira. La ira lleva al odio.*
> *El odio lleva al sufrimiento.*
> GEORGE LUCAS, cineasta

La ira parece ser el disfraz favorito no sólo del miedo, sino de otras emociones y sentimientos como la frustración, la pérdida, el fracaso, el abandono o la tristeza. ¿Y cómo no serlo? Su presencia imponente aleja a todo lo que lastima o asusta. El miedo nos merma, mientras que el enojo nos hace ver grandes. De hecho, si pensamos en un gato asustado, que de momento no puede huir para ponerse a salvo, de inmediato nos viene a la mente uno que arquea el lomo, eriza los pelos, agita la cola en todo lo alto y echa para atrás las orejas mientras nos muestra los dientes y gruñe, incluso puede llegar a escupir. Queda claro que el gato está aterrado y que su último recurso defensivo es mostrarse agresivo. Demostrar enojo y agresión son los disfraces del miedo para proteger al gato.

Entonces, cuando el enojo se relaciona con el miedo puede llegar a ser algo más que un simple disfraz, éste se convierte en una armadura de la que se vale el miedo para ejercer sus funciones protectoras. Cuando lo usamos con ese fin, el enojo puede ayudarnos a poner límites porque, como he dicho, es armadura y no disfraz. No en balde se afirma que la ira es la emoción de la vulnerabilidad.

Pero a veces simplemente el enojo es el disfraz del miedo. Gran parte de nuestros enojos están motivados por la necesidad de no sentirnos culpables, acusados, rechazados, desatendidos, menospreciados, rechazados o frustrados. Es, a lo más, un miedo a no sentirnos suficientemente valorados por otro que ha traspasado nuestros límites (aparentemente sin importarle). Es como un miedo ancestral que enciende las alarmas de la exclusión del grupo social sin el que no sobreviviríamos. Es por eso que necesitamos conservar nuestro valor y dignidad ante los otros. Sin embargo, las personas que expresan enojo cuando en realidad lo que sienten es miedo, no suelen ser conscientes que lo están sintiendo. De hecho, si les preguntáramos dirían que no tienen miedo, que sólo están enojados. Y cómo no van a sentirlo si el miedo dispara una gran carga de adrenalina que nos pone en estado de alerta y nos prepara para la lucha. Somos como el gato que reacciona por impulso cuando se siente amenazado.

El problema de usar al enojo como disfraz del miedo es que la sensación de poder que se siente y se expresa al estar enojado se puede convertir en el escondite perfecto ante cualquier amenaza. Incluso puede ser un arma poderosa para mantener a raya cualquier intimidación, especialmente si nos hacemos ver como unos locos por la furia. Sin embargo, todo poder tiene implícita una debilidad, un talón de Aquiles. Si abusamos del enojo para ocultar nuestro miedo cada vez que nos sentimos vulnerables, esta respuesta automática se puede volver altamente adictiva, y lo que empezó siendo un impulso se convertirá en una tendencia y, posteriormente, en hábito. Cabe señalar que no importa cuántas veces lo repitamos y el disfraz nos "salve", en realidad no estamos desarrollando los recursos emocionales necesarios para lidiar con el origen del miedo, sólo lo estamos ocultando detrás de una capa de enojo.

Hace tiempo tuve una paciente de unos veinticuatro años que se iba a Estados Unidos a estudiar. Todo en ella era una mezcla de emociones: un poco de miedo (claro), felicidad y orgullo familiar, hasta que en cierto momento, un día antes de que se fuera, su madre le dijo: "Necesito que bajes una aplicación a tu teléfono móvil para tenerte localizada las veinticuatro horas." Seguro están pensando que esa madre es una controladora, de ser así, tienen razón. Pero recordemos que una persona con muchos miedos tiene una gran necesidad de controlarlo todo, ya que es precisamente a sus miedos a los que no puede controlar. Regresando a la madre, podría pensarse que realmente no confía en su hija, pero no es el caso. La joven ante tal petición le respondió que no quería hacerlo, que se le hacía innecesario y hasta humillante para su edad. Que cómo quiere que crezca como persona y se pueda ir con confianza si la sigue tratando como a una niña (parte de lo que la trajo a terapia fue justamente eso). Como resultado de su negativa, mi paciente me contó que su madre le lanzó una dura mirada y le dijo: "Me impresiona tu egoísmo, de nada te ha servido la terapia." Sin duda un comentario muy agresivo que yo podría traducir de la siguiente manera: "Tengo mucho miedo de que te pase algo y me gustaría saber en dónde estás a cada momento del día para sentirme tranquila, pero con tu negativa me demuestras que no te importa lo que yo siento, entonces te voy a acusar de egoísta para ver si así te genero la suficiente culpa para que hagas lo que *yo necesito* que hagas." Y bien, ¿quién suena más egoísta ahora? Cuesta mucho entender cómo un miedo viene envuelto de agresión.

En el fondo, lo que ocurre con todo este mecanismo de disfraces es un fenómeno muy interesante. Veamos otro ejemplo, esta vez de una interacción entre dos hermanos:

Pedro	Juan	Lo que sucede internamente
Hace un comentario a Juan en una reunión, frente a un grupo de amigos comunes: —¡Jajajá, qué gracioso! ¡Con tu peinado pareces un Muppet!!!		Juan se siente devaluado por Pedro porque su comentario le pareció hiriente y humillante ya que lo hizo frente a todos sus amigos. **Eso le provoca un temor inconsciente** a no ser apreciado o querido por su hermano y a que sus amigos lo vean como alguien débil y después lo rechacen. Entonces le responde encolerizado.

Pedro	Juan	Lo que sucede internamente
	—*¿Qué te pasa, estúpido? ¿Quieres ver a qué te vas a parecer tú después de que te reviente la nariz de un puñetazo?*	No es de esperar que Juan reconociera el miedo implícito en el rechazo y la exclusión, porque éste es más profundo; si hubiera sido así, bien podría haberle hecho saber a su hermano Pedro la realidad: que se sintió herido y humillado. En vez de eso lo insulta y lo amenaza. Entonces Pedro le responde.
—*Ya, ya... era una broma. Ni aguantas nada.*		**Ahora es Pedro quien siente miedo** de la amenaza de Juan, pero tampoco quiere demostrarlo, así que hace parecer que todo se trató de una broma para suavizar las cosas. Juan le lanza una mirada amenazante y la reunión sigue adelante. Aparentemente, Pedro quiso poner tierra de por medio o apaciguar las cosas; la realidad es que con este acto busca alejarse de su hermano que lo ha amenazado.

En este segundo ejemplo podemos observar el fenómeno al que me refiero. Juan siente miedo, demuestra enojo hacia Pedro y, al final, éste siente miedo de las amenazas de Juan. Si observamos con cuidado, Juan transfirió su miedo a Pedro a través de su enojo. Y conste que no me voy a meter en esta ocasión a analizar por qué Pedro en primera instancia hizo aquel comentario tan hostil sobre la apariencia de su hermano. Superficialmente podríamos decir que "sólo lo hizo por molestar", pero detrás de ese acto seguramente se ocultan otras emociones y sentimientos que no se han reconocido y mucho menos se han hecho explícitos. Este tipo de emociones a veces se van cargando por años y se van haciendo más grandes y profundas conforme pasa el tiempo. Como la cueva, por cierto.

Lo que hacemos cuando sentimos miedo es aplicar la ley del talión: "Ojo por ojo." Tú me asustas, yo te asusto. Tú me degradas, yo te degrado. Hacer esto nos hace sentir "poderosos" y nos libera momentáneamente del miedo porque ya se lo pasamos al otro, como si fuera el juego de la roña o las traes. Esto al final no resuelve nada porque la vulnerabilidad queda latente hasta la siguiente agresión, sin que ninguno identifique plenamente lo que realmente está sintiendo, se daña la relación entre personas y refuerza la conducta agresiva como un hábito de respuesta.

Sé que en el ejemplo me quedé corto porque en la vida real quizá habrían acabado a golpes usando el mismo mecanismo: a mayor miedo, mayor agresión; a mayor agresión, mayor miedo, y así hasta que esa escalada terminara en violencia. Creo que estos ejemplos han dejado en claro lo que quiero explicar.

¿Cuál es la solución en ambos casos? Decir lo que se siente o se necesita para no recurrir al mismo disfraz que no comunica lo que se desea comunicar. ¿Qué se gana con decirlo? Que el otro sepa lo que realmente está pasando y pedirle que colabore en la solución del conflicto o que apoye para encontrar ambos un punto donde se sientan relativamente seguros y tranquilos.

¿Suena fácil decirlo pero sientes que resulta muy complicado hacerlo? Puede que tengas razón. Cuando mantenemos al miedo oculto y no puede mostrarse no hay forma de que se resuelvan las causas que le dieron origen, pero cuando el enojo se usa como un disfraz, las fricciones y agresiones van generando un deterioro gradual y sostenido de una relación. Una vez que todo eso ha generado resentimiento, cuesta mucho trabajo acercarse a conversar, todavía más a pretender negociar o hacerse escuchar.

No olvidemos que un requisito previo para cualquier conversación, acuerdo o negociación es acercarnos al otro y hablar de tal manera que el otro quiera nuestra cercanía y le den ganas de escucharnos sin tener que defenderse y contraatacar.

Apatía, indiferencia o aburrimiento

Tenemos miedo de preocuparnos demasiado,
por temor a que a la otra persona no le importe nada.
ELEANOR ROOSEVELT, escritora y política

Sé que en el mundo hay personas genuinamente egoístas, narcisistas y que se muestran apáticas e indiferentes ante las tragedias, las injusticias, el maltrato de personas y animales, las crisis migratorias o el calentamiento global. Sin embargo, hay otras personas que, sin tener algún problema de personalidad o ser de escasos valores, prefieren voltear la cara para el otro lado y decir que esas cosas "no son de su incumbencia", "para qué se involucran si ellos solos no harán la diferencia" o incluso que todo lo que se dice por ahí no es más que una invención, que las cosas no están tan mal. Quizá parezca que sientan muy lejanas las crisis y las tragedias o tal vez demasiado cercanas. A veces el miedo a confrontar una realidad que no se quiere ver hace que muchos prefieran hacer que no les interesa antes que asumir que les asusta no hacer lo suficiente para evitar el mal que les rodea. Por supuesto que cada uno decide con qué causas se involucra y hasta dónde, pero evitar siquiera enterarse de lo que ocurre alrededor es un indicador interesante de que algo, aunque se crea que no es importante, no se quiere ver.

Por ejemplo, si tienes miedo a morir ahogado dirás que no te interesa la natación. Si no te consideras bueno para los deportes o no le entiendes a los más populares, quizá expreses que te aburren o te hacen perder el tiempo. Hace años tuve una paciente que un día me dijo que no tenía ningún interés en viajar a ninguna parte, que el mundo era igual en todos lados y que para qué iba a gastar en conocer un lugar en el que de todos modos no iba a quedarse a vivir; para eso estaba ya el internet y la realidad virtual, para ya no tener que salir de casa. No niego que podría haber sido un pensamiento genuino, que cualquiera está en su derecho a tener, la cuestión es que me asaltó de pronto una duda: si viajar le parecía tan poco relevante, por qué me lo contó así de la nada y se tomó una sesión completa en hacerlo. Explorando un poco la situación, generando el clima de confianza necesario, un par de miedos empezaron a dar la cara. Uno decía que ella era malísima para los idiomas y que en especial el inglés se le dificultaba enormemente, a pesar de haber intentado un sinnúmero de ocasiones aprenderlo. Tenía miedo de volver a intentarlo y descubrir que, una vez más, no era capaz de lograrlo. Por lo que tenía miedo de ser "descubierta" por sus compañeros de trabajo, pero especialmente por su jefe, por lo que ella llamaba su "mediocridad." Tenía miedo de hacer el ridículo, incluso de perder su trabajo por la deficiencia que decía tener.

Pero había más; ella no sólo aseguraba que viajar no era de su interés, también pensaba que un ascenso profesional no era un reto. Y es que existía la posibilidad de un ascenso importante al que podía acceder por sus conocimientos y experiencia, pero era una posición internacional que eventualmente requeriría reuniones con personas de otras nacionalidades. Me confesó que deseaba enormemente ese puesto, pero que cada vez que surgía la oportunidad no hacía nada por conseguirlo; de hecho, cuando le preguntaban sus razones ella contestaba que el ascenso no le parecía un reto lo suficientemente interesante. Desde un inicio, ella así lo creía, pero fuimos quitando capas a la cebolla (o mejor dicho, disfraces al miedo) y empezó a surgir la verdadera causa de su supuesto desprecio por los viajes y el desinterés por el ascenso laboral.

Por eso, cuando conocemos personas como mi paciente, resulta bastante frustrante que no respondan de manera positiva cuando les contamos lo simple que es hacer algo y lo maravilloso que será su resultado. La gente no es tonta y no necesita que la convenzan con argumentos que, por supuesto, ya han pensado; lo que necesitan es reconocer sus miedos para empezar.

Así también, hay personas que comienzan una tarea o proyecto para después dejarlo a medias porque dicen que ya les aburrió, que no es lo que esperaban o que no les resultó interesante. Es curioso, se muestran inicialmente tan entusiasmadas como para iniciarlo, que cuesta trabajo comprender que de pronto toda la "magia" se haya desvanecido. Es posible que estas personas tengan un conflicto con las expectativas que se hacen de las cosas o que genuinamente lo que pintaba para ser algo muy bueno acabe siendo poco atractivo. Pero frecuentemente el aburrimiento no es sino otro disfraz del miedo para justificar, de manera más aceptable, el miedo a fracasar y las consecuencias que ese supuesto fracaso traería en nuestro mundo intra e interpersonal.

Una buena pauta para identificar si es el miedo quien está detrás de estas actitudes, es saber la manera en que se presenta. Si tu apatía, desinterés o supuesto aburrimiento se presentan hacia una situación en particular o, a lo sumo, ante un grupo determinado de situaciones y, a la vez, puedes identificar con claridad que esa no es tu actitud ante la vida o ante otro tipo de desafíos, es muy probable que el miedo esté moviendo los hilos de tu vida. Pero si te percatas de que has perdido el interés en todo, lo que sea, hasta en lo que antes disfrutabas más y que tu apatía es generalizada porque todo te da un poco lo mismo, no sería mala idea que buscaras ayuda profesional para descartar algún potencial cuadro depresivo, que poco tiene que ver con el miedo.

El miedo nos puede disociar de nuestro entorno o apartarnos de nuestros deseos si no lo reconocemos y dejamos que opere debajo de su disfraz. Lo trágico de esto es que no importa cuántos libros o cursos de motivación podamos leer o tomar; si el miedo está detrás de todo, cada vez que actuemos será como pisar el acelerador de un auto a fondo mientras tiene el freno de mano puesto. Piensa con seriedad si lo que te falta realmente es energía, motivación, inspiración o es que hay un miedo oculto tras tus actitudes desconectadas.

Desapego

Toma el caso de cualquier emoción: el amor a una mujer, o el dolor por la pérdida de un ser querido, o lo que estoy pasando yo, el miedo y el dolor de una enfermedad mortal.
Si contienes las emociones, si no te permites atravesarlas por completo, nunca podrás desprenderte de ellas; estarás demasiado ocupado con tu miedo.
Tienes miedo al dolor, tienes miedo a la pérdida de un ser querido.
Tienes miedo a la vulnerabilidad que conlleva el amor.
Pero si te sumerges en estas emociones, permitiéndote a ti mismo tirarte de cabeza hacia ellas, las experimentas total y completamente.
Sabes lo que es el dolor. Sabes lo que es el amor.
Sabes lo que es la pérdida de un ser querido.
Y sólo entonces puedes decir:
«Está bien. He experimentado esa emoción.
Reconozco esa emoción.
Ahora necesito separarme de esa emoción por un momento.»
MITCH ALBOM, *Tuesdays with Morrie*

Aunque el desapego como disfraz guarda cierto parecido con los anteriores, considero que el miedo que se oculta tras él es más profundo porque ya no se trata de una supuesta renuncia a cosas, sueños o actividades, sino a personas, relaciones o el establecimiento de vínculos amorosos. Con esto último no me refiero necesariamente a vínculos románticos, sino a cualquier relación significativa que represente entregarnos y recibir al otro desde y hacia el corazón. No es difícil adivinar entonces que la situación puede volverse más complicada.

La supuesta renuncia a amar por el miedo a perder, o a no recibir lo mismo de vuelta, evoca al miedo existencial del aislamiento. Despierta nuestros miedos ancestrales a la soledad y la exclusión, a no ser parte del clan o grupo familiar. Es sentirnos tan atemorizados que es preferible convencernos que no necesitamos nada de nadie y que es mejor estar solos y desapegados para no sufrir, tanto que dicen por ahí: "Ni falta el que se va, ni sobra el que se queda." Incluso hemos "aprendido", de manera muy retorcida, lo que supuestamente es el desapego con interpretaciones sesgadas de diferentes disciplinas y filosofías, con las que en el fondo ni comulgamos, pero que utilizamos y acomodamos a modo para tener argumentos y justificar nuestro distanciamiento emocional con los demás. Entiendo que puede doler menos vivir en la fantasía de que se está solo porque así se ha decidido, que asumir que el deseo de conexión emocional no se ha marchado en realidad y que se siente muy lejano o imposible de obtener.

Tal vez lo que se oculta detrás de este disfraz es el miedo a volver a sufrir lo que en la infancia se pudo haber sentido como un desapego o abandono emocional, incluso físico, por parte de los padres. Aquellos que, con la mejor intención, por supuesto, pensaban en nuestro sustento y nuestro futuro, buscando maneras de ganarse la vida. Pero no es la presencia física lo más relevante, sino la emocional. Es estar contigo cuando estoy contigo y no en otra parte; es devolverte la mirada desde un involucramiento

151

emocional genuino con lo que me cuentas, con lo que te pasa y sientes. O quizá, es un miedo a no sentirse capaz de despertar el interés o amor de alguien lo que se esconde tras frases como: "Es mejor estar solo."

Una forma de detectar al miedo que se esconde tras el disfraz del desapego es percatarse qué tanto te haces una pregunta cuando alguien significativo y que te ama te busca, te invita o quiere acercarse a ti. La pregunta interna que puede surgir en tu cabeza en ese momento va más o menos así: "¿Ahora qué quiere de mí esta persona?" No voy a venderte la fantasía de que "a lo mejor se acercan sin ninguna intención." ¡Claro que la tienen y muy probablemente sea cuidar y fomentar el vínculo afectivo entre ambos! Algo que de seguro tú también quieres, pero tienes mucho miedo de reconocer; por eso los mantienes a raya, porque mientras te sigan buscando, sabrás que les importas. De hecho, es probable que si sostienes esta conducta evasiva los demás piensen que no te importan o que tú no estás para ellos. En el fondo, muy en el fondo, sabes que te preocupan, los amas y te mueres de ganas por estar cerca. Mientras más te apresures a negar esto, es más probable que sea el miedo el que esté agitado por sentirse ahora mismo descubierto, ¿no es así?

Otro efecto negativo del disfraz del desapego es la agresión que produce la envidia. ¿Conoces o recuerdas la historia de Ebenezer Scrooge o el personaje de *El Grinch*? Ambos odiaban cualquier cosa que representara la unión, la felicidad o la alegría. El primero se refugiaba en el dinero, el segundo, en el desprecio. Pero ambos, en el fondo de su corazón, sentían mucha envidia y tristeza por su soledad a pesar de sus posesiones o situaciones privilegiadas de aislamiento de las que se ufanaban. Respondían de manera agresiva a toda señal de afecto por el temor que esto les representaba; temían que si se abrían no fueran bienvenidos por ser temidos, a su vez, por los demás, gracias a la reputación que se habían forjado.

Así que no culpen al budismo, a los estoicos o a los escépticos pirrónicos. Tampoco culpen a la playa y menos a la lluvia... Es verdad que los estoicos buscaban la *Apatheia* o liberación de toda pasión, pero sólo de los eventos que estaban fuera de su control. Acercarnos a personas significativas, y permitir que se acerquen, es algo que sí podemos hacer. Claro, *si de verdad* te declaras y *eres* un adherente *comprometido* con alguna corriente filosófica o religión que tenga como base la renuncia y el desapego como una vía para alcanzar la liberación, la iluminación o alguna otra meta, es evidente que lo aquí dicho no aplica para ti, ¿o sí?

Por supuesto, la aceptación de lo inevitable o de lo que ya ha ocurrido es fundamental para reconstruirnos y seguir el camino de la vida; tampoco se propone que sigas sufriendo y lamentando la pérdida como si ésta acabara de ocurrir a cada instante. Considero, sin embargo, que no ha de ser por la vía del desapego compulsivo e impulsado por el miedo que lleguemos a tal estado de aceptación, sino mediante el reacomodo de las emociones y la recomposición de nuestra vida que podremos atravesar al miedo y las demás emociones y sentimientos que suelen acompañarlo.

¿Cuál es la respuesta ante esto? Acercarnos gradualmente a los nuestros. Forjar nuevos vínculos también sería deseable. Entiendo que esto resulta igualmente más fácil decirse que hacerse, pero por algún lado hemos de empezar si queremos acabar de cruzar la cueva. Reconoce que es un proceso que tendrá, seguramente, recaídas y hasta escepticismo de parte de los que ya están acostumbrados a nuestro alejamiento. Quizá tengamos que tocar base antes en el perdón para hacer esto. De eso ya hablaré en otro momento.

Quiero aclarar que no me he referido en este apartado al tipo de desapego patológico generado por un trauma grave, como haber estado expuesto a alguna forma de violencia o abuso en la infancia, especialmente de tipo doméstico. Los efectos de tal vivencia se conocen como "entumecimiento emocional" o "entumecimiento postraumático" que, de padecerse, ya sería materia necesaria de atención especializada por tener un alto valor predictivo de conductas delictivas en la adolescencia temprana. Respecto a ello, un estudio publicado en el *Journal of Clinical Child & Adolescent Psychology*, del 2011, dice textualmente:

> *El entumecimiento emocional, particularmente el miedo disminuido, se relacionó con la exposición a la violencia doméstica y comunitaria. El entumecimiento de las emociones temerosas se asoció con todo tipo de conductas delictivas examinadas. Además, el adormecimiento de la tristeza se asoció con la agresión. Las interacciones entre el entumecimiento del miedo y la hiperactivación sugirieron un patrón complejo de procesamiento emocional después de la exposición a eventos traumáticos en los que el entumecimiento se relacionó con el comportamiento delictivo sólo en el contexto de una alta excitación posterior al trauma. Estos patrones pueden unirse para poner a los jóvenes en riesgo de involucrarse temprano en conductas delictivas.*

De modo que la ausencia de sentimientos o expresiones de miedo o tristeza en etapas tempranas de la adolescencia sería un indicador que debería despertar más nuestra preocupación que nuestro orgullo.

Procrastinación, pereza, inacción
o ausencia de inspiración

"La procrastinación no es pereza", le digo.
"Es miedo. Llámalo por su nombre correcto
y perdónate a ti mismo."
JULIA CAMERON, *El corazón próspero*

Ya vimos cómo el miedo nos puede hacer manifestar desinterés o apatía por algo, negando incluso que lo deseamos. Veamos ahora cómo, usando otros disfraces, el miedo no nos lleva a negar que queremos algo, pero por alguna "misteriosa" razón, aun diciendo que lo queremos, nos retrasa o evita que lo hagamos.

Por cierto, esa palabrita que a muchos les cuesta tanto pronunciar correctamente: procrastinación significa simplemente: "Dejar de hacer algo para hacerlo mañana."

Entrando en materia, veamos mi propio ejemplo. Cuando pensé inicialmente en escribir este libro sentí que había bastante que decir acerca del miedo; luego, cuando estaba escribiendo el capítulo uno sentí, de pronto, que ya lo había dicho todo. En cierto momento una voz en mi cabeza me dijo: "¿De verdad vas a escribir un libro entero acerca del miedo?" "¿Para qué, si a nadie le gusta reconocer que lo siente?" "¡Nadie va a querer leerlo!" Pasaron algunas semanas y, sin exagerar, no tenía la más remota idea de lo que podría decir yo acerca del miedo. Se me fue la inspiración, me entretenía con otras cosas, algunas francamente ociosas y sin importancia, en tanto, los días pasaban y no salía de mí una sola letra para estas páginas. ¿Era acaso mi miedo el que me había hablado aquel día? ¿Sería que en el fondo pensaba que el libro no le iba a gustar a nadie? ¿Me sentía obligado a proporcionar lo que no existe: una "cura" universal para el miedo? ¿Se me había "secado la cabeza"?

Nunca me he considerado alguien que posponga las cosas importantes por pereza; claro que hay y tengo mucho que decir acerca del miedo y hacer investigación cuando voy a escribir un libro es algo que disfruto bastante. Yo no voy a escribir un libro solamente porque me interese, sino porque también creo que puede ser interesante para otros, así que tenía que ser, sin duda, el miedo la única fuerza capaz de detenerme. Ya lo ha hecho en el pasado y poco a poco he ido aprendiendo a reconocer a ese viejo compañero de vida y sus modos de hablarme. Así que nos sentamos a conversar lado a lado en un momento de confianza y de intimidad compartida y en cierto punto se empezó a quitar el disfraz. Sí, era el miedo, como lo había imaginado. Hablé con él, le agradecí que se hiciera presente en este momento tan importante de mi vida profesional y luego le pedí que confiara en que yo pondría todas mis capacidades personales y profesionales para que este libro cumpliera con su cometido básico de reconocer un tema tan común, pero del que frecuentemente no queremos escuchar. ¿Y se fue el miedo? Claro que no; ahora se sienta junto a mí para acompañarme mientras escribo y hacerme preguntas de vez en vez, especialmente cuando escribo alguna afirmación que le salta y me pregunta: "Oye, ¿y tú cómo sabes que es cierto eso que dices?" Lo escucho, investigo un poco más para despejar la duda y, entonces, se tranquiliza; mejor dicho, nos tranquilizamos. Incluso, se ha llegado a calmar cuando le respondo algo como: "No lo sé, pero eso es lo que creo y así es como lo estoy diciendo."

Cuando el miedo nos habla para empujarnos a demorar o posponer situaciones o acciones, suele gritarnos cosas como: "No estás listo." "Éste no es el momento perfecto." "No eres lo suficientemente bueno, tienes que prepararte más antes de empezar." "Es jueves, mejor empieza el lunes y así ya te vas de corrido con la semana." "Necesitas descansar, así no vas a poder fluir", entre otras joyas para lograr protegernos de un potencial fracaso. El punto es que el miedo acaba por decirte todos los días: "Mejor empecemos mañana." Y no sólo nos habla, también nos arroja distractores en el camino. Justo antes de iniciar la tarea que quieres hacer, pero no puedes, te das cuenta que el cajón de tu escritorio está desordenado; recuerdas que el otro día alguien te contó que fue a un parque muy bonito por tus rumbos y ahora tú necesitas investigar dónde está exactamente para ver si vas el sábado; recuerdas que hace mucho no le hablas a tu hermana para saludarla; que viste un meme hermoso de un gatito que te llevó a te preguntarte cuántas razas de gato habrá, cuánto tiempo viven y cómo se reproducen. Es natural que temas tan fundamentales no te dejen avanzar en tus proyectos importantes, así que en resolverlos se te va el día, la semana, el mes y la vida entera. Y de verdad que yo sé en propia piel que no es falta de voluntad, sino miedo lo que te tiene paralizado.

De modo que ahí estás parado frente a la boca de la cueva porque es el rumbo que lleva el camino de la vida. No hay más que dos posibilidades: o sigues adelante y sales del otro lado del miedo o te entretienes con las plantitas que crecen en las afueras. En eso estás, afuera de la cueva, cuando te empiezan a interesar los pajarillos de la región y hasta sientes que podrías explorar los alrededores antes de cruzar. Total, la cueva no se irá a ningún lado y es mejor conocerlo todo, ¿no? Eso está perfecto, sólo me permito recordarte que aunque tú te detengas en el camino de la vida, la vida misma y el tiempo no se detienen a esperar que acabes tus exploraciones naturalistas.

Creo que lo que puede ayudarnos ante este disfraz del miedo es reconocer que en todo proyecto podemos fallar, equivocarnos o, incluso, arrepentirnos. En lo personal, no me gustan esas propuestas de ayuda que dicen "el fracaso no es opción", "para atrás ni para tomar impulso" y "hay que llegar hasta el final" derrotando a los miedos. También creo que a algunas personas les pueden funcionar para resolver algún atore del momento, pero me pregunto si eso de verdad hace que cambie su relación con el miedo. Desconozco en qué momento alguien empezó a creer que hay que aprender sin cometer errores y que los errores equivalen al fracaso. Con un pensamiento así, no es extraño que nos descubramos de pronto teniendo miedo. Considero que deberíamos darnos y dar, especialmente a los niños, la posibilidad de equivocarse y rectificar si es que así lo sienten conveniente. La libertad y tranquilidad que da el proceso de ensayo-error es un enorme tranquilizante para el miedo.

Tener estrategias como poner recordatorios, alarmas, fechas límite o premiarnos cuando hemos alcanzado una meta está bien, pero si cada vez que vamos a hacer algo nuevo volvemos a atorarnos, quizá convenga, como con los otros disfraces, descubrir qué puede ocultarse detrás de esa inacción.

Soberbia o arrogancia

> *La arrogancia está en todo lo que hago.*
> *Está en mis gestos, en la dureza de mi voz,*
> *en el brillo de mi mirada,*
> *en mi rostro tenso y atormentado.*
> Coco Chanel, diseñadora de alta costura

Imaginemos que tienes un compañero o compañera de trabajo con quien, además, consideras que tienes una buena amistad. Te cae bien porque es una persona amable, divertida y solidaria. Además, parece disfrutar su trabajo. Un día, precisamente por sus méritos y antigüedad en la empresa, recibe un ascenso. Ahora es gerente de una área que acaba de crearse. En poco tiempo, todo cambia: aquella persona amable se ha convertido en alguien irreconocible, humilla a los demás, incluso les falta al respeto a la vez que parece que busca ser admirada y respetada por todas las grandes cosas que ha hecho y por todas las cualidades especiales que tiene. Lo lógico es pensar que a esta persona "se le subió el puesto", que ahora sí "enseñó el cobre" y toda su bondad no era sino una fachada para ocultar su verdadera naturaleza maléfica, ¿no es así? Sin embargo, es posible que el disfraz de la soberbia y arrogancia no lo usaba antes y ha recurrido a él para ocultar un miedo muy grande.

Las razones de su actitud pueden ser variadas. Una posible es que la persona en cuestión se sienta de alguna manera amenazada y trata de protegerse, quizá crea que le tienen envidia, que piensan que su ascenso fue inmerecido, o que no tiene las capacidades necesarias para ese puesto. Lo que en realidad está haciendo es proyectar todos sus miedos en los demás: con su actitud arrogante trata de proteger su integridad y su autoestima. En sí, lo que busca ocultar es su inseguridad, inferioridad y falta de confianza que disparan un miedo fundamental: ser rechazada o descubierta como un fraude. Pero como a veces el miedo cree que la mejor defensa es el ataque, la arrogancia la hace rechazar a los demás antes de que ellos puedan rechazarla. Como se siente inferior, le preocupa que otros la descubran y, como resultado, no la acepten. Las voces del miedo que vienen del interior de la cueva se han encargado de convencerla de que sin duda la van a rechazar. El miedo le dice: "Trátalos mal antes de que te maltraten a ti. Recházalos antes de que te rechacen. Fáltales al respeto antes de que lo hagan ellos contigo y te lastimen."

Con este disfraz el miedo cumple con su tarea fundamental de protegerla porque, aunque la profecía se cumpla y todos terminen odiándola (no por la profecía, sino por sus actitudes), siempre podrá decir que eso no le importa ni le afecta porque viene de seres inferiores de los que no necesita ninguna aceptación. La realidad es que a esa persona del ejemplo ya la perdimos dentro de la cueva, porque la realidad es que sí le importaba mucho la aprobación de los demás y tenía mucho miedo de su rechazo y falta de reconocimiento.

Otra posibilidad de que el miedo use el disfraz de la soberbia viene de haber sido maltratado por otros, especialmente por personas que tenían una posición de autoridad o poder frente a nosotros. Si a pesar de nuestro esfuerzo no recibimos el reconocimiento, aprecio y respeto de aquellos que sentimos como superiores, nuestra frustración y miedo al rechazo se hace presente. Como no podemos normalmente desquitarnos con esas personas, justo por sentir que les importamos un rábano, entonces desplazamos esa arrogancia y maltrato hacia aquellos con los que guardamos una postura de autoridad o poder; ya sean subordinados o hijos, por ejemplo; en sí, personas que esperan nuestra aprobación. Nos adelantamos a tratarlos mal para intentar recuperar ante ellos la posición que sentimos que perdimos frente a otros.

Lo que está en juego no es poca cosa. La vergüenza es nuestra respuesta instintiva al fracaso personal o la insuficiencia, especialmente cuando esta última queda expuesta públicamente. Sentirse abochornado ante una falla menor es una forma de vergüenza temporal y leve, pero cuando el temor profundo es a la humillación pública, la exclusión, el aislamiento y el desprecio, se vuelven una amenaza terrible que pueden desencadenar formas graves de vergüenza anticipada. El miedo aquí entonces es a perder un lugar digno en la vida ante los ojos propios y ajenos.

Parecería que dejar de querer aparentar que eres lo que no eres puede ser una idea a considerar. El miedo usa disfraces porque tú no lo quieres reconocer, ¿qué es lo que tú no quieres reconocer de ti que hace que te disfraces de arrogancia?

Miedo a delegar

No son pocos los que prefieren, incluso desde niños, hacerse cargo de las tareas o del trabajo de un equipo por el temor a que lo hagan mal. Suelen decir que no les importa y que ellos pueden hacerlo todo, lo cual es posible que así sea. El problema con esta acción es que lo que para muchos podría parecer arrogancia y hasta desprecio, en realidad es una manifestación disfrazada del miedo. Y no es casualidad que cueste verlo con este disfraz, porque en realidad no lo parece. Quienes lo usan lo hacen para ocultar su miedo y suelen afirmar que los demás son lentos, son tontos, no entienden o no son personas de fiar. Quizá esto tenga que ver con una *proyección* (de las que ya hablaré en otro capítulo) y realmente sea eso lo que temen que se vea en ellos, por lo que buscan demostrar lo contrario.

Delegar implica confiar y no hablo de confiar solamente en los otros. Es también confiar en saber qué y a quién estamos delegando y sentirnos capaces de corregir el rumbo si alguien no tiene las capacidades o el interés de hacerse cargo de manera satisfactoria de aquello que se le ha confiado. Mucho del miedo a delegar viene de la fantasía de que todo se arruinará por culpa de otro, como si no se pudiera hacer nada al percatarse de que el barco empieza a hacer agua, en vez de esperar a que ya esté en el fondo.

Optimismo irracional o excesiva confianza

Las cosas no siempre son tan malas como se ven: a veces pueden ser peores.

¿Qué mejor forma tiene el miedo de disfrazarse que hacerlo de algo muy distinto a lo que en realidad es? Me refiero al optimismo irracional y a la excesiva confianza. Y quiero resaltar aquí a los modificadores "irracional" y "excesiva" para que no se piense que soy un pesimista empedernido o que vivo en una perpetua desconfianza de todo lo que me rodea en un mundo personal entre paranoia y *sospechosísimo*. No hay nada de malo en tener una visión optimista de la vida mientras hacemos una evaluación realista del presente y nos hacemos cargo de lo que surja en la búsqueda de mejorar. Tampoco confiar tendría por qué ser síntoma de nada oscuro, pero hacerlo en exceso puede no ser de ayuda cuando no tomamos precauciones.

Por ejemplo, por el temor a padecer alguna enfermedad grave, las personas pueden mostrarse excesivamente confiadas o ser irracionalmente optimistas, en especial cuando ya hay señales claras de que algo no anda nada bien, evitando ir al médico o buscando uno cuyo diagnóstico apacigüe sus temores, aunque no detecte, ni resuelva la enfermedad. Tampoco estoy hablando de una franca irresponsabilidad o ignorancia, sino de la evitación y negación a la que el miedo nos arrastra con tal de mantenernos tranquilos. Los optimistas irracionales ven el mundo a través de lentes de color rosa temiendo tanto a las cosas malas que las "transfieren" a otro creyendo que ellos son inmunes. La mayoría de nosotros creemos que somos menos propensos que otras personas a tener un ataque cardiaco o a estar involucrados en un accidente automovilístico. Francamente, preferimos no pensar en esas cosas cuando el miedo está latente ante ellas.

Otro ejemplo de esto son las deudas, o se sobreestima alegremente la capacidad de pago y se llega a niveles insostenibles con todas sus consecuencias o se tiene la extraña creencia de que se deja de pagar y ya, que eso no traerá ninguna consecuencia negativa ni ahora ni nunca. Es como pensar que lo que no vemos no existe; pensamiento mágico al fin. La cosa es que cuando la deuda se desborda, durante un tiempo tranquiliza hacer como que no existe. Hay quien deja de contestar el teléfono o hasta finge ser otra persona. Todo con tal de no afrontar lo que corresponde. Cuando escucho a una persona decir descaradamente "todo va a estar bien", suelo preguntarle dos cosas: ¿Qué entiendes tú por "estar bien"? y ¿cómo sabes eso? A veces quien lo dice, aunque se lo diga a sí mismo, lo usa como si fuera un mantra para encontrar refugio en una tranquilidad infantil. Podría citar más ejemplos, como el de la persona que afirma categóricamente que su pareja no sería capaz de serle infiel porque la/lo quiere o el que en medio de un terremoto empieza a repetir compulsivamente: "No pasa nada, no pasa nada…"

Seguro alguien estará pensando qué mal puede hacer un poco de optimismo en la vida. Ninguno, si cumple al menos dos condiciones: que resulte ser temporal y sea adaptativo. Si cumple estas condiciones lo que hace es ayudarnos a asimilar una situación importante para evitar caer en un estado de pánico o shock insoportable. Es como una forma de dosificar la consciencia de la realidad sin tener que tragarla toda de un bocado, pero tampoco hacer como que ya la hemos digerido cuando ni la hemos querido ver. La parte destructiva viene cuando se convierte en un estado permanente que nos impide actuar por no querer saber y luego haya demasiado de que arrepentirse. Por ejemplo, si un familiar padece una enfermedad grave o terminal, por supuesto que tememos que ésta provoque su desenlace fatal, así que tratamos de acompañarlo y animarlo, siempre con el deseo y la esperanza de que las cosas mejoren y todo se resuelva favorablemente. Pero ¿y si no es así? He sido testigo de primera mano de cómo un familiar o la familia entera de un persona en condición terminal tienen tanto miedo de afrontar la verdad que se muestran irracionalmente optimistas no sólo con el enfermo, sino entre ellos mismos. Viven agarrados de un: "Todo va a salir bien", "verás cómo te curas", sin dar oportunidad para que se hable de lo importante o de lo que el enfermo quiera hablar, mientras aún hay oportunidad.

El optimismo irracional pretende protegernos del miedo y de la realidad con el manto de la ilusión. Entonces, ¿cual es la solución ante esto? Cualquiera pensaría que entre ser pesimista y optimista queda ser realista y es por lo que tendríamos que apostar, pero no necesariamente es así. Tanto los optimistas como los pesimistas pueden tener una visión objetiva y realista de la realidad. Sólo el optimismo racional nos permite enfrentar de manera adaptativa a las adversidades de la vida al usar la razón sin descartar la emoción, por supuesto; es decir, ser un optimista racional, como lo describí con anterioridad, es tener una visión optimista de la vida mientras hacemos una evaluación realista del presente y nos hacemos cargo de lo que surja.

Hiperactividad y practicidad

Todo en mí es tendencia para ser a continuación otra cosa;
una impaciencia del alma consigo misma,
como un niño inoportuno;
un desasosiego siempre creciente y siempre igual.
Todo me interesa y nada me cautiva.
Soy dos, y ambos mantienen la distancia;
hermanos siameses que no están unidos.
FERNANDO PESSOA, *El libro del desasosiego*

No pocas veces alguien que se entera que estamos pasando por una dificultad nos pregunta cómo vamos, a lo que respondemos: "No he tenido tiempo ni de pensar en eso ahora, ando con muchas presiones en el trabajo." Permitir hacernos de tantas actividades que ya no tengamos tiempo para nada más puede ser otro disfraz del miedo y tiene la misma naturaleza que algunos de los que ya he descrito: la evitación del afrontamiento con lo que duele o lo que asusta.

Recordemos que una condición para entrar en contacto con los miedos existenciales de manera consciente y voluntaria es estar en relativa calma y silencio para gestar en ese ambiente un momento de reflexión. Cosa que difícilmente va a suceder si tenemos siempre mucha prisa y ocupaciones. Incluso este disfraz se podría mezclar con el de la arrogancia y declarar que no tenemos tiempo para pensar en esas estupideces del miedo y sus disfraces.

Todo estímulo que distraiga a la mente de entrar en contacto con el miedo suele ser bienvenido usando este disfraz. No olvidemos que el miedo nos puede hacer sentir degradados, entonces mostrarnos como personas sumamente ocupadas o prácticas nos eleva por encima de los demás, o eso es lo que deseamos creer.

La prisa se convierte en una especie de amuleto para ahuyentar al miedo. Como si la muerte, el aislamiento o las enfermedades no pudieran tocarnos porque estamos de prisa y bien ocupados.

Si el miedo es capaz de convencernos lo suficiente acerca de que el cielo se está cayendo y el mundo se desmorona sin nosotros, haremos lo que sea necesario para entrar al rescate. Lo que hacemos en realidad con esto es anteponer un miedo controlado y medido (en realidad sabemos que el mundo no se desmorona ni el cielo se viene abajo) por uno que no tenemos la más mínima idea de cómo afrontar (la posibilidad de una enfermedad o un problema marital). No hay tiempo que perder, hay que ganarse el pan, lo demás ya se resolverá.

Otra variante de este disfraz es escudar nuestras decisiones en argumentos prácticos o dejar que el miedo se esconda en ellos. A veces, por temor a que lo que realmente queremos nos salga mal, optamos por alternativas más factibles o "seguras" para no quedarnos con las manos vacías. Así como en repetidas ocasiones he dicho que razonar ayuda a equilibrar las emociones para tener una mejor relación con el miedo, también el exceso de racionalización nos puede paralizar o justificar para no tener que afrontar los miedos.

Quizá tu sueño era estudiar música o tener tu propio negocio, pero de pronto, aun contra ese deseo, el miedo te llevó por otro camino al percibir que te empezabas a sentir inseguro o presionado por alguien de quien temías perder su cariño o aprobación. Entones, para que no te sintieras tan mal por esta decisión forzada, el miedo te regala la posibilidad de racionalizarlo con la condición de que elimines los sentimientos de malestar que surgen a partir de no hacer de tu vida lo que hubieras querido. De ahí que escuchemos, por ejemplo: "No, eso de estudiar Medicina no era para mí. Es una carrera muy larga y a mí, la verdad, me gustan las cosas prácticas", "la mera verdad tuve que trabajar desde chico en la tienda de mi papá, así que, pues, no tuve tiempo para eso de la música y creo que fue mejor así porque mírame ahora, ya tengo cuatro almacenes y voy por el quinto." El miedo a fracasar te llevó por otro camino que no necesariamente es malo, pero que te hizo realinear tu identidad a las decisiones prácticas y no al revés.

¿Qué hacer ante esto? Desacelerar y no dejar todo a la lógica. Si desacelerar parece que te produce sentimientos de angustia o ansiedad, es probable que evitarlos sea la razón por la que todo el tiempo estás en movimiento. La propuesta no es frenar, sino bajar la velocidad.

En cuanto a la practicidad, la verdad es que no todo lo que queremos es lo más responsable. Ponemos demasiado esfuerzo en encontrar diferentes razones que suenen mejor que decir: "No puedo hacerlo porque tengo miedo de lo que podría pasar si lo intentara." Suena práctico, así que nos sentimos cómodos, aunque no necesariamente felices con las decisiones prácticas. Entonces, vamos a agregar un poco de ese ingrediente faltante que son los sueños, aunque alcanzarlos no sea lo que todo mundo alabe como lo más adecuado.

Perfeccionismo

*En su raíz, el perfeccionismo no se trata realmente
de un profundo amor por ser meticuloso.
Se trata de miedo. Miedo a cometer un error.
Miedo a decepcionar a otros.
Miedo al fracaso. Miedo al éxito.*
MICHAEL LAW

De todos los disfraces que el miedo puede adoptar para manifestarse, el perfeccionismo puede ser el peor o el más peligroso. O, al menos, así lo sugiere el resultado de un estudio publicado en el año 2017 en el *Journal of Personality* en donde se revisó una investigación de cincuenta años atrás que correlaciona el perfeccionismo con el suicidio o la ideación suicida. El estudio realizado por el doctor Martin M. Smith y colaboradores concluyen "...las presiones autogeneradas y de base social para ser perfectos son parte de la personalidad premórbida de las personas propensas a la ideación e intentos de suicidio."

El estudio también concluye que 56 por ciento de las personas que habían cometido suicidio mostraban una "presión externa percibida para ser perfectos." Ahora bien, sabemos que nadie nace intrínsecamente siendo algo que podríamos considerar como "perfeccionista" en sí mismo; entonces, qué es, de dónde surge o qué provoca esta conducta.

El diccionario de la Asociación Psicológica Americana (APA) define al perfeccionismo como: "La tendencia a exigir a los demás o a uno mismo un nivel de rendimiento extremadamente alto o incluso perfecto, superior a lo que exige la situación. Se asocia con depresión, ansiedad, trastornos alimenticios y otros problemas de salud mental." El perfeccionismo se refiere entonces a pensamientos y comportamientos extremadamente demandantes y que están asociados con objetivos elevados y poco realistas. Una persona perfeccionista se pone estándares mucho más altos que una persona sin esta condición.

Sabiendo que los factores pueden ser diversos, y descartando psicopatologías que podrían desencadenarlo, podemos rastrear al miedo en el origen y manifestación detrás de todo esto en dos factores principales: un miedo inculcado por otros y la ansiedad.

Miedos inculcados por otros

En este caso cuando digo "otros" me puedo referir a los padres, la familia, la sociedad y la cultura. En un entorno donde los parámetros de éxito están clara y rígidamente definidos y donde el costo de cometer errores o fallar es muy alto, es lógico suponer que, como todos queremos el bien para nuestra descendencia, busquemos evitarles sufrimientos a toda costa. Entonces, la presión por llegar a ser el mejor, el número uno y demostrar ante los demás lo que se ha logrado es tan fundamental como lo es ocultar los fallos personales. Todo esto se puede convertir en una fuente generadora de miedos y ansiedad por sí misma.

No pocas veces algunos pacientes me han contado, durante el desarrollo de su proceso terapéutico, cómo sus padres y otros adultos del entorno los presionaban para alcanzar la excelencia o les pedían ocultar o maquillar sus supuestos fracasos: "Te vamos a cambiar de escuela para que nadie sepa que vas a repetir el año." "Si te preguntan en la familia si aprobaste el examen de grado les dices que sí, no quiero que me estén preguntando nada." "Yo no te mando a la escuela a hacer amigos, te mando a estudiar y a aprender para que saques buenas calificaciones." "Tú único deber es estudiar así que dedícate a eso." "Si no puedes con la escuela te saco y te pones a trabajar." "¿Por qué nunca estás en el cuadro de honor?" Estos mensajes, entre otros, van permeando en la mente infantil como instrucciones para la vida que hay que seguir como una cuestión de vida o muerte. Es como si el verdadero mensaje hubiera sido: "Siempre tienes que ser preciso, diligente, oportuno, adecuado, inteligente, carismático e infalible sin importar la condición o situación por la que estés pasando." Un mensaje que sin darnos cuenta pudo haber sido corregido y aumentado de una generación a otra porque nadie se detiene a cuestionar su validez o su beneficio. No hay tiempo de hacerse preguntas con la ansiedad, sólo hay que actuar como nos han dicho que debemos hacerlo para no fracasar.

El miedo detrás de todo esto es justamente el miedo a decepcionar y a fracasar. A no ser lo suficientemente valiosos a los ojos de aquellos que nos aman y amamos. No ser suficientes y dignos para la vida. Eso es lo que impulsa a una persona a buscar compulsiva y ansiosamente la perfección y eso es precisamente lo que acaba por hundirla. Ya que no se da cuenta que al ponerse estándares cada vez más rígidos y estrechos, la posibilidad de que cualquier cosa salga mal y termine por fallar es cada vez más alta. Son personas que sufren lo que otros pueden disfrutar.

La ansiedad del perfeccionismo

El origen de esto también puede estar en la infancia. Cuando los hijos crecen en ambientes caóticos donde las reglas son poco definidas existe una gran necesidad de poner orden, aunque sea internamente. También observamos esto en hijos parentales a los que se les ha delegado el cuidado y hasta la crianza de hermanos menores o delegado roles que no corresponden ni para su persona, ni para su edad, como ser confidentes y aliados de uno de los dos padres; esto sucede con frecuencia con los hijos mayores o únicos. La ansiedad que provoca el entorno lleva a intentos de controlar el mundo interior y exterior; se empiezan a establecer reglas propias para buscar el orden y el perfeccionismo empieza a gestarse bajo la premisa de "hay una manera correcta de hacer las cosas." La cuestión es que no fue una manera "correcta", sino una funcional para afrontar la crisis del momento. Por lo que detrás de esto está el miedo a que el caos regrese.

Retomando lo dicho, con la correlación positiva entre el perfeccionismo y el suicidio, hay además una noticia buena y una mala. La buena es que por fortuna ni por mucho la mayoría de los perfeccionistas van a terminar por suicidarse. La mala, es que si no hacemos algo para cambiarlo tendremos que vivir con él y eso también tiene costos elevados. Además de la ansiedad que dispara, el principal costo es un ataque directo a la identidad y a la autoestima. Aunque la persona pueda aparentar vivir rodeada de un aura de perfección o excelencia, en el fondo sabe que nunca está totalmente satisfecha con nada. Sabe que no es perfecta y, por lo tanto, ha fallado, con lo cual no sólo aumentará su miedo, sino que además se mirará desde lo profundo con desprecio y decepción. Una cosa es luchar por la excelencia y querer sobresalir, pero otra muy distinta es golpearnos sin cesar por no lograr la perfección.

La parte más complicada de detectar del perfeccionismo como disfraz del miedo tiene que ver con nuestra cultura, pues aquellos que alcanzan la excelencia son reconocidos y alabados. La perfección es una meta implícita en nuestra cultura actualmente y no se detecta como un problema sino hasta que ya está avanzado, como cuando aparecen episodios de ansiedad, ya no se encuentra paz en casi nada de lo que se hace o en las personas cercanas, que si pueden, empiezan a alejarse de la persona obsesiva y controladora que, por cierto, dice que su conducta es la correcta y que todo lo hace por el bien de todos. No se imaginan que haría el mundo sin ellos que todo lo ven, todo lo saben y todo lo pueden. No se dan cuenta que su miedo a fallar les hace delegar muchas de las tareas que temen hacer para no manchar su récord de perfeccionismo; digamos que dejan el trabajo sucio (tareas que no dominan) para otros y que sean ellos los que fallen. Además, sostienen en lo profundo una creencia irracional e implícita: "Cuanto mejor lo hago, mejor se espera que lo haga."

¿Qué hacer con esto? Todo comienza por admitir una realidad muy simple, pero poco interiorizada por los perfeccionistas: "Nadie es perfecto." Una vez que esto se admite desde la razón y la emoción, las personas tienden a reducir sus expectativas y demandas y empiezan a establecer objetivos más alcanzables. De ahí el valor de hacernos preguntas; de activar a la razón para que detenga esta "locura" perfeccionista. Así, cuando la mente te diga: "Tienes que ser perfecto", podrás preguntar: "¿Quién dice que tengo que serlo? ¿Qué temo que pase si no lo soy? ¿Quién estableció los estándares y cuáles son los que marcan el punto donde sabré que lo he logrado?" No son todas las preguntas posibles, por supuesto, pero reflexionar acerca de ellas y sus posibles respuestas puede ser un buen punto de partida. Un segundo paso consiste en aprender a practicar la flexibilidad mientras aprendemos a adaptarnos a un mundo imperfecto. No todos quieren ser "reparados" de lo que no sienten que no están descompuestos. Más que adaptar el mundo a ti (que hasta absurdo suena) la tarea es que tú te adaptes razonablemente al mundo que en conjunto hemos construido. No desde el conformismo, sino desde un genuino deseo de disfrutarlo en lo que buscamos mejorarlo de alguna manera.

Finalmente, si sientes que tu perfeccionismo te aleja de los demás o identificas que puedes tener conductas más bien obsesivas, quizá el miedo no sea la causa y debas acudir a un especialista en salud mental a que diagnostique y te ayude a tratar tu problema. Incluso, si no lo identificas pero ya más de una persona te ha hecho ver esta condición, y por más que creas que en este mundo sólo tú tienes la razón, sólo por tu seguridad y salud mental, busca la ayuda necesaria.

Excusas

> *La madurez es dejar de dar excusas*
> *y comenzar a crear el cambio.*
> ROY T. BENNETT, político

En 1978, los investigadores de las Universidades de Princeton y Harvard realizaron con grupos de estudiantes un par de interesantes experimentos que consistieron en aplicar, por separado, a una parte de estos sujetos un examen con preguntas sencillas de responder y a la otra parte, un examen con preguntas muy complicadas y prácticamente insolubles. Al terminar el examen, a ambos grupos se les dijo que les aplicarían otro similar al que acababan de contestar, pero tenían que elegir entre tomar un supuesto medicamento experimental para mejorar el rendimiento y otro para inhibir el rendimiento antes de iniciar la segunda prueba. ¿Cuál crees que eligieron?

La mayoría de los estudiantes a los que se les aplicó la prueba de preguntas sencillas y que pudieron responder exitosamente con facilidad eligieron el medicamento para mejorar el rendimiento, esperando con eso resolver mejor o más rápido la siguiente prueba. La sorpresa viene con el segundo grupo, con los alumnos que respondieron la prueba de preguntas muy complicadas en la que no obtuvieron buenos resultados. La mayoría eligió la supuesta pastilla que inhibe el rendimiento. ¿Pero qué locura es ésta? Los investigadores concluyeron que aquellos que recibieron las preguntas difíciles eligieron el medicamento que deteriora el rendimiento porque querían una excusa para justificar su bajo rendimiento en el siguiente examen.

Este fenómeno que se conoce como autodiscapacidad, hace que el miedo a fracasar nos mueva a buscar excusas externas que justifiquen por adelantado ese fracaso, para sentirnos menos mal con nosotros y dar una especie de explicación a los demás. ¿Qué impacto tiene esto en la vida? Las excusas y pretextos salen a relucir como un disfraz del miedo al fracaso. Algunas personas se quedan en relaciones de pareja insatisfactorias porque dicen que todos (hombre o mujeres, según sea el caso) son iguales. Hay personas que se quedan en trabajos que no les gustan porque dicen que el mercado laboral es complicado. Otros dicen que no hacen ejercicio porque no tienen tiempo, están cansados o la genética no les ayuda. Los niños dicen que sus maestros los castigan porque los odian o sacaron mala calificación porque las preguntas que venían en el examen no eran las que el maestro les dijo que estarían ahí.

Hay tantos disfraces para el miedo como excusas podemos inventar: "Todavía estoy muy joven o ya estoy muy viejo." "La economía del país no está pasando por su mejor momento." (¿Cuándo sí?) "No hay dinero." (Ésta me encanta porque dinero hay en el mundo, que no hagas algo para generarlo porque tienes miedo de no conseguirlo es otra cosa) "Ya perdí práctica." "Nadie me apoya." "No tengo experiencia o estoy sobre calificado." "Que tal que nos va mal." "Lo que es para mí, aunque me quite y lo que no, aunque me ponga." "Por algo pasan las cosas", y demás joyitas que el miedo nos ofrece para ocultarse.

Hay quien culpa a la salud, a la infancia, a la injusticia, al clima, a la mala suerte, a su signo zodiacal o hasta que Mercurio está retrógrado y ahorita no conviene arriesgarse. El miedo nos hace usar la imaginación de maneras insospechadas. Y no digo que no pasen cosas, pero pensar que esas cosas siempre pasan cuando estamos a punto de emprender algo nuevo, eso ya es un poco más insostenible.

La tarea en este caso es identificar el temor que está atrás de la excusa. ¿Es miedo al qué dirán? ¿A fracasar? ¿A decepcionar? Porque de ser un miedo lo que sustenta a la excusa, no importa que la resuelvas, aparecerá otra y otra y otra excusa. El miedo no se detendrá para protegerte de lo que considera una amenaza. Recordemos que es mejor tratar la causa que el síntoma.

Reconoce, al menos para ti, que hay un miedo y que éste puede ser más grande que tu deseo de continuar por ese camino. Eso es lo que te mantiene en ese estado de autodiscapacidad y paralizado frente a la boca de la cueva, viendo pasar tu vida sin hacer mucho más que decir que ahora que amanezca, ahora que cambie el clima o cuando te traigan una linterna, cruzarás del otro lado del miedo.

La importancia de identificar al miedo

Permitirnos afrontar lo que en realidad se oculta tras estos disfraces es la manera de empezar a encontrar un verdadero alivio. Ningún impostor que pretenda sustituir al miedo podrá hacer lo que él hace como sólo él sabe hacerlo: alertarnos y protegernos. Por ello es importante preguntarnos si aquello que no nos deja avanzar, o nos hace movernos en la dirección opuesta a la que deseamos, no será en realidad un miedo.

¿Por qué es tan importante esto anterior? Imagina que tienes un malestar que determinas, por sus síntomas, que es un resfriado. No vas al médico porque no lo consideras necesario; los síntomas son tan obvios. Entonces empiezas a tomar algunos medicamentos para curar tu resfriado. Mejoras, pero al poco tiempo recaes. Vuelven los antigripales al ataque y ahora has agregado algunos remedios herbolarios y naturistas para completar la cura. Las molestias ceden, pero al poco tiempo recaes una vez más.

No entiendes qué pasa; por qué no te curas por completo si ya has tomado de todo. La respuesta viene cuando decides visitar al especialista: lo tuyo no era resfriado sino una combinación de alergia complicada con algunos episodios de sinusitis crónica debido a un importante desvío del tabique nasal y algunos pólipos que no sabías que tenías. ¿Cómo ibas a curarte de algo que no tenías ingiriendo medicamentos que no eran para tu padecimiento real? Lo mismo pasa cuando queremos resolver conflictos que provienen del miedo pero parece que son otra cosa.

Aun así quiero reiterar que no cierro los ojos al hecho de que en este mundo hay circunstancias que verdaderamente nos detienen o que existen personas genuinamente malvadas o manipuladoras. No todas las condiciones descritas en este capítulo necesariamente se relacionan con el miedo. Si alguien sostiene alguna de las actitudes o conductas en este capítulo descritas y con ello te lastima, tu primera tarea es ponerte a salvo antes de tratar de entender los motivos ocultos o ulteriores de ésta para actuar así. Lo mismo aplica para enfermedades o situaciones verdaderamente extremas que no pueden ser vistas como excusas, aunque la línea es tan delgada, que aun así vale la pena preguntarse si, además de lo que te pasa, no hay por ahí un miedo que se vale de eso para detenerte. Cabe señalar que no pocas veces he tenido pacientes que utilizan una enfermedad, incluso grave, para obtener o evitar algo que no quieren enfrentar.

¿Qué vimos en este capítulo?

O Como el miedo tiene la función de protegernos y alertarnos del peligro, real o imaginario, cuando no queremos escucharlo o reconocerlo lo obligamos a disfrazarse de otra cosa para cumplir con su deber. Es así que puede disfrazarse de agresión, indiferencia o hasta de una supuesta pereza.

O No reconocer al miedo como tal equivale a pensar que se tiene un problema de las vías respiratorias cuando lo que en realidad se padece es gastritis. El tratamiento será diferente y seguramente infructuoso.

O Los miedos pueden ser inculcados por otros, especialmente por nuestros padres, como cuando quieren que mostremos a los demás una imagen de supuesta "perfección" por el temor al "qué dirán." Esto se arrastra hasta la vida adulta.

O Antes de reconocer tus miedos ante otros, hazlo ante ti mismo. Conviene recordar que un valiente no es el que no teme a nada, sino el que teniendo miedo a muchas cosas es capaz de hacerse cargo de ellas.

Ejercicio sugerido

El miedo se puede disfrazar de muchas cosas. Una forma de descubrirlo es darnos cuenta cómo bloquea nuestros deseos. Piensa en las cinco cosas más importantes para ti que quieras lograr, pero aún no has hecho, aunque ya podrías estarlas haciendo o al menos empezando. Pueden ser metas, sueños o deseos. Ahora llena los siguientes espacios:

1. Quiero _____
   _____ ,
   pero me asusto imaginando que _____
   _____
   _____
   _____

2. Quiero _____
   _____ ,
   pero me asusto imaginando que _____
   _____
   _____
   _____

3. Quiero _____
   _____ ,
   pero me asusto imaginando que _____
   _____
   _____
   _____

4. Quiero _____
   _____ ,

   pero me asusto imaginando que _____
   _____
   _____
   _____

5. Quiero _____
   _____ ,

   pero me asusto imaginando que _____
   _____
   _____
   _____

¿Qué tan probable es que lo que te imaginas suceda? No quiero decir con esto que no sea posible, me refiero a qué tan probable lo consideras. Si aun así nos ponemos catastrofistas y pensamos que lo que anotaste que temes se hace realidad, siempre puedes avanzar en esto que te detiene. Te sugiero que pongas en práctica el ejercicio sugerido del capítulo 3 (hacer un poco a la vez) y busques para realizar el "Breve ejercicio de posibilidades" que está como a la mitad del capítulo 1.

5

EL MIEDO A TOMAR DECISIONES

*Si te obsesionas sobre si estás tomando la decisión correcta,
básicamente estás asumiendo que el universo
te recompensará por una cosa y te castigará por otra.*
DEEPAK CHOPRA, escritor y conferencista

*No se pueden tomar decisiones basadas en el miedo
y la posibilidad de lo que podría suceder.*
MICHELLE OBAMA, abogada

Vamos a imaginar que estamos en un juego que de alguna manera ya se jugó en la historia de *Alicia en el país de las maravillas* o en la película *Matrix*; digamos que es una variante, sólo que en esta ocasión eres tú quien tiene que elegir.

Llamaremos a éste "El juego de la vida", sólo por ponerle un nombre. A continuación te explico la dinámica y algunas reglas básicas, ¿de acuerdo?

En un momento más, verás que te voy a mostrar cada vez dos cápsulas, una del lado izquierdo y otra del derecho; tu tarea es elegir sólo una de ellas. Una vez que la elijas, debes "tragarla" y sucederá o harás lo que en ella dice. No puedes elegir las dos o ninguna, porque ésas son las reglas del juego. Si en algún momento rompes la regla y no eliges ninguna, serás forzado a tomar la de la izquierda sin importar lo que diga. Una vez que elijas una, ya nunca podrás elegir la otra. Tampoco puedes tomarte más de un minuto en tomar la decisión, sin embargo, no te recomiendo que te precipites al elegir, ésa es otra regla. Cada cápsula contiene o representa exactamente lo que está escrito en ella. Te sugiero que no te adelantes a leer el texto debajo de cada par de cápsulas hasta que hayas elegido, no es una regla, sólo es una recomendación para efectos de nuestro ejercicio. Trata de hacer esta prueba tan real como te sea posible, es decir, intenta no tomarlo a juego y busca reflexionar antes de tomar una decisión. No respondas nada más por responder. Comencemos.

Elige una de las dos opciones

Tomo por cierto que no te quieres suicidar, así que dime: ¿Fue difícil elegir la cápsula? Probablemente no porque es muy claro lo que representa cada una y elegir el veneno sería una mala decisión, ¿no? Y conste que no digo que la de vitamina B sea siempre una buena decisión, pero cuando menos a la mayoría de las personas no las mata una cápsula de ninguna vitamina. ¿Te dio miedo elegir? Sigamos con el juego y recuerda reflexionar bien antes de tomar una decisión, pero no demasiado:

Elige una de las dos opciones

¿Te fue difícil elegir la cápsula? Supongo que tampoco. Tomar la cápsula que te haga fracasar en la vida sería normalmente una muy mala decisión y creo que pocos tendrían duda de ello. La del éxito, sin embargo, parecería ser una buena decisión, ¿no? ¿Te dio miedo elegir o tuviste dudas? Yo creo que no porque la cosa está razonablemente clara. Continuemos.

Elige una de las dos opciones

¿Te fue difícil elegir la cápsula? Probablemente un poco más que en las anteriores. Recuerda tomar este ejercicio en serio. ¿Dirías que la opción que elegiste fue la "buena" y la otra dirías entonces que es "la mala"? ¿Optaste por la POBREZA Y SALUD por ser la opción más segura, noble o porque la posibilidad de enfermar, sufrir y morir influyó en ti? Por cierto, la cápsula de la derecha no especifica a qué tipo de enfermedad se refiere; podría haber sido una gripe o leucemia. ¿Qué miedo te movió a elegir? ¿Elegiste la de la RIQUEZA Y ENFERMEDAD por pensar que con eso tendrías los medios para sobrevivir cualquier padecimiento? De ser el caso, quizá pudo haber sido el miedo a la pobreza el que te inclinó hacia allá. Sigamos.

Elige una de las dos opciones.

(Te recuerdo que la regla dice que si no eliges ninguna,
serás forzado a tomar la de la izquierda).

¿Te fue difícil elegir la cápsula? ¿Por qué? Probablemente si estás buscando comprender lo que estamos haciendo, tuviste el impulso de no tomar ninguna opción porque ambas te parecieron igualmente malas, por eso te recordé la regla que, en ese caso, te obligaría a tomar la de la izquierda. ¿Pensaste en la de la derecha porque es más rápida o para no sufrir tanto? ¿O en la de la izquierda para tener esperanzas de tratamiento? ¿Cómo crees que haya influido la información o experiencia directa o indirecta que puedas tener sobre cada una de estas opciones? ¿Te dio miedo tener que elegir acerca de esto? En la vida real normalmente no se nos da a elegir qué enfermedad o condición médica padecer y quizá ésa es parte de la maldición que nos da la incertidumbre y el alivio que nos proporciona el escudo de la ignorancia.

¿Tu miedo fue más bien el sentir que, si elegías o siquiera nombrabas a una de las dos, automáticamente la atraerías a tu vida? De ser así imagino que crees que si nunca las nombras tendrás una especie de inmunidad ante cualquiera de ellas, sin importar el estilo de vida que lleves o tu genética, ¿no? De ser el caso, ¿será que te provocan tanto miedo que entonces prefieres ignorarlas o francamente evitarlas? Avancemos.

Piensa en un secreto propio, de preferencia importante, que tengas o que hayas tenido por mucho tiempo oculto de una persona cercana a ti. (Si no tienes uno, imagina que lo tienes y que es muy grave.)

Elige una de las dos opciones.

¿Te fue difícil elegir la cápsula? Si te dio miedo elegir quizá elegiste ir a la segura y quedarte como estabas, aunque eso implica que sigas con el temor a ser descubierto algún día. Por otra parte, si elegiste revelarlo, seguramente pensaste en las consecuencias que eso tendría, incluso la de liberarte del peso de ese secreto, ¿no es así? ¿Entre estas dos opciones, cuál dirías que es la "buena" y cuál la "mala"? Y no me refiero con esto al dominio de lo ético o lo moral; sino a lo que puede ser bueno o malo para ti en tu situación particular. ¿Y si el secreto que guardas fuera de otro y no tuyo, cambiaría tu sentir? ¿Te dio miedo tener que elegir acerca de esto? ¿Cuál fue ese miedo: al castigo, al juicio, a la pérdida, al abandono, a decepcionar, a la humillación o vergüenza? Sigamos adelante.

Supón que tienes una enfermedad grave que amenaza tu vida en el corto plazo.
El doctor te dice que hay dos opciones de tratamiento y una determinada probabilidad de éxito en cada una.

Elige una de las dos opciones.

¿Te fue difícil elegir la cápsula? ¿Por qué te decidiste por la que elegiste? ¿Optaste por la cirugía porque tiene un porcentaje mayor de éxito o porque piensas que es más eficaz y rápida? Como quien dice que prefiere que le manden una inyección, en vez de pastillas para así curarse "más rápido." ¿Optaste por la medicina para no arriesgarte a "morir en la plancha"? Siendo objetivos, la cirugía tiene más riesgos que la mayoría de los medicamentos, pero para muchos la probabilidad mayor de éxito, aunque sea marginal y en la práctica poco significativa, tiene un peso importante. ¿Te dio miedo tener que elegir acerca de esto? De ser así, ¿tu temor fue el de elegir el tratamiento "incorrecto" o de plano ni lo pensaste y actuaste más por el mero impulso de tener que decidir? De ser así, parece que no te estás tomando tan en serio este ejercicio. ¿Será por algún miedo? Prosigamos.

Elige una de las dos opciones.

¿Te fue difícil elegir la cápsula? ¿Cuál de las dos es para ti la decisión correcta y por qué? ¿O elegiste "a la segura"? ¿Te dio miedo tener que decidir esto? ¿Una vez más, fue el miedo a equivocarte o a tomar una mala decisión? Conste que una de las cápsulas no dice "VIVIR COMO INDIGENTE" y la otra tener un "INGRESO ESTABLE." ¿Por qué una de las dos cápsulas de arriba sería mejor que la otra? Entiendo que hay diferencias, pero ¿eso hace realmente a una mejor y a la otra peor? ¿Ambas son buenas o ninguna? Tomemos una última decisión.

Elige una de las dos opciones.

Estas cápsulas no están vacías, pero su contenido
determinará el resto de tu vida.

Recuerda que una vez que elijas una, ya nunca podrás
tener la otra.

¿Te fue difícil elegir la cápsula? ¿O fue sencillo porque según tú
son iguales? De ser así, ¿serían igualmente "buenas" o igualmente
"malas"? ¿Te inquietó no saber su contenido o el hecho de que
iban a determinar el resto de tu vida? ¿Te dio miedo tomar esta
decisión?

Podríamos seguir jugando por un rato más, al fin es "El juego
de la vida" y en la realidad, así es como sucede. Todo el tiempo
estamos decidiendo, ya sea de manera consciente o inconsciente.
O quizá deba decir que todo el tiempo elegimos qué decidir por
nuestra cuenta, de manera consciente y deliberada y qué decisiones estamos delegando a la vida, a la suerte, a los astros o al
miedo. Hay dos palabras que nos causan gran aversión y que son
grandes desencadenadoras de nuestros peores miedos: **riesgo e
incertidumbre.**

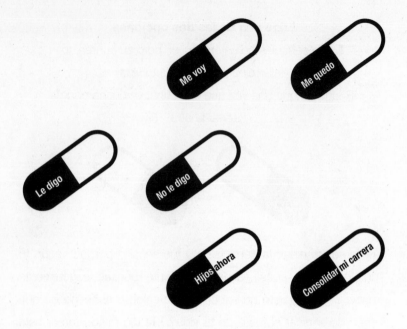

¿Qué es decidir?

La toma de decisiones refiere al acto de hacer una evaluación entre dos o más opciones y elegir la más probable para lograr uno o más objetivos. Todos los días estamos tomando decisiones, grandes y pequeñas, y a veces tenemos mucho miedo de hacerlas por las posibles consecuencias que eso nos puede traer. Elegimos por dónde caminar, las palabras que estamos a punto de decir, qué medio de transporte usar y en quién confiar. Quiero aclarar que aquí no les voy a dar ningún método para tomar buenas decisiones porque ése no es el objetivo de este libro, pero confío en que a partir de lo que aquí vayamos desarrollando, cada uno sea capaz de empezar a identificar qué decisiones son las que realmente quiere tomar, sin tener que delegar esa tarea al miedo.

¿Cómo elegir cuando las opciones parecen igualmente atractivas o igualmente atemorizantes como en algunas de las cápsulas anteriores? Ésa es la razón por la que buscamos encontrar la manera de tomar decisiones sin equivocarnos y mucho menos arrepentirnos. Para eso hemos creído que solamente se necesita una cabeza fría, recopilar una gran cantidad de información, pedir consejo o referencia a otros y hacer a un lado las emociones, pues parecería que no hacen sino estorbarnos e interferir con nuestro buen juicio y razonamiento.

La realidad es muy distinta e inevitable en este caso. Cuando entramos a un proceso de toma de decisiones, se activan (para bien y para mal) una gran cantidad de emociones, sentimientos y sesgos que inevitablemente van a influir en lo que acabemos eligiendo. Desde prejuicios personales y puntos ciegos, hasta recuerdos de experiencias pasadas, información distorsionada o filtrada por nosotros mismos y, por supuesto, miedo. Siendo este último uno de los principales responsables de que nuestro juicio se vea influido, alterado, incluso determinado por su presencia. Por miedo podemos llegar a tomar decisiones que nos desvíen e incluso nos alejen permanentemente del objetivo que en origen estábamos buscando.

El neurocientífico portugués António Damásio ha sido un incansable estudioso de los procesos emocionales y de toma de decisiones. Al realizar investigación con personas que tuvieron daño cerebral en el área donde se generan las emociones encontró algo bastante interesante y revelador: *no podían tomar decisiones*. No había aparentemente ninguna otra anormalidad en ellos; incluso podían razonar con facilidad, pero a la hora de tomar decisiones, así fueran las más simples como qué sabor de helado elegir, tal tarea les resultó casi imposible. Parece que sin las emociones no somos capaces de evaluar pros y contras por más información y buen razonamiento que pudiéramos tener.

Me tomo la libertad de referirme una vez más a la cita del profesor Humberto Maturana que coloqué en el primer capítulo:

"No es cierto que los seres humanos somos seres racionales por excelencia. Somos, como mamíferos, seres emocionales que usamos la razón para justificar u ocultar las emociones en las cuales se dan nuestras acciones." Lo que creemos que son decisiones puramente lógicas y razonadas encuentran su base en nuestras emociones y, como dije, el miedo es pieza clave en este proceso.

Todo empieza con un deseo o necesidad e inmediatamente después se echan a andar los mecanismos de decisión a través de preguntas conscientes o inconscientes como: ¿A dónde iré a comer? ¿Qué sabor de helado pedir? ¿Qué carrera quiero estudiar? ¿Cuál es el mejor tratamiento para mi enfermedad? ¿Debo comprometerme con el crédito para un departamento o mejor no? ¿Digo la verdad o dejo las cosas como están? ¿Me divorcio o aguanto un poco más? ¿Sigo leyendo o ya mejor me voy a dormir? A veces es muy simple decidir, pero otras veces el proceso, como ya vimos en el juego de las cápsulas, se puede volver una especie de agonía que no tiene que ver siempre con lo complejo de la decisión en sí misma, sino con lo espinoso que nos resulta tomar un camino y renunciar al otro.

¿A qué tememos realmente cuando tenemos que elegir?

Como ya vimos, hay decisiones muy claras y algunas más complejas que otras. A las que evaluamos como más significativas o irreversibles, es con las que nos sentimos más inquietos o hasta aterrados. También nos sucede cuando tenemos que tomar decisiones importantes que afectan a personas cercanas, como elegir el tratamiento a seguir de algún familiar que se encuentre grave y no esté en posibilidad de decidir por él mismo o decidir el futuro de la educación de nuestros hijos.

Aquí tampoco podemos cerrar los ojos al hecho de que en esto puede estar involucrado uno de los miedos existenciales que ya vimos en un capítulo anterior; me refiero al miedo a la libertad. Aunque ya sabemos que la libertad de elección mejora los sentimientos de autonomía y promueve el sentido de control personal, también implica asumir los riesgos y consecuencias de las elecciones que tomemos.

Es por eso que cuando hablamos del miedo a tomar decisiones nos referimos a varios miedos, por así decirlo. A continuación, veamos de entre los miedos más comunes con cuál nos identificamos más.

Miedo a equivocarse o tomar una mala decisión

El riesgo de una decisión equivocada
es preferible al terror de la indecisión.
MAIMÓNIDES, médico y filósofo del s.XII

Evidentemente equivocarnos, tomar una "mala" decisión o elegir la opción "incorrecta", sin duda, parece ser nuestro miedo más grande en este sentido. Pues se despierta el temor a las consecuencias que pueda traer a nuestras vidas y a las de las personas que amamos.

Pero pensar así encierra un supuesto básico: que hay una opción que es buena y otra que es mala. De ser cierto, ya vimos que no es tan sencillo tomar una mala decisión. Cuando se nos ofrece veneno o vitamina es claro cuál decisión es la mala para la mayoría de las personas, ¿no es así? Igual que lo sería elegir entre comprar velas o cartuchos de dinamita para el pastel de cumpleaños de nuestro hijo. Las opciones "malas" son muy claras y por supuesto las evitamos.

Entiendo que afirmes que no es así, que las malas no siempre son tan claras, ante ello yo te diría que entonces, tal vez, es que no son "tan malas." De hecho, cuando se nos complica decidir, significa que entre las opciones que tenemos, no hay una que contundentemente sea "mala", radicalmente peor o que una tenga una clara desventaja con relación a la otra. De ser así, no habría conflicto acerca de cuál elegir, ¿no es verdad?

Por ejemplo, elegir entre comprar un departamento en la zona poniente de la ciudad y la zona sur, por supuesto que hay diferencias; pero estamos hablando de que vas a adquirir un inmueble, que va a ser una inversión y, además, que será tuyo independientemente de la opción que elijas. Puede darte miedo no hacer la mejor inversión, que en la zona haya demasiado tráfico o que la calle sea ruidosa, pero al final *ambas opciones son nominalmente buenas*. No estamos hablando de tener que elegir entre comprar un departamento o vivir dentro de una caja de cartón debajo de un puente, ¿me explico?

Por otra parte, si bajo alguna circunstancia nos dijeran que tenemos que elegir entre morir fusilados o en la silla eléctrica, la cosa se complica porque ambas opciones son igualmente malas. Es probable que nos costaría trabajo decidir cuál elegir por el temor a sentir que lo haremos por la peor de las dos opciones, pero la realidad es que, sabiendo que existen variantes en el proceso, ambas nos llevarían al mismo indeseable resultado: la muerte. Ante esta disyuntiva a lo mejor trataríamos de pensar cuál nos causaría menos sufrimiento. En este caso, lo ideal sería ver si nos podemos salir de la trampa de las dos opciones y buscar una alternativa, como que nos dejen morir de viejos, por ejemplo. Más adelante en este capítulo hablaré de opciones y alternativas.

También hay decisiones que se vuelven complicadas justo por no tener la claridad suficiente acerca de su naturaleza, es decir, no son claramente buenas o malas desde una perspectiva personal. Pensemos en una mujer que descubre estar embarazada pero que al mismo tiempo considera que no es el mejor momento para tener un hijo. Ya sé que algunos de ustedes van a decir que "eso lo hubiera pensado antes" y una larga lista de etcéteras, pero no voy a transitar ese camino en este libro. Hablo de que estamos ante el hecho consumado de que el embarazo existe y que la mujer en cuestión no está segura de qué hacer, porque tiene miedo de las consecuencias de ambas opciones. Decidir continuar con el embarazo o interrumpirlo tiene distintas ramificaciones y presenta naturalmente muchos temores cuando alguien se encuentra en esa disyuntiva. ¿Cuál es la decisión correcta? O mejor dicho, ¿cuál es la decisión correcta para ella? Incluso deberíamos preguntarnos primero, ¿qué hace correcta, buena o acertada a una decisión?

¿Qué es una buena decisión?

Hay decisiones grandes y pequeñas. Complicadas y sencillas. Pero ¿buenas y malas? Si decimos que una "buena decisión" tiene que ver con los resultados, tendríamos que pensar que estos se componen de altos beneficios y bajos costos. Es decir, comprar la casa de nuestros sueños a un precio muy económico, por ejemplo, sería una buena decisión. Pero ¿eso es todo? ¿Es la casa de nuestros sueños lo que estamos realmente buscando o realizar nuestros sueños en esa casa? ¿O sin ella, pero realizarlos?

De ser los resultados los que determinen la naturaleza de una decisión, tendríamos que reconocer que sería imposible saber cuándo estamos tomando buenas o malas decisiones, porque tendríamos que esperar a conocer su resultado final, para declarar si la elección fue buena o mala. Pero lo anterior hace el proceso un tanto complejo, porque no es lo mismo esperar a terminar una comida y que todavía nos haga digestión, para declarar si al comerla hicimos bien o mal, que esperar a que termine un viaje de un mes por Asia o esperar treinta años para decir si fue una buena decisión casarnos con la persona que lo hicimos o haber tenido hijos. Entonces reflexionemos juntos: *¿Realmente es la decisión en sí misma lo que determina el resultado?*

Lo que hacemos es tomar decisiones que creemos que nos pueden acercar a lo que deseamos o alejar de lo que nos lastima y eso es lo más que podemos hacer porque no podemos ver el futuro ni conocer todas las ramificaciones de una decisión. Por ejemplo, imaginemos que existe un aparato que nos puede mostrar una imagen real del futuro; vamos a llamarle "cronovisor." Si pudiéramos saber con anticipación, a través de este cronovisor, si una decisión tomada nos va a dar un buen resultado, el miedo a decidir desaparecería y no tendríamos duda alguna, ¿no es así? Sabríamos qué opción elegir. Pensemos entonces que consultamos a tal oráculo tecnológico para que nos muestre el resultado de casarnos ya sea con Lupita o con Dolores. El resultado observado sería que nuestra vida dentro de treinta años sería una de dicha y felicidad al elegir a Lupita y una de amargura y tristeza constantes si elegimos a Dolores. Diríamos que tenemos ya la decisión resuelta, ¿no? Pero ¿cómo saber que ese resultado depende única y exclusivamente de aquella decisión y no de una serie de eventos y variables que pueden darse a lo largo de ese tiempo? Economía, salud, pérdidas o situaciones familiares y laborales afectan de maneras diversas todos los hechos de nuestra vida. Raras veces depende todo de sólo una decisión.

Volviendo al ejemplo anterior de la mujer embarazada, aun cuando decidiera tener o no tener a ese hijo hay otra serie de variables que se desprenden de esa decisión y las demás decisiones que vaya tomando sobre cada una, determinará el rumbo de su vida. Entonces deberá tener claro qué es lo que quiere y esta pregunta va mucho más allá de la decisión que debe tomar en este momento. No se trata solamente de si quiere o no tener al hijo, sino de lo que quiere para su vida, con o sin ese hijo. Vamos, considerar lo que ya sabía que quería antes de saberse embarazada y cómo la decisión sobre esa circunstancia se ajusta, modifica o cambia sus planes y qué quiere hacer con eso.

El doctor Utpal Dholakia, profesor de la Universidad de Rice en Houston, Texas, define una buena decisión no sólo en términos de resultados; para Dholakia "una buena decisión es aquella que se toma deliberada y cuidadosamente, que considera e incluye todos los factores relevantes posibles, es consistente con la filosofía y los valores de la persona y puede explicarse claramente a otras personas importantes."

Esto podría aplicarse a nuestro ejemplo del embarazo o a la elección de pareja, carrera, trabajo, lugar de residencia o tratamiento médico, por mencionar sólo algunos.

Sabiendo que no podemos conocer cuál será la decisión correcta antes de tomarla, elijamos entonces aquello que se apega lo más posible a quienes somos y a lo que queremos. Así, más allá del resultado, es posible que haya menos que temer. Si piensas en cambio que la decisión que debes tomar debe ser totalmente buena o correcta, es natural que eso te provoque mucho miedo y hasta ansiedad.

Miedo a perder la mejor opción

Había una vez un perro, que estaba cruzando un río.
Al hacerlo, llevaba un gran trozo de carne en el hocico.
Mientras lo cruzaba, se vio a sí mismo en el reflejo del agua.
Creyendo que era otro perro y viendo el enorme
trozo de carne que llevaba, se lanzó para arrebatárselo.
Insatisfecho quedó cuando, por buscar quitarle la carne
al reflejo sin lograrlo, perdió, además, la que ya tenía.
Fábula infantil

Ya vimos que el miedo a tomar decisiones viene frecuentemente del miedo a equivocarse, fallar o tomar una mala decisión, ¿no es así? Pero ¿qué tal que, sin dejar de lado al miedo, existe otra razón que es una sutil variante de las anteriores? Me refiero al miedo a perdernos de la mejor opción. Ya no es un miedo a elegir "mal", sino a no haber elegido "lo mejor" entre varias opciones y alternativas posibles.

Este miedo a perderte de la mejor opción, muy sonado en los últimos años en inglés como *FOBO* (Fear of Better Options), también es conocido en psicología como "maximización", que es la *búsqueda incesante* de todas las opciones posibles, por temor a que se pierda la "mejor", lo que nos conduce a indecisión, frustración, estrés, arrepentimiento e infelicidad. El problema con esto es que es imposible examinar todas y cada una de las opciones disponibles en un solo proceso de toma de decisiones. El fracaso y la frustración parecen estar garantizados si se intenta tal aproximación.

Un componente fundamental involucrado en este fenómeno de la maximización es la obsesión, que impulsa a buscar y buscar para calmar la ansiedad que pregunta: "¿Y si hay algo mejor a la vuelta de la esquina?" "¿Y si está más barato en otra parte?" No pocas veces nos ha llegado a pasar, cuando vemos algún artículo deseado, que por escuchar esas voces de la cueva desviamos el camino buscando lo mejor para acabar quedándonos sin eso y sin lo que originalmente habíamos considerado, ya sea porque alguien ya se lo llevó o porque la oportunidad se ha cerrado. Nos quedamos entonces, como dicen por ahí, "como el perro de las dos tortas."

Un gran problema con las personas que caen en esta trampa mental es que, incluso cuando toman decisiones adecuadas, razonables o favorables, nunca se quedan satisfechas. Tienden a pensar que por ahí había algo mejor y que, para la siguiente oportunidad, deben esmerarse más en buscarlo.

Entonces en vez de literalmente ahogarnos encontrando cada vez más opciones y alternativas sin decidir, quizá nos convenga pensar en un antídoto, conocido como *satisfacción*. Aceptar que las decisiones vienen con ventajas, desventajas y que existe el riesgo a que no siempre lleguemos a donde deseamos, nos permite sembrar profundamente una semilla en nuestra mente: la paz mental.

Cuando una persona dentro de un proceso de decisión se declara a sí misma como satisfecha, no quiere decir que se haya conformado o resignado con lo que sea, sino que, habiendo evaluado varias opciones y alternativas razonables, declara haber encontrado una que le parece suficientemente buena. Se trata entonces de enfocarnos en la satisfacción y no en la búsqueda. Un pequeño viraje en la forma de relacionarnos con el mundo nos puede traer mucha paz.

¿Por qué siento que siempre hago malas elecciones?

Imagina que volvemos a nuestro ejercicio de las cápsulas. Ya sabes que forzosamente debes elegir una y además debes tragarla.

Obviamente no sabes lo que tiene cada cápsula, pero sabes que no están vacías, así que supongamos que ya elegiste una y la tragas. Imagina ahora que por haberlo hecho, a la media hora tienes fuertes retortijones de barriga y además te dio diarrea fulminante. ¿Piensas que mejor hubieras elegido la otra?

La creencia de que la opción no elegida era mejor, sólo porque el resultado de la que elegimos no nos gustó, es un razonamiento equivocado. No hay manera de saber qué habría pasado si te hubieras tomado la otra cápsula. Pudo haber contenido veneno. Aquí también se repite el pernicioso supuesto de que hay una opción que es buena y otra que es mala. Y no digo que no pueda ser así, lo que digo es que no podemos saberlo si sólo conocemos el resultado de nuestra elección y no de lo que habría pasado si hubiéramos elegido otra cosa. En la vida real encontramos muchos ejemplos de esto; nunca sabrás si la carrera que no estudiaste, si la persona con la que no te casaste o si el trabajo al que no aplicaste, te habrían dado mejores resultados que tus elecciones tomadas. Vuelve a surgir aquí entonces la palabra "satisfacción." Cuando uno ya está razonablemente satisfecho con aquello que se ha elegido, es un tanto ocioso especular eternamente acerca de lo otro. Como cuando tras haber comprado algo sigues investigando dónde estaba más barato. Alguien dirá que lo hace para que a la otra ocasión elija mejor; la realidad es que tampoco sabemos si "para la otra" las condiciones volverán a ser las mismas.

El uso de este razonamiento nos puede llevar a reforzar la creencia de que siempre elegimos mal por pensar que lo que elegimos es peor de lo que no elegimos.

Miedo a la opinión o crítica negativa de los demás

¿Has escuchado decir a algunas personas que no les cuentan sus planes a los demás porque si lo hacen entonces ya no se van a cumplir? A mí siempre me ha parecido como una superstición a modo. Lo que quiero decir con esto es que con un argumento tan irracional, no muchos nos van a cuestionar nuestros planes por temor a que los "salen." Ya bastante tenemos con el temor de pensar que lo que deseamos no llegue, como para además tener que afrontar las burlas, críticas y juicio de los demás en caso de fracasar.

Parte de lo que se oculta aquí es otro de los miedos existenciales, me refiero al del aislamiento al sentirnos incomprendidos, excluidos o desvalorizados por los demás si nos mostramos abiertamente débiles, fallidos o tontos. Tenemos también la creencia generalizada que, como en la naturaleza, los fuertes se ensañan con los débiles, es más seguro mantener ocultos de los demás nuestros fracasos y debilidades para que no se vayan a cebar en nosotros.

Lo cierto es que, aunque tus resultados sean buenos, siempre habrá personas que no van a estar de acuerdo con lo que elijas o decidas. Por supuesto algunos te criticarán por tus aparentes fracasos, pero otros lo harán por tus éxitos a través de suspicacias sobre la forma en que los has conseguido. No faltará el que diga que tu éxito es obra de la buena suerte o la casualidad o que tus errores se deben a que "naciste con mala estrella."

Es verdad que los seres humanos tenemos la necesidad de sentirnos amados, comprendidos y aceptados por otros, pero la necesidad de ser amados, comprendidos y aceptados *por todos* es una forma de disfunción producto de pensamientos ansiosos y obsesivos que terminarán por hacerte caer en la compulsión de querer hacer lo necesario para silenciar las opiniones negativas de los demás.

A este respecto yo siempre he pensado que todo el mundo tiene derecho a opinar lo que quiera acerca de lo que sea, pero también creo que no todo el mundo tiene el derecho a ser tomado en cuenta, especialmente si esas opiniones no fueron solicitadas, no son bienvenidas o no nos hacen bien. Ya sabes, cuesta mucho trabajo empeñarse en buscar darle gusto a la mayoría de las personas la mayor parte del tiempo. Hagas lo que hagas algunos te dirán que si escupes, qué baboso y si no escupes, qué reseco.

Es probable que este tipo de miedo haya sido aprendido en edades tempranas, a veces a través de nuestros padres, cuando nos enseñaron que era muy importante el "qué dirán", el juicio y opinión de los demás. Yo sé que las cosas importan, pero también pienso que todo debería importarnos, en sí, lo que nos tenga que importar, ni más, ni menos.

Miedo a no poder con lo elegido

Pensemos que Miguel vive en un departamento rentado con otros dos amigos. Comparten los gastos de la renta entre los tres y algunos gastos comunes, como los servicios básicos. Un día Miguel piensa que podría ser buena idea obtener un crédito hipotecario para comprar un departamento propio, hacerse de un patrimonio y de paso ya no seguir pagando renta. Tiene buena relación con sus amigos y el lugar donde vive ahora, además de que le gusta mucho, queda cerca de su trabajo. Es decir, en cada opción hay pros y contras. Miguel no tiene miedo a tomar una mala decisión porque ambas opciones son buenas. Tampoco se ha pasado meses buscando departamentos porque no encuentre uno ideal. La cuestión es que aun no ha tomado una decisión. ¿La causa? Tiene miedo a no poder con los pagos de la hipoteca. Y no es que su sueldo no sea suficiente para eso, sino que las voces que salen de la cueva se encargan de poner en su cabeza escenarios catastróficos: "¿Y si te corren del trabajo cómo vas a pagar?, ¿Y si tienes un accidente y ya no puedes trabajar?." Por más que razonemos con esa voz que la hipoteca lleva un seguro de desempleo y de invalidez, no le es suficiente porque recordemos que los argumentos de la voz son más bien emocionales.

La estrategia que suele tomarse para lidiar con este miedo consiste en aplazar las decisiones de manera indefinida. El deseo sigue, pero las voces de la cueva no cesan de ofrecer escenarios donde tu capacidad acaba por colapsar y todo se viene abajo.

Lo que se esconde detrás de esta forma de miedo es una baja autoestima en la que los sentimientos de indefensión y fracaso se activan ante la posibilidad de asumir responsabilidades importantes. Es por eso que el miedo toma el control; te sabe frágil y vulnerable y piensa que necesitas cuidados extras y una guía muy puntual para que no tomes decisiones que te pongan en riesgo de fracasar. Lo malo es que con baja autoestima el miedo te cree más frágil de lo que realmente eres.

Miedo a no tener escapatoria

En el juego del ajedrez hay una regla que dice "pieza tocada, pieza jugada" y se refiere a que cuando un jugador toca una de sus piezas, está obligado a moverla a donde sea legalmente correcto, sin que pueda arrepentirse de mover otra en su lugar, al menos en ese turno; digamos que "ya no se puede echar para atrás."

A veces el miedo a tomar una decisión viene precisamente de algo como eso; de que una vez que hemos decidido, ya no haya posibilidad de rectificar, cambiar o reparar aquello que se ha elegido. Es verdad que hay cosas que en sí mismas no tienen reversa. Por ejemplo, si alguien decide pegarme con un palo en la cabeza en vez de darme los buenos días, pues podrá decir que se arrepiente si quiere, pero "palo dado, ni Dios lo quita", así que ya no puede deshacer lo hecho. Pero no es a este tipo de decisiones a las que me refiero, sino a otras más reversibles, por así decirlo.

Recuerdo que tuve una paciente, hace ya algunos años, a la que llamaremos Julieta, que estaba a punto de casarse. Un día llegó aterrorizada al consultorio, con lágrimas en los ojos se dejó caer en el sillón y comenzamos una conversación similar a ésta:

—*Mario ya mero me voy a casar y tengo mucho miedo, qué tal que me va mal y no soy buena para esto del matrimonio (éste es un buen ejemplo del miedo a no poder con lo elegido).*

—*Te entiendo, es hasta cierto punto normal tener miedo en estas circunstancias. Me pregunto por qué habría de irte mal, pero sigamos tu línea de pensamiento y supongamos que, como temes, te va mal ¿Qué vas a hacer?*

—*Eso es lo que no sé.*

—*Pues siempre tienes la opción de reparar tu relación buscando conversar con tu pareja, ir juntos a sesiones de terapia o, si todo falla, está la alternativa de divorciarse.*

Julieta dejó de llorar por un momento, me miró con grandes ojos y me dijo:

—*No, Mario, ¿cómo crees que voy a hacer eso de divorciarme?*

—¿Por qué no?

—Pues porque uno no se casa para divorciarse.

—Efectivamente, ése no es fundamentalmente el objetivo del matrimonio, pero si las cosas fueran muy mal, creo que es conveniente saber cuál es la "salida de emergencia", ¿no lo crees?

—Pero si salgo con que me quiero divorciar, a mi mamá le va a dar algo. Además, ya me estuvo diciendo que ahora que me case ya voy a ser harina de otro costal y que de ahí en adelante que me rasque con mis uñas porque ella no me va a recibir de vuelta si le salgo con una de las mías (aquí está un ejemplo del miedo a la opinión o crítica negativa de los demás).

—Pues yo no digo que necesariamente te tienes que divorciar, lo que digo es que no deseches eso por impulso. No lo veas como una opción, sino como una alternativa por si tu peor escenario se hiciera realidad. Entiendo que tomar una decisión así no está libre de costos y consecuencias.

—Bueno, pero no le voy a decir a mi mamá ahorita que tengo esa posibilidad como alternativa.

—Ni yo te digo que la consideres seriamente desde ahorita cuando todavía ni te has casado, a menos que me digas, en este momento, que tienes razones sólidas y contundentes para asegurar que tu matrimonio te va a hacer infeliz, en ese caso te diría que ni te casaras.

—Ahí sí no, para que veas. A estas alturas ya no tengo de otra que casarme porque la boda ya es en una semana e imagínate la gastadera y el relajo con los invitados.

—Entiendo que la decisión tendría costos económicos y sociales muy altos, pero es también una posibilidad. Tú dices que no te queda de otra y yo pienso que siempre tenemos de otra, lo que pasa es que a veces preferimos sentirnos acorralados para no tener que pensar en que hay una alternativa que no queremos tomar. Piénsalo de esta manera. Si te vas a casar que sea porque quieres, si suspendieras la boda, que sea porque no quieres ya casarte y si decides divorciarte, que sea porque ya no quieres seguir casada con esa persona. Al final lo único que me gustaría que consideraras es que, con todo y los costos que cada decisión implica, siempre hay más de una posibilidad de actuar y qué tú tienes la capacidad de decidir qué quieres hacer.

—Visto así ya no suena tan aterrador el asunto. Tampoco es que me vayan a trasplantar un riñón y ya no pueda arrepentirme, ¿verdad?

—Y si fuera el caso del riñón y al final no te hiciera bien, está la alternativa de sacarlo.

—Sí, sí. Ya me siento un poco más tranquila. De todos modos no le voy a decir a mi mamá todo esto que me está pasando por la cabeza.

—Y haces bien porque nada de todo esto que temes está pasando ahora en realidad.

De modo que parte del miedo a decidir es temer a que ya no haya posibilidad de reversa o escapatoria de la situación sobre la que se ha decidido. Como ya dije, sé que hay cosas que ya no pueden cambiarse, pero otras tiene algunas posibilidades más allá del "sí o no."

Por ejemplo, supongamos que el mes pasado firmaste un contrato por un año con una compañía de telefonía celular y de pronto descubres que da el peor servicio de la tierra. Nunca conectan las llamadas ni tienes servicio de datos, porque su infraestructura es mala. Es verdad que tú decidiste contratar con ellos y que tienes un contrato forzoso por un año, pero la realidad es que tú necesitas el servicio y no hay manera de que te lo puedan arreglar por la mala calidad de sus servicios. Aquí hay varias opciones: les pides que te reembolsen, vas a la Procuraduría de la defensa del consumidor a levantar una queja o, suponiendo que nada de eso funcione y asumiendo las penalizaciones del caso, siempre está la alternativa de rescindir el contrato. Entiendo que esto te parecería extremo, dado que acabas de contratar, pero lo que quiero establecer es el hecho de que, generalmente, sí hay otras cosas que podemos hacer aunque digamos que "no nos queda de otra" o que lo que toca es aguantar. Por ejemplo, en el juego de las cápsulas siempre podrías haber tomado la alternativa de no seguir jugando. Dirás que ése no es el chiste, que si ya tienes el libro es para sacarle provecho y que ahora "te amuelas" y haces todo lo que se te pida, pero éste no es necesariamente el único camino que podrías tomar si no quieres.

"Pero, Mario ¿qué no desdecirse de algo que se ha dicho, ofrecido o prometido daña nuestras relaciones y reputación ante los demás?", alguien podría preguntarme. A lo que yo respondería que probablemente sí, por eso dije que considerar una vía de escape extrema no está exenta de costos y consecuencias. El miedo a no tener escapatoria se conjura precisamente sabiendo que, aunque probablemente no decidamos tomar una alternativa extrema, la posibilidad siempre existe si se está dispuesto a pagar el precio.

Un círculo vicioso

Queda claro que para muchos tomar decisiones les provoca miedo y mucho, pero también el miedo inhibe o dificulta la toma de decisiones. Ya vimos que cuando una parte del cerebro se daña, la que involucra a las emociones, decidir se hace poco menos que imposible. En menor grado, pero igualmente frustrante, puede ser el efecto del miedo en el proceso neurobiológico de decidir.

Un estudio realizado en el año 2016 en la Universidad de Pittsburgh y publicado en el *Journal of Neuroscience* describe cómo la ansiedad desactiva las neuronas en la corteza prefrontal que están ligadas a la toma de decisiones; especialmente lo que podríamos llamar "buenas decisiones." Y es comprensible si ahora sabemos que el miedo desactiva o altera profundamente las áreas encargadas de la planificación a largo plazo, la comprensión de las reglas, el cálculo de las consecuencias, el riesgo, la recompensa, la regulación de las emociones y la resolución de problemas. Los investigadores del estudio afirman:

> *Los datos indican que la ansiedad tiene un efecto exquisitamente selectivo sobre la actividad neuronal que respalda la toma de decisiones. Hemos tenido un enfoque simplista para estudiar y tratar la ansiedad. La hemos equiparado con el miedo y hemos asumido en su mayoría que compromete excesivamente circuitos cerebrales completos […] Pero este estudio muestra que la ansiedad desconecta las células cerebrales de una manera altamente especializada.*

Cuando el miedo se apodera de nuestro mecanismo mental superior (la razón), o cuando éste evoca al miedo y lo abandona a nuestros procesos mentales autónomos (el miedo), todo se vuelve una pendiente resbaladiza en la que ya no es posible pensar cómo frenar y no hacemos más que hundirnos cada vez más, quizá hasta que tocamos fondo, muchas veces cuando ya lo hemos perdido todo. Y como cuando ya lo hemos perdido todo no queda más que perder, el miedo reposa y es cuando comenzamos a pensar en cómo salir de ese abismo en el que hemos caído.

Pienso que no tendríamos que llegar hasta allá si antes dejamos de abandonarnos al miedo como si no hubiera opción ni alternativa. Ya dije anteriormente que a veces no es que no quede de otra, sino que esa otra que queda sea una alternativa que preferiríamos no tomar, pero que aun así conviene tener en consideración "por si se ofrece" o, al menos, para tener la sensación de que hemos elegido, aunque ya sé que para muchos escudarse en un "Pues qué querías que hiciera" o "no tuve de otra" sea un paliativo para la culpa, el arrepentimiento o incluso el propio miedo.

Los persas ya daban cuenta de cómo el miedo o la ansiedad podrían interferir con la toma de decisiones. Es bien sabido (aunque no muy recomendable) que un estado de embriaguez nos hace perder un tanto el miedo. El historiador Heródoto narra el método que usaban cuando tenían que tomar decisiones importantes allá por el año 450 a. C.

Si se debía tomar una decisión importante, discutían la cuestión cuando estaban borrachos. Al día siguiente, el dueño de la casa en donde habían bebido les decía la decisión que habían tomado la noche anterior para que la reconsideraran cuando estuvieran ya sobrios. Si todavía la aprobaban, la decisión se mantenía y se implementaba; si no, se abandonaba. Por el contrario, cualquier decisión que tomaran cuando estaban sobrios se sometía a reconsideración después, cuando estuvieran borrachos.

Los adolescentes y sus "malas" decisiones

Cuando tienes diecisiete años lo sabes todo.
Cuando tienes veintisiete años si todavía sabes todo,
todavía tienes diecisiete.
RAY BRADBURY, *Dandelion Wine*

Volvamos al ejemplo de nuestras cápsulas:

Pensemos que debemos elegir una, así como están, sin tener más información acerca de ellas. Haz la elección ahora y trágala. Muy bien; la que acabas de elegir es veneno y la otra era una sustancia inofensiva. Mientras te retuerces en agonía seguramente piensas, como el resto de nosotros, que tomaste una mala decisión. Pero la realidad es que elegiste sin tener más información. Incluso, para alguien que no sepa leer, no importa que las cápsulas hubieran estado rotuladas, las letras no significan gran cosa para una persona analfabeta.

De la misma manera, la adolescencia es una edad en la que no se ha desarrollado la capacidad de "leer" o conocer la vida como un adulto se supone que lo haría. Es muy probable que una parte de ellos sepa que están tomando decisiones que los pueden conducir a resultados negativos, pero la mayoría de las veces, quizá, son bastante ciegos a este hecho y deciden basados en un supuesto saber que, para muchos, puede ser "el saber" de todos los tiempos. Cabe aclarar que esto no es una crítica, sólo una descripción de los procesos que sabemos se dan en esa etapa de la vida, aunque no puedan verse al mismo tiempo en que se viven.

En la adolescencia la estructura cerebral tiene entrelazadas la conectividad neuronal, el comportamiento impulsivo y la toma de decisiones, los cambios naturales en la conectividad hacen especialmente vulnerable a este grupo a los efectos del miedo y la ansiedad. Cuesta trabajo darse cuenta de esto porque, además, es una época de afirmación e individuación, donde tenemos la necesidad de mostrarnos seguros y confiados hacia el exterior y negar toda clase de miedos que nos harían ver débiles ante el clan o la tribu en sí misma. Pedir o recibir ayuda en ese periodo se vuelve muy complicado.

Algunos estudios afirman que el desarrollo y la conectividad del cerebro humano no llegan a estar completos sino hasta la edad de veinticinco años, momento en que ya podríamos considerarnos como adultos. Siempre he pensado, sin llegar a una respuesta definida, si deberíamos evitar elegir carrera o pareja antes de esa edad. Sea como sea, es importante identificar y ayudar a los adolescentes a lidiar con la ansiedad natural que puedan estar experimentando en esa época de "metamorfosis" cerebral. Entornos sociales, escolares y familiares menos demandantes no significan entornos apáticos o de todo "peladito y en la boca", pero sí requiere de tomar conciencia, como padres, si nuestra brillante preparación para la vida no es algo que justamente los incapacite en el futuro para desempeñarse integralmente en ella. Por supuesto que es posible crear profesionistas exitosos e implacables con el fracaso, pero ¿estamos procurando los medios necesarios para que realmente sean felices?

Más allá de todo esto, seguro conoces a adultos que toman tan malas decisiones que parecería que la corteza prefrontal nunca les maduró, como si fuera un aguacate pasmado que por fuera se ve bueno, pero cuando lo abres está duro, duro. Serían como los eternos "adultescentes" que no dan señales de madurez en sus decisiones. Es probable que el miedo sea el que esté en poder de su toma de decisiones, aunque también es probable que la corteza sí haya madurado, pero lo haya hecho un tanto "chueca", por así decirlo. Y no es que yo diga que "árbol que crece torcido, jamás su rama endereza", sino que es posible que cueste más trabajo aprender a tomar buenas decisiones cuando ya ha pasado el proceso final de maduración y no se hicieron las conexiones adecuadas. En fin, para muchos esto seguramente es el resultado de procesos traumáticos, una infancia o niñez complicada y no tanto debido a la falta de voluntad, apatía o negligencia personal.

Opciones y alternativas

Será melón, será sandía, será la vieja del otro día.
Fragmento de "La víbora de la mar"

Si han sido observadores se habrán percatado de que, a lo largo de este capítulo, parece que he estado usando de manera indistinta y como si fueran sinónimos las palabras "opciones" y "alternativas", sin embargo, al menos para los efectos que aquí buscamos, diré que no son lo mismo y la distinción es importante.

Pensemos que llegamos a una tienda de helados que nos ofrece como opción veinte sabores diferentes. Miramos cada uno, incluso probamos unos cuantos, pero al final ninguno nos convence. ¿Qué alternativas tenemos? Eso depende de cuál sea nuestro objetivo. Si la meta es comer un helado que me guste, mi alternativa es ir a buscar otra tienda de helados. Si el objetivo es comer algo frío porque hace calor, entonces mi alternativa será preguntar si hay paletas o aguas frescas o ir a buscarlas a otro lugar. Si la meta es pasar una tarde agradable conversando con un amigo, entonces él podrá comprar su helado y le pido luego que me acompañe por un café.

Podríamos decir que una *opción* es la posibilidad de elegir algo de entre otras posibilidades que se nos presentan o que tenemos consideradas. En el caso del ejemplo anterior, la heladería nos presenta veinte posibilidades para elegir un sabor; es decir, tenemos veinte opciones. Sin embargo, ¿qué pasa cuando esas opciones no nos parecen viables, justas o satisfactorias? Entonces miramos hacia las alternativas.

Una alternativa es otra posibilidad, pero que no estaba considerada en el universo originalmente planteado. Generalmente están fuera de lo que se había considerado en principio y, frecuentemente, sirven como un camino alterno para destrabar una negociación, tomar una decisión complicada o acabar con la indecisión. Tomar un café es una alternativa a comer un helado.

Dependiendo de las circunstancias, no consideramos ninguna alternativa previamente porque no estimamos que ninguna opción fuera viable. Por lo que, dado el caso, tenemos que buscarla al momento. Otras veces, ya tenemos alternativas previamente consideradas, pero no como opciones, sino como posibilidades más lejanas que podrían usarse si lo que se presenta no es adecuado. Ser capaces de tener o encontrar alternativas puede hacer toda la diferencia en la experiencia que tengamos de una situación determinada y el miedo que ésta nos genere. Por ejemplo, si vamos a ir de vacaciones a la playa consideramos de entre varias opciones de actividades cuáles serían las más agradables para pasar un buen rato. Pero ¿qué haríamos si hay mal clima? ¿Y si el mal clima es porque un huracán dio un giro inesperado y hasta los vuelos están cancelados? ¿Cuál es la alternativa? Recuerden, antes hay que aclarar el objetivo. ¿El objetivo es ir a la playa y nada más? Entonces, la alternativa es buscar otra playa (asumiendo lo que sea necesario con esa decisión). ¿El objetivo es pasar un buen rato en familia? Entonces, la alternativa sería quedarnos en la ciudad y planear actividades conjuntas novedosas, ir a acampar a algún sitio adecuado o hacer turismo en alguna ciudad colonial o ir a otro lugar.

Ahora bien, ¿qué tiene que ver esto con el miedo? Que a veces el mundo se nos cierra pensando que tenemos que elegir necesariamente entre melón y sandía, pero si ninguna de las dos cosas nos viene bien, tranquiliza saber que nuestra alternativa puede ser un aguacate, darnos un baño o incluso "la vieja del otro día." Conviene entonces tener en cuenta que siempre hay algo más que no hemos considerado y que podría ser un camino alterno que nos saque del otro lado del miedo. Incluso, en ocasiones, la alternativa llega a ser de ayuda hasta cuando decidimos no tomarla. Si una alternativa nos resulta costosa o desagradable, podríamos darle una segunda mirada a las opciones previas que antes habíamos desechado y que, a lo mejor, ya no nos parecen tan malas en comparación. Por ejemplo, si un gobierno proclamara una ley que dijera que todos sus habitantes están obligados a ir por la vida vestidos de mago o de princesa, probablemente ninguna opción nos parezca deseable. "¿Qué alternativa hay?", podríamos preguntar al funcionario encargado de esos asuntos. "La pena de muerte", tal vez sería su respuesta. Entonces, como no sea que encontremos la alternativa de pedir asilo en otro país, creo que la opción del vestido de princesa o mago ya no se ve tan desagradable después de todo, ¿no es así?

Hasta aquí, hemos hecho un recorrido alrededor del miedo a equivocarnos, a no ser felices, a que nuestras decisiones nos condenen, a que no podamos afrontar o conseguir aquello por lo que nos hemos decidido. Ya vimos también que no se trata de buscar tomar la decisión perfecta, sino de encontrar la mejor decisión posible, dentro de nuestro marco de referencia y en línea con nuestra identidad y valores. Es encontrar o provocar la decisión más satisfactoria posible para ese momento de nuestra vida, porque no sabemos si mañana habrá otro.

No se trata de decidir sin miedo, ni de la distópica idea de que podemos decidir no tenerlo, sino de no dejar que sea el miedo la base de nuestras decisiones. Si dices que no puedes tomar una decisión porque "no hay opción", recuerda que eso no es del todo cierto, siempre hay alternativas. Decidir el dejar de hacer es también una decisión válida, pero siempre que lo hagas de manera consciente y no por miedo. Por ejemplo, si llegas hasta la boca de la cueva y decides que para ti no vale la pena el esfuerzo de cruzarla, que con lo que has obtenido hasta ahora en la vida te basta y te sobra, y que no te es realmente relevante avanzar un paso más, está perfecto. Tu alternativa, entonces, es quedarte a acampar el resto de tu vida allí. La cuestión es que a veces el miedo se disfraza de desinterés o hasta de una supuesta satisfacción para no dejarnos avanzar. Es cuando él toma las decisiones por nosotros. Sabiendo que el deseo y sentimiento natural del ser humano es avanzar, expandirse, crear conexiones significativas y vivir, entonces ¿cómo saber las razones verdaderas que nos llevan a decidir no avanzar sabiendo que el miedo puede mantenerlas ocultas hasta de nosotros mismos?

Pero si de manera genuina estás convencido que este tema de la vida para ti está resuelto y que no hay nada que valga la pena ambicionar, salvo alguna situación particular que ahora mismo no puedo desde acá contemplar, no sería mala idea que, sólo por no dejar, buscaras verificar esta decisión con algún profesional de la salud mental. No digo que alguien que verdaderamente tome una decisión así esté fuera de sus cabales o tenga algún problema, sólo digo que valdría la pena verificar su decisión con un especialista en el tema. Pero bueno, al final tú eres quien decide, ¿no es así? Claro, excepto cuando no es así.

¿Qué vimos en este capítulo?

○ En la vida continuamente estamos tomando decisiones y hacer esto normalmente no nos produce miedo o ansiedad, salvo que se trate de situaciones relevantes que pueden alterar el rumbo de nuestra vida. Decidir es hacer una evaluación entre dos o más opciones y elegir la más probable para lograr uno o más objetivos.

○ A veces, sin embargo, no podemos elegir y debemos afrontar situaciones graves como la pérdida o una enfermedad. Lo cual puede desatar al miedo y paralizarnos.

○ El miedo a decidir frecuentemente tiene que ver con el miedo a equivocarnos y tener que afrontar las consecuencias del error. Esto se vincula con el miedo existencial a la libertad del que ya hablamos.

○ Lo que es bueno para una persona puede no serlo para otra, de igual manera lo que parecería bueno a los ojos de muchos podría no serlo para ti en lo individual. Las buenas decisiones se sustentan más en tu filosofía y valores que en la opinión de los demás.

○ El miedo a perdernos de la mejor opción hace que dejemos pasar buenas oportunidades. La clave aquí es buscar la satisfacción en vez de la perfección en la elección.

○ Cuando se te agoten las opciones piensa en alternativas. Recuerda que las alternativas son posibilidades que no estaban consideradas originalmente. Digamos que no son un plan B o C, sino un plan cuatro, ¿me explico?

Ejercicios sugeridos

Como ya he dicho, muchos creen que para vencer el miedo a tomar decisiones lo que hay que hacer es aprender herramientas para usarlas, pero yo pienso que si no se atiende al miedo que está detrás de la indecisión o la parálisis, poco podremos hacer realmente. Veamos algunos breves ejercicios que pueden ayudar con ello.

1. La regla del 90%.

Este ejercicio pienso que puede ser útil para algunos, en algunas circunstancias, pero como con la mayoría de las cosas, tampoco aplica para todo. Se trata de una regla no oficial que dice que nunca te decidas por nada de lo que no estés noventa por ciento convencido, al menos no de inmediato. Es decir, si tu lista de pros y contras está pareja, mejor di de una vez "No." Sé que esto suena un poco radical, pero suele ser muy efectivo porque si tomas la regla del 90%, aquí el miedo sólo es del diez y no hay tanto riesgo de que tomes una mala decisión; de otra manera el miedo te alertaría. Busca la manera de que lo que quieres se acerque a ese noventa por ciento de certeza; renegocia condiciones, haz preguntas, obtén más información, analiza experiencias pasadas o escucha la opinión de otros. Como dije al inicio, no es una regla que puede ser aplicada a todo porque a veces tenemos que tomar ciertas decisiones con un margen mayor de incertidumbre. Lo cierto es que, si decides aplicar esta regla, asegúrate que estés al menos noventa por ciento convencido de hacerlo.

2. Escucha a tu cuerpo.

Es verdad que ya dije que conviene dejar que la razón sea la que guíe a la emoción para que juntas puedan ayudarnos a tomar mejores decisiones. Lamentablemente, hemos perdido el hábito y la sensibilidad de tomar en cuenta las señales del cuerpo que es como la voz de la emoción. ¿Por qué no poner a prueba el siguiente ejercicio?

● Piensa en una decisión que quieras o debas tomar. Vamos a usar dos pedazos u hojas de papel y vas a anotar algo en cada uno de ellos, dependiendo de lo que quieras decidir. Podrías anotar en uno la palabra SÍ y en el otro la palabra NO. O, en otro ejemplo, podrías anotar en uno la palabra CASARME YA y en el otro PRIMERO HACER UNA MAESTRÍA. Estos son sólo ejemplos.

● Ahora busca un espacio más o menos amplio donde puedas colocar en el piso las dos hojas de papel; una al frente, a tu izquierda y la otra al frente, a tu derecha. Algo como esto:

● Tú estarás en la posición central, por así decirlo, de modo que cada papel esté en el piso frente a ti, a la distancia de un paso largo. Elige tú de qué lado pones cada papel, éste es sólo un ejemplo.

● Lo que vas a hacer a continuación es dar un paso al frente para colocarte dentro de una de las opciones que has puesto en los papeles. Vas a elegir con cuál quieres empezar y harás algo como esto con ambas opciones:

■ Toma una respiración profunda.

■ Da un paso al frente hacia el lugar que es elegido entrar primero. Párate sobre la hoja de papel. Al llegar a ese espacio cierra los ojos e imagina que acabas de tomar esa decisión y que ahora ya no podrás elegir la otra ni ninguna otra alternativa. Al entrar a ese espacio has elegido y es permanente. Observa cómo te sientes estando ahí, especialmente las sensaciones que experimentas en el cuerpo son como hormigueos, pesadez, comezón, inquietud, dolor, desbalance, mareo, frío o calor, etcétera. Piensa en lo que te quiere decir tu cuerpo acerca de esa decisión. Permanece máximo un minuto en ese espacio y luego da un paso atrás hacia la posición inicial.

■ Al salir del espacio vuelve a abrir los ojos, toma otra respiración profunda y estírate como si acabaras de levantarte por la mañana. Mueve un poco tu cuerpo.

■ Ahora vuelve a hacer lo mismo con la otra opción del otro lado.

■ Al finalizar el ejercicio ya tendrás la opinión de tu cuerpo (tus emociones) acerca de lo que vas a decidir. No tienes que hacer lo que te diga, pero vale la pena que lo tomes en cuenta, ¿no lo crees?

6

LOS EFECTOS DEL MIEDO EN TU VIDA

Soy amiga del monstruo que está bajo mi cama,
se lleva bien con las voces dentro de mi cabeza.
EMINEM y RIHANNA, **fragmento de "The monster"**

A veces pienso que el miedo es un poco como el agua. Normalmente en la naturaleza la encontramos en movimiento, fluye a través de ríos, reposa pacíficamente en el lecho de un lago o libre en la profundidad de las cuencas oceánicas, dejándose llevar por el viento y la marea para luego transformarse en nube y regresar a la tierra como lluvia. Otras veces el agua está congelada en forma de hielo esperando un clima más propicio para regresar al movimiento. Habitualmente el agua es inofensiva, salvo que la hayamos acumulado en presas o diques que ya no puedan contenerla y se desborde. Tampoco es muy grata cuando viene acompañada de vientos enojados y violentos o cuando se estanca pudriéndose como pantano. Contaminada por residuos se vuelve un problema y también lo es cuando no sabemos nadar y caemos en ella. Por lo que conocer cómo es el agua y lo que hace es fundamental para tener una buena relación con ella; finalmente la necesitamos para sobrevivir, por eso, incluso, por algún tiempo hemos estado buscando quitarle la sal al agua del mar. Nadie en su sano juicio pensaría, tras un huracán o una inundación, que el remedio para tales cosas es exterminar al agua de la Tierra.

Con el miedo pasa algo muy parecido. Surgió probablemente desde el principio de los tiempos, porque fue de ayuda para nuestros ancestros, los primeros seres que poblaron la Tierra, para sobrevivir en condiciones adversas y amenazantes. El miedo fluye justo como aquel río subterráneo o el viento que ulula a través de la cueva y que a muchos espanta en una noche de tormenta. Pero no es el miedo, ni el agua ni el viento lo que nos asusta, es la naturaleza persecutora, con sus fuerzas tremendas, por sabernos, en el fondo, frágiles, vulnerables, culpables y mortales.

Pero a diferencia del agua, el miedo nos necesita. No puede existir sin nadie que lo perciba o lo genere. Es probable que el miedo no exista en Marte o en Saturno en tanto que estén deshabitados o desprovistos de toda forma de vida como la conocemos. Es por eso que en realidad no podemos exiliarlo, encerrarlo o arrojarlo al vacío del espacio. El miedo vive en nosotros y se proyecta hacia el futuro en la soledad, la silueta de un gato negro o en la incertidumbre de un diagnóstico médico.

Al miedo de afuera lo dominas con práctica o conocimiento, pero al que viene de adentro, a ese que produce en tu cabeza monstruos y fantasías que se alimentan de tu razón, no es tan fácil. A propósito de esto, acabo de recordar el fragmento de un poema "El viento comenzó a mecer la hierba" de Emily Dickinson, donde deja entrever este sentir:

No es necesario ser una habitación
para estar embrujada,
no es necesario ser una casa.
El cerebro tiene pasillos más grandes
que los pasillos reales.

Es mucho más seguro encontrarse a medianoche
con un fantasma exterior
que toparse con ese gélido huésped,
el fantasma interior.

Más seguro correr por una abadía
perseguida por las sepulturas
que, sin luna, encontrarse a una misma
en un lugar solitario.

Nosotros tras nosotros mismos escondidos,
lo que nos produce más horror.
Sería menos terrible
un asesino en nuestra habitación.

El prudente coge un revólver
y empuja la puerta,
sin percatarse de un espectro superior
que está más cerca.

Como ya observamos a lo largo de este libro, hemos hablado de algo que no existe afuera de nosotros y que, sin embargo, es muy real porque es parte de nuestra experiencia subjetiva, porque hemos evolucionado junto a él y porque probablemente no va a marcharse del todo ni de manera permanente: el miedo.

Por lo tanto, lo que hay que hacer es aprender a relacionarnos e interactuar con él de una forma distinta; distinguir el miedo que nos cuida del que nos afecta. Hacer la distinción entre el miedo real y adaptativo, del monstruo que hemos creado con retazos de nuestra infancia, residuos de nuestra fragilidad y fragmentos de nuestras culpas; como si fuera aquel monstruo del doctor Víctor Frankenstein que hoy nos persigue por cada rincón del mundo para mirarnos a los ojos y preguntarnos: "¿Por qué no me quieres si tú me hiciste?"

Al dejar al miedo sin la guía de la razón, hemos creado lo que parece indestructible y que, además, tiene el potencial de acabar con nuestra paz mental o incluso afectar de manera importante nuestras vidas. ¿Cómo podemos solucionarlo? ¿Cómo hemos tratado de resolver esto que, evidentemente, no nos ha dado los resultados deseados? Quizá es lo que ese miedo fragmentado nos obliga a hacer lo que tiene todo de cabeza. Volviendo al ejemplo del agua, podemos decir que entrar con impermeable a bañarnos sería un absurdo, como lo sería pretender surfear las olas durante un huracán o lanzarnos de cabeza a una alberca cuando el agua está ausente. Igualmente absurdo sería pelear cuando hay que escapar, pretender escapar cuando conviene quedarnos quietos o dejar de movernos cuando tendríamos que haber afrontado a nuestro miedo más grande.

Sabiendo que ya he dicho hasta el cansancio que la intención del miedo es cuidarnos, parece, en cierta medida, contradictorio describirles a continuación algunos de los efectos que tiene en nuestras vidas. Parecería como si yo quisiera hacerlo "quedar mal" o hacerlo ver como "el malo del cuento", pero no es así. Es, más bien, una invitación a pensar en el miedo y sus efectos, pero también en cómo hemos contribuido cada uno de nosotros para que ese miedo se quede más allá de haber cumplido su función.

Pensar y repensar qué cosas nos decimos y hacemos que convencen al miedo de que cada vez lo necesitamos más, porque no somos capaces de actuar eficazmente y hacernos cargo de lo que surja. Llegar a la cueva y cruzarla sería enviarle un mensaje al miedo: lo he logrado, agradezco tu presencia pero ahora ya te puedes ir. Quedarse congelados contemplando la oscuridad sin avanzar, envía el mensaje contrario. Así que el miedo se queda para hacernos compañía y resguardarnos del mal.

Vamos pues a conocer más del efecto que causa este miedo sin razón en nuestras vidas y las cosas que solemos hacer, a veces con una inocencia infantil, para que esos monstruos ya no vuelvan esta noche a acechar debajo de la cama.

Lo que produce el miedo

> *Soy la Bestia… Lo sabías, ¿no? Soy parte de ti.*
> WILLIAM GOLDING, *El señor de las moscas*

Hay cosas que el miedo nos lleva a hacer y otras que nos impide hacer. En ocasiones nos empuja cuando lo que convenía era detenernos y, otras, nos detiene cuando habríamos deseado en realidad seguir avanzando. Es verdad que ya he repetido un sinnúmero de veces que nos protege, eso ya nadie lo duda, pero cuando deja de cumplir esta función es cuando, como hemos hecho los humanos con los ríos, lo hemos contaminado.

Trae el pasado al presente

El miedo mata la mente. El miedo es la pequeña muerte
que conduce a la destrucción total. Afrontaré mi miedo.
Permitiré que pase sobre mí y a través de mí.
Y cuando haya pasado, giraré mi ojo interior
para escrutar su camino.
Allá donde haya pasado el miedo
ya no habrá nada. Sólo estaré yo.
FRANK HERBERT, *Dune*

Como el miedo no está afuera, sino adentro de la cueva, no necesita realmente darse cuenta del clima o las condiciones externas para desatarse. A veces puede ser un recuerdo, otras, una imagen, un lugar por el que pasamos, un sonido, un olor o hasta algo que inconscientemente activa la memoria emocional para que el miedo pueda volver a experimentarse. Hay momentos en que puede reaparecer un miedo pasado, a pesar de que la situación actual no justifica realmente la necesidad de tenerlo.

En México han ocurrido dos sismos de gran intensidad en la misma fecha: el 19 de septiembre, uno en 1985 y el otro en 2017, ambos dejando tras de sí un cuantioso número de muertos, heridos y daños materiales. A raíz de esto, el Gobierno de la Ciudad de México ha implementado, aunados a los que ya se hacían, una serie de "macro simulacros" (simulacros generalizados) para buscar que la población esté más capacitada para afrontar una situación similar en el futuro, y así ponerse a salvo del peligro real que representa un sismo. Podemos aprender a salvaguardarnos, pero ¿cómo nos protegemos del miedo? Es natural que muchas personas, días y semanas después de esos episodios tuvieran un miedo intenso, aunque para la mayoría no dejó consecuencias serias más allá de eso.

Recuerdo puntualmente que una paciente, al día siguiente del sismo, estaba muy afectada y me anunció que a partir de ese día dormiría para siempre vestida con ropa para hacer ejercicio y zapatos tenis, por si había un terremoto en la madrugada. Un par de sesiones después me contó que su mamá le decía que eso no era normal y que a lo mejor había quedado traumatizada y que me lo contara en la sesión. De modo que me hizo llegar una pregunta precisa a través de mi paciente: "¿Que cuánto tiempo más voy (mi paciente) a seguir durmiendo vestida y con tenis?." A lo que le respondí: "Vas a dejar de hacerlo cuando te sientas con menos miedo." Semanas después recordé el hecho y le pregunté: "Oye, por cierto, ¿sigues durmiendo con tenis?", a lo que me respondió: "¿Cómo?, Ah no, ya no... la verdad es que no descansaba, como a la semana después de que te lo conté ya no me los ponía."

Sin embargo, para otros la cosa no fue tan simple. En algunas notas periodísticas se dio a conocer la noticia de que, tras una réplica de baja intensidad del siguiente fin de semana de ese 2017, se reportó la muerte de dos personas a causa de ataques cardiacos. En el simulacro de 2019 se reportaron oficialmente 26 incidencias entre lesiones, desmayos y crisis nerviosas, a pesar de que la gran mayoría de nosotros sabía que se trataba de un simulacro. Aunque intelectualmente se puede saber que se está a salvo, el miedo nos alerta de forma automática y nos lleva no sólo a recordar, sino a revivir y hasta magnificar una situación que reconoce que sucedió.

Por supuesto que existe el trastorno de estrés postraumático o TEPT, del que podemos decir que es un efecto patológico de un trauma muy intenso que se pudo haber vivido. Pesadillas, pensamientos terribles que no se van y síntomas físicos son los desafortunados compañeros del miedo constante que queda atrapado, por así decirlo, en un estado de alerta permanente. Ya no es necesario que algo lo reactive porque nunca se desconecta. Si tras un evento traumático, como por ejemplo un accidente, un robo o un sismo, experimentas síntomas y sensaciones que están interfiriendo con tu sueño, alimentación, trabajo, familia, relaciones personales o paz interior de manera constante e intensa, sería buena idea no esperar más y consultar a un profesional de la salud mental.

No obstante, he tenido pacientes que, sin presentar síntomas que concuerden con criterios diagnósticos de algún trastorno similar, el recuerdo de un evento pasado les impide en el presente desempeñarse en algo en particular. Me llegan a la mente dos pacientes que, tras un accidente automovilístico, no volvieron a conducir por varios años por el miedo a que algo similar volviera a pasar; el resto de su vida lo hacían perfectamente normal, incluso viajar en automóvil, a condición de que no los condujeran ellos. A veces el miedo es puntual y selectivo; otras, inespecífico y más generalizado.

No es necesaria una catástrofe a escala global para que el miedo se encargue de recordarnos que las cosas pueden volver a pasar. Si alguna vez, por despertarnos tarde, perdimos un vuelo o una oportunidad importante, el miedo se encargará de ser nuestro despertador la próxima vez o, "mejor aún", no nos dejará dormir en la víspera. Si el miedo por la razón que sea anda en otra cosa, puede que nos vuelva a pasar lo mismo. De igual forma, cuando el miedo trae el pasado al presente nos podemos volver desconfiados o resentidos, como cuando alguien nos mintió, nos decepcionó o abusó de nuestra confianza. Es un efecto positivo si eso nos hace aprender algo para no caer en lo mismo (el miedo habrá cumplido su misión); pero no lo es tanto si, por el exceso de miedo, generalizamos la alerta y ya no confiamos en nadie para ir a la segura. Pagan justos por pecadores, dicen por ahí.

Los eventos de la infancia pueden ser también un ejemplo de ello. Algunas vivencias infantiles como la pérdida de un padre o el maltrato emocional, sin descartar el físico, por supuesto, pueden acarrear miedos en la edad adulta que no sean tan fácilmente correlacionados con esos hechos. Por ejemplo, el miedo a la separación, al desempeño social, a explorar y hasta a los animales, puede tener un origen en esas vivencias tempranas.

Cuando el miedo trae el pasado al presente, nos obliga a estar constantemente vigilantes, mirando hacia todas partes, tratando de impedir que lo que sea que nos pasó vuelva a repetirse. De lo que no nos previene el miedo, incluso es causa de su origen, es de la angustia de no saber cómo, ni cuándo, aquello que nos acecha habrá de volver para lastimarnos.

Te proyecta un futuro sombrío

Nunca es seguro mirar hacia el futuro con ojos de miedo.
E. H. Harriman, empresario

Ni nuestra mente ni el miedo pueden ver el futuro. Nadie puede hacerlo y, sin embargo, muchos temen lo que pueda pasar o lo que se imaginan que pueda pasar o, mejor dicho, lo que no saben que puede pasar, pero que de alguna manera anticipan que, sea lo que sea, bueno no será.

La preocupación por el futuro es un sentir que también debió surgir como algo natural en los seres humanos cuando tuvieron conciencia del paso del tiempo. En algún momento se comenzaron a preguntar acerca de lo que habría de pasar; desde qué comerían al otro día, cómo estaría el clima el mes siguiente y, eventualmente, qué sería de sus hijos cuando ellos ya no estuvieran. Prepararse para el futuro ha sido un componente integral de la supervivencia humana en este planeta. Esta adaptación nos ayuda a anticipar de alguna manera lo que en el futuro puede pasar, lo que facilita la toma de decisiones, la elaboración de presupuestos y hasta el cuidado de nuestra salud y previsión económica para la vejez. En sentido inverso, para aquellos que han desarrollado una visión apocalíptica y catastrófica de su futuro, seguramente tener la facultad de anticipar lo que podría pasar ha sido una especie de maldición.

Revisar si hemos cerrado bien la puerta, para prevenir que pueda entrar un ladrón durante la noche; contratar un seguro de gastos médicos, para estar financieramente cubiertos ante el escenario futuro de una enfermedad grave o cerciorarse de la fecha de caducidad de un alimento, para evitar que nos enfermemos en un par de horas, son efectos adaptativos de tener un miedo que se proyecta hacia el futuro. La cosa cambia cuando el miedo corre frenéticamente por nuestra cabeza gritando todas las calamidades que nos imaginamos que pueden pasar: "Nos van a abandonar." "Vamos a sufrir." "Nos vamos a intoxicar." "Nos vamos a quedar pobres." "Seguro tenemos cáncer." "El próximo temblor será terrible." O: "Nos vamos a morir", son algunos de los pensamientos que el miedo produce acompañados de imágenes, sensaciones e indefensión ante tales hechos. Si bien es cierto que algunas de esas cosas pueden pasar, y algunas con certeza lo harán, como es la muerte; la realidad es que de lo demás no tenemos la seguridad de que inevitablemente ocurrirá. Entonces, ¿por qué el miedo hace esto? Es probable que la evolución nos haya hecho evaluar las incógnitas como posibles amenazas, aunque sin la certeza de lo que sean; es decir, podríamos cometer errores al anticipar una amenaza que nunca llegará, pero desde una perspectiva evolutiva, esto representa un error que se inclina hacia el lado de la precaución, despertando al miedo para que active respuestas que nos alerten y nos protejan. Otra razón es que hemos abandonado al miedo a su suerte en las cavernas de nuestra mente, dejándolo vagar sin la compañía de la razón. Es verdad que el miedo no puede ver el futuro, a veces reacciona como si no pudiera ver, pero temiera que lo peor estuviera por avecinarse. Necesitamos hacer que la razón lo acompañe para que le explique, para que lo tranquilice y para que pueda descansar.

Como todos los miedos, el miedo a lo que en el futuro pueda pasar es adaptativo siempre y cuando cumpla con la función de anticiparnos para planear y que su intensidad no comprometa las actividades de supervivencia o interfiera con la vida cotidiana.

La fantasía como escudo

La búsqueda de un antídoto contra el miedo es algo que ha sido muy buscado. Es probable que nuestras primeras herramientas fueran la fantasía, la superstición y hasta la negación de la realidad. La religión probablemente fue una extensión de esto, con la creación de dioses protectores que a toda hora nos estaban vigilando. No es casualidad que muchos de nosotros sigamos utilizando a la fantasía como escudo.

Algunos se protegen ante la catástrofe, o tratan de tranquilizar a otros, usando un recurso tan pueril como ineficaz en caso de peligro real. Van por la vida tratando de convencer, y convencerse, de que "todo va a estar bien." Y yo me pregunto: ¿Cómo saben que todo va a estar bien?, ¿cómo se atreven a asegurarlo?, ¿por qué alguien nos trataría como idiotas al decir semejante cosa sin tener la facultad de ver el futuro?, y lo peor aún, ¿por qué habríamos de creerle? Es un intento vano de tranquilizar, lo cual a lo mejor funcionaría con un niño que nos cree omnipotentes, pero ¿tranquilizar a un adulto racional y pensante? Lo peor es que si al final todo resultó favorable, rematan diciendo "lo sabía." ¡No sabían nada! Las probabilidades de acertar en su predicción eran a lo sumo del cincuenta por ciento y el que las cosas hayan resultado como dijeron, no significa que resultaron así porque lo dijeron. Por cierto, ¿cómo reaccionan o qué dicen cuando las cosas resultan mal? ¿Recurren ahora a "las cosas pasan por algo"? Todo esto suena absurdo si lo analizan, ¿no es así?

Bueno, pues igualmente absurdo sería creerle a nuestra mente cuando nos dice: "Todo va a estar mal." ¿Cómo sabe que todo va a estar mal? ¿Cómo se atreve a asegurarlo? ¿Por qué nuestra mente nos trata como idiotas al decir semejante cosa sin tener la facultad de ver el futuro? Y lo peor aún, ¿por qué habríamos de creerle? Es un intento vano de inquietar que a lo mejor funcionaría con un niño asustadizo, pero ¿funcionaría con un adulto racional y pensante? Lo peor es que si al final todo resultó desfavorable, remata diciendo: "Lo sabía." ¡No sabía nada! Las probabilidades de acertar en su predicción eran a lo sumo del cincuenta por ciento y el que las cosas hayan resultado como dijo, no significa que resultaron así porque lo haya dicho. Por cierto, ¿cómo reacciona o qué dice cuando las cosas resultan bien? Recurre ahora al "por ahora, pero mañana quién sabe." Suena absurdo si lo analizas, ¿no es así?

Y repito, no tiene nada de malo o irracional tomar previsiones a futuro sobre eventos que podamos temer; lo que no es de ayuda, es que ese temor domine nuestro pensamiento y no podamos pensar más que en lo que "seguramente se avecina." Deberíamos desarrollar la sana costumbre de cuestionar a nuestra mente, o al miedo si lo quieren ver así, cuando nos dé su pronóstico de catástrofes del mes y preguntarle, y tú, ¿cómo sabes?

Queda claro que no podemos predecir, pero pienso que en su lugar podemos anticipar, es decir, desarrollar la confianza necesaria para sentir que podemos afrontar lo que se presente y actuar en consecuencia como mejor aplique para la circunstancia y contexto dado. Anticipar buenos o malos resultados de algo no es atraerlos, sino responder a la pregunta: "¿Qué vamos a hacer si esto no funciona?", en vez de caer en la fantasía de "claro que todo va a estar bien."

El impacto del miedo en la infancia y la niñez

> *El miedo de un niño es un mundo cuyos rincones oscuros*
> *son bastante desconocidos para las personas adultas;*
> *tiene su cielo y sus abismos, un cielo sin estrellas,*
> *abismos en los que nunca puede penetrar la luz.*
> JULIEN GREEN, escritor

La niñez es un periodo de grandes e intensas vivencias. La novedad de descubrir el mundo nos lleva a aprender, nos conecta con los otros y nos permite florecer. Pero también es una etapa de gran vulnerabilidad. Todos los niños experimentan miedos: a la oscuridad, a los extraños, a los monstruos que salen de su imaginación o a alguna historia que han escuchado. Estos miedos, por fortuna, normalmente son naturales y pasajeros, incluso pueden causar una cierta emoción cuando no se desbordan o se acompañan de otros factores que los alimenten y los hacen crecer, como cuando los adultos intervienen proyectando sus propios miedos.

Pero es el miedo persistente el que provoca los daños más profundos. Es el miedo con el que no importa que prendas la luz, el miedo que no se acaba de marchar porque no le hemos dado razones para estar tranquilos y sí muchas para mantenernos alerta y alterados. Lamentablemente, en la infancia nuestro margen de maniobra para protegernos de muchas de las cosas que asustan es relativamente reducido. No es fácil alejarse y ponerse a salvo de quien nos lastima porque, paradójicamente, puede tratarse de alguien que se supone debería cuidarnos y protegernos. Tampoco lo es de los fantasmas y de los monstruos que emergen de la nada en cualquier momento en cuanto oscurece o nos quedamos solos.

El miedo produce estrés y la exposición constate a circunstancias que producen miedo, en dicha etapa, afectan el desarrollo normal del cerebro, dejando consecuencias para toda la vida, como ansiedad crónica, problemas de aprendizaje y una alteración en la capacidad de tener interacciones sociales y formar vínculos seguros. Con miedo persistente, los niños aprenden que la familia, la sociedad y el mundo no son un lugar seguro, por lo que se quedan sin refugio alguno para encontrar contención a sus miedos. Seguramente es fácil pensar que esto sucede más en ambientes donde los pequeños son sometidos a violencia o abusos y eso es verdad, pero también puede generarse en entornos donde los niños no se sientan seguros o perciban algún tipo de amenaza. Y no es necesario que tales amenazas tengan que cumplirse en la realidad para ocasionar efectos negativos; frases como "me voy a ir", "te voy a regalar", "te voy a golpear", "Dios te está viendo y lo lastimas", o "tu padre se va a enterar", son amenazas y formas de chantaje que lanzamos para cubrir nuestras incompetencias parentales sobre la crianza de los hijos. Un recurso muy efectivo en ocasiones, algunos podrían decir, pero a un precio alto para los niños.

Además de la violencia y los abusos, también las amenazas, los gritos o incluso las expresiones faciales que de manera constante transmiten desaprobación o rechazo pueden ser grandes generadores de miedo en los niños. De hecho uno de los efectos de esto se conoce como "condicionamiento al miedo": el que desencadena la gama completa de respuestas físicas y emocionales de miedo cada vez que aparece un estímulo atemorizante similar, aunque pueda ser inofensivo de manera objetiva. Por ejemplo, personas gritando en una fiesta, un rostro serio de una persona que está pensando o el hecho de que alguien no responda los mensajes del celular, van a provocar reacciones de miedo que pueden parecer exageradas, pero que no lo son para el inconsciente que ha clasificado estos hechos como peligrosos o amenazantes. Incluso las señales que objetivamente pueden producir miedo o desagrado razonables a cualquiera, en los niños que están expuestos de manera crónica al miedo se magnifican y les pueden producir terror. Un regaño o una mirada admonitoria suelen ser vistas como una gran amenaza. El efecto de esto en la edad adulta son personas que continuamente van preguntando a los demás si están enojados o si ya no los quieren. Es el niño asustado que vive en tu interior y no acaba de encontrar paz.

Las demandas excesivas y el perfeccionismo también son causa de gran ansiedad y pueden afectar seriamente el bienestar y desempeño de los niños; ya sea que se les empuje a ser "ganadores" en los deportes o a estar siempre en el cuadro de honor. Con una inadecuada guía de los padres, los niños pueden pensar que ganar o ser el número uno es un requisito indispensable para seguir siendo amados y no ser regalados con el primero que pase; el miedo encuentra también tierra fértil en este tipo de conductas si son muy rígidas o intensas.

Finalmente, la incongruencia e inconsistencia también podrían ser generadores de miedo. El que hoy me regañen por una cosa que ayer no, o que mis padres permitan que mi hermano menor haga algo que les parece perfectamente aceptable, pero que en mí es casi un crimen de lesa humanidad, genera una gran cantidad de confusión e incertidumbre. No predecir las conductas y reacciones de los padres, así como sus reglas inconsistentes, es toda una confusión.

Inventemos un ejemplo acerca de esto: Imagina que vives en una ciudad donde conduces habitualmente un auto. Algunas de las reglas de tránsito de esa distópica ciudad son las siguientes:

En los cruces de las calles hay señalizaciones luminosas para regular el tránsito de personas y vehículos. El rojo significa alto, el amarillo te indica que te prevengas para detenerte y el verde te da el paso, pero esta regla sólo opera los lunes si caen en número de día impar en los meses que no tienen "R" en su nombre, siempre que sea en un periodo donde la luna esté en cuarto creciente y si tu terminación de placa es 3, 4 o 9. Si esto no es así, entonces el amarillo indica alto, el rojo indica que puedes pasar y el verde que te detengas, pero siempre que tu auto sea de color cálido y tus neumáticos no tengan un desgaste mayor a 3 mm en total. La multa por no obedecer estas señales dependerá en primer lugar de la primera letra con que empiece tu nombre, tu signo zodiacal y el criterio del agente de tránsito o juez que te imponga la sanción, la que podría ser de una condena de cinco años a trabajos forzados, de $3 pesos con 75 centavos o la pena de muerte. Esta regla estaría vigente por tiempo indefinido y del que no se dará aviso. En caso de que exista un supuesto no contemplado en la ley, la sanción será determinada por una ruleta que será instalada los jueves, los martes y días pares en alguna plaza pública de la ciudad. Si el ciudadano infractor no acude a girar la ruleta dentro de los primeros 57 minutos posteriores a la falta cometida, será llevado a la silla eléctrica, siempre que sus zapatos no sean de agujeta. En caso contrario, su castigo será definido por un pajarillo que sacará de una cajita un papel con la pena designada, la cual será inapelable, salvo en el caso de que el pajarillo ya hubiera comido ese día.

¿Desesperante, no? Y amenazante si tomamos en serio las penas impuestas y la cuasi imposibilidad de cumplir con unas reglas tan complejas y cambiantes. Dan ganas de no tener auto en esa ciudad. Bueno, pues imaginemos que para un niño, que está aprendiendo cómo funciona el mundo, la inconsistencia en la crianza, lo incierto y amenazante de los castigos y la imposibilidad de predecir las reacciones o reglas de los adultos, puede ser mucho más aterrador.

Otro efecto del miedo en los niños se da en el desempeño académico. La sobrecarga, los periodos de exámenes y la lucha por cumplir expectativas hace que muchos niños, especialmente aquellos que directa o indirectamente son presionados por su entorno familiar o social, se sientan además de estresados, con mucho miedo a fracasar. El miedo agudo perjudica notablemente la recuperación de la memoria, lo que conlleva, por ejemplo, el riesgo de bajo rendimiento en los exámenes, afirma, en un estudio realizado en el año 2016, la doctora Susanne Vogel, investigadora de la Escuela de Medicina de Hamburgo, Alemania.

¿Se puede "heredar" el miedo a los hijos?

Un estudio realizado en la Universidad de Míchigan en el año 2016, por el doctor Jacek Debiec, señala que "los bebés pueden aprender de la expresión materna del miedo, muy temprano en la vida." Si una madre tuvo una experiencia intensa de miedo hacia algo específico, incluso antes del embarazo, el bebé rápidamente aprenderá a temer a lo mismo. Esta investigación responde, en parte, a una interrogante que los expertos han tenido por años: ¿cómo la experiencia traumática de una madre puede afectar a un hijo de manera profunda, incluso cuando el hecho sucedió tiempo antes de que naciera? Por ejemplo, los hijos de los sobrevivientes del Holocausto a menudo presentan pesadillas, "memorias" y conductas de evitación asociadas con las experiencias de sus padres, aunque todo eso pasó antes de que ellos nacieran, afirma el doctor Debiec. ¿Cómo sucede esto? A través del olor que emite la madre cuando siente miedo, aunque usted no lo crea. "El olor es sólo una de las señales que las madres usan para «enseñar» a sus hijos sobre lo que deben temer en un mundo peligroso." Las madres pueden emitir olores que les enseñan a sus bebés a qué temer, incluso si la experiencia de miedo es algo a lo que el bebé nunca ha estado expuesto. Estas memorias que involucran la transmisión olfativa tienden a ser muy persistentes. Al ser el olfato una vía temprana de aprendizaje, lo que se registra a través de él se codifica de forma intensa.

Adicionalmente, sabemos que los niños tienden a temer a aquellos eventos, objetos o situaciones a los que sus padres temen, al ver cómo es que ellos reaccionan ante lo que pasa.

En cuanto al miedo en los niños, la encomienda sería idealmente preventiva. Procurar entornos y actitudes estables, consistentes y protectores, permitiendo fundamentalmente, a la par, la exploración y, relativamente, la independencia. Acompañar a los niños en sus miedos naturales no significa tener que exorcizarlos en una sola sesión, sino ayudarlos a normalizar la experiencia y a que aprendan que algo se puede hacer con los miedos, así sea comprenderlos.

El miedo es "contagioso"

> *El miedo es contagioso. Y a veces basta con que alguien*
> *diga que tiene miedo para que éste se vuelva real.*
> NEIL GAIMAN, *El libro del cementerio*

Durante largo tiempo se ha asumido que el aprendizaje indirecto, o aprendizaje vicario, ha sido una forma de adquirir o desarrollar miedo. Una investigación realizada por la doctora Susan Mineka, profesora de Psicología de la Universidad Northwestern, en Estados Unidos, encontró que los monos pueden aprender el miedo simplemente mirando a otros monos actuar con miedo. En los humanos la reacción es muy similar. En otros estudios que se han realizado al respecto, se concluye que cuanto más fuerte era visualmente la emoción, más contagiosa era.

Sabemos que la comunicación humana no se ejecuta exclusivamente a través del lenguaje o canales visuales, sino también a través del olfato, como lo que ya mencioné de los bebés con sus madres. Al respecto, una investigación realizada por el doctor Gün Semin y sus colegas de la Universidad de Utrecht, en los Países Bajos, revela cómo las mujeres son capaces de detectar y distinguir entre el olor de un hombre enojado y otro con miedo. No es que lo verbalicen, sino que sus expresiones de miedo o de desagrado, al percibir el olor en cuestión, evocan las mismas emociones.

Cabe aclarar que este contagio se da a nivel inconsciente. La mayoría de las personas no podrían decir, o incluso negarían, que algunos de sus estados emocionales, especialmente el miedo y el enojo, son el resultado de estar rodeados o cercanos a alguna persona que esté experimentando tales emociones. Quizá esa sensación de enojo o inquietud que viene aparentemente de la nada tenga que ver con la persona que has tenido cerca. Aquí aplicaría una modificación al dicho: "Dime con quién andas y te diré qué emoción tienes." Lo anterior no quiere decir que no podamos hacernos conscientes de esto si observamos con intención a las personas que frecuentamos y, además, reconocemos las emociones que estamos sintiendo.

La vía auditiva es otra forma en que el miedo puede transmitirse de una persona a otra. Evolutivamente comunicar la existencia de amenazas es importante para proteger a otros miembros del clan. En los animales, los sonidos específicos para reportar miedo provocan comportamientos repentinos, como huir o dirigir un ataque, con el fin de ayudar al grupo a escapar o defender su territorio. En los humanos, la expresión facial y vocal funciona de manera muy similar pues hay regiones del cerebro que responden a ciertos sonidos o tonos vocales cuando alguien se encuentra en peligro o asustado. Una madre percibe un grito de ayuda o el llanto de un bebé de manera diferenciada, si hay miedo involucrado.

Otro miedo que es posible contagiar, en este caso específicamente a los hijos, es a las matemáticas. Un estudio realizado por la doctora Erin Maloney y colaboradores, publicado en el año 2015 en la revista *Psychological Science*, encontró que cuando los padres están más temerosos por su desempeño en las matemáticas, sus hijos aprenden significativamente menos matemáticas durante el año escolar y tienen más ansiedad por la materia al final del ciclo escolar. Lo curioso de esto es que este contagio del miedo sólo ocurrió, si los padres ansiosos por las matemáticas ayudaban a sus hijos con las tareas o a estudiar la materia. Reflexionando en esto, quizá sería buena idea dejarlos solos o buscar apoyarlos con la guía de alguien más que no se sienta ansioso ante los números. Por cierto, este contagio sólo se dio en la materia de matemáticas y, hasta donde se sabe, no sucede con ninguna otra asignatura escolar. No sería extraño que el disgusto por esta materia en niños que aún no la han cursado tenga también un origen similar. Después de todo es común escuchar a muchas personas decir: "las matemáticas son difíciles", ¿no es así?

Los efectos del miedo en la memoria

Están entrando en el bosque de la amnesia,
donde las cosas han perdido sus nombres.
Margaret Atwood, escritora

¿Alguna vez te has preguntado qué pasa en el cerebro que hace que los recuerdos traumáticos se graben de forma más duradera en la memoria? O dicho en otras palabras, ¿por qué recordamos mejor lo malo que lo bueno? Antes se pensaba que los recuerdos negativos se almacenaban de forma distinta a los positivos, pero diversos estudios de neurociencia encontraron una respuesta diferente a aquella suposición. Todos los recuerdos se almacenan de la misma manera, pero es una estructura cerebral conocida como la amígdala, cuya función es en parte la regulación emocional, la que se encarga de decirle a la corteza cerebral qué eventos deben ser grabados como amenazantes. Es como si la amígdala dijera: "Vamos a resaltar este recuerdo que me produjo miedo con un marcador fosforescente y además lo vamos a señalar dentro de un círculo rojo indeleble para que sea más fácil encontrarlo en el futuro." Digamos que es el miedo en sí mismo el que le dice al cerebro qué remarcar. ¿Por qué no sucede lo mismo con los recuerdos placenteros que vienen acompañados de otra emoción como la felicidad? Esos también se almacenan, pero no se remarcan o se señalan con tanta intensidad porque recordar tus últimas vacaciones en la playa no es algo que te haga sobrevivir, a diferencia de recordar en qué calle te asaltaron la otra noche o de dónde salió el ladrón. Por lo tanto, no es fácil borrar esos recuerdos porque precisamente el miedo, a través de tu amígdala, se encarga de que tu cerebro los resalte y los remarque de tal manera que no resulte nada sencillo que por error tú los puedas borrar. El miedo necesita tenerlos disponibles para alertarnos con mayor velocidad en caso de que perciba peligro.

El problema surge cuando esos recuerdos resaltados se vuelven tan intensos que ahora ya no podemos salir a caminar por la calle después del atardecer. Digamos que se generaliza el recuerdo con relación a los elementos que estuvieron presentes y a los que se consideran de mayor riesgo. Si lo que quedó más resaltado es el hecho de que ibas sólo, pues entonces tu temor será a salir sin compañía. Si más bien fue el factor "noche", entonces, como dije, la oscuridad será la señal de alarma a la que apunte ese recuerdo profundamente grabado. Es por eso que, en un ejemplo que cité, algunas personas que han sufrido accidentes automovilísticos no pueden volver a conducir un auto, pero no tendrán mayor problema en subirse a uno mientras otro sea el que maneje. En ese caso no fue el factor "auto" lo que quedó resaltado, sino el factor "conducir" lo que está señalado como peligroso en la memoria. Para rematar, ni siquiera es necesario que te expongas a una situación similar para que tu memoria te señale el recuerdo resaltado de peligro, basta que lo pienses para que se desencadenen en ti todas las sensaciones de temor originalmente experimentadas. Lo que es peor, mientras más recuerdes el evento, más remarcado quedará y será cada vez más fácil volver a evocarlo y más complicado hacer que se debilite. Entiendo que, por lo general, no decidimos traer a la mente recuerdos de cosas que nos han provocado un miedo intenso, pues esos recuerdos llegan solos y sin invitación, sin embargo, considero que tampoco deberíamos dejar que el miedo ande tan *sueltito* con esas malas compañías. Al menos deberíamos poner un poco de resistencia y no recorrer la película completa cada vez que la mente decida proyectarla. Cambiar nuestra atención, ocuparnos en algo distinto o decir en voz alta consciente y deliberadamente "No" a esos recuerdos, podría ayudar a repasarlos menos para evitar fortalecerlos.

Algunos otros efectos del miedo en la memoria pueden hacer que ésta sea muy intensa, pero imprecisa. Puede ser, en partes, coherente y detallada, pero en otras puede estar fragmentada con lagunas en las que no hay recuerdos de ciertos momentos. Esto es probablemente porque nuestro cerebro se vuelve selectivo acerca de qué partes considera importantes remarcar y cuáles no.

El miedo que te paraliza

La mayoría de la gente domina el arte de posponer el inicio.
MOKOKOMA MOKHONOANA, **escritor**

Ya sabemos que una de las tres respuestas del miedo puede ser la de congelarte. También recordemos que el miedo nos hace ir a la segura, quedarnos en lo conocido (aunque no necesariamente sea bueno, pero al final es lo conocido) y es entonces que, sin importar qué tan grande sea el deseo o la intención, no habremos de dar el paso que ponga en movimiento aquello que buscamos.

Nos paraliza el miedo a no poder, el miedo a defraudar, el miedo a fracasar o el miedo a lastimar a otros y que por eso acabemos siendo "los malos del cuento" y eso derive en que nos rechacen o nos dejen solos. Muchos miedos en uno.

La combinación entre deseo o necesidad y parálisis da como resultado algo parecido a la frustración y al resentimiento contra uno mismo por no atreverse a hacer lo que se quiere. Seguramente alguno de ustedes se ha obligado, a pesar del miedo, a hacer algo y no niego que eso puede ser de ayuda, especialmente si nos damos cuenta que nuestros temores no tenían sustento y, por lo tanto, no se cristalizaron. El miedo se esfuma y nos sentimos más libres. Pero hay otras personas que, aun haciendo por la fuerza lo que no se atreven por la confianza, el miedo no los abandona. Se obligan a algo, lo hacen, pero los demás miedos persisten o el mismo resurge en una situación similar en el futuro.

Hace unos años tuve un paciente que a lo largo de la vida había acumulado muchos hilos sueltos y esqueletos en el armario. El remordimiento, la culpa y el miedo a ser descubierto no lo dejaban ya dormir por las noches, en las que lo asaltaban toda clase de pensamientos catastróficos y alguna que otra pesadilla. Por un lado, quería hablar con varias personas con las que sentía necesidad de reencontrarse, confesarse o pedir perdón y, por el otro lado, tenía mucho miedo de hacerlo por el temor a las consecuencias. Estaba atrapado en una clásica trampa de "malo si sí y malo si no." Finalmente, y durante el transcurso de la terapia, fue desenmarañando principalmente diversos enredos internos que traía en la cabeza y que le disparaban aquellos miedos. Un día tomó la decisión de hablar con una persona de las muchas que tenía en "lista de espera." Lo hizo y el resultado fue mejor de lo que él esperaba. Todas las catástrofes que su mente le dijo que iban a ocurrir y que mantenían en alerta al miedo, no se concretaron.

Ahora bien, sería lógico pensar que luego de haber tenido un resultado satisfactorio en ese primer encuentro, el resto sería más sencillo y así en poco tiempo iría solventando este tema con los demás, ¿no es así? Pues no; si bien fue abordando una a una a todas las personas con las que sentía necesidad de hablar, cada vez tenía que forzarse a hacerlo; posponía el momento, se inventaba pretextos y se decía lo que fuera necesario para justificar su parálisis. Y no es que fuera mucho más complicado hablar con una persona que con otra (bueno, con una sí), sino que el miedo le iba permitiendo actuar, pero de manera controlada y sumamente dosificada en el tiempo. Por lo que no se trataba de que tomara valor para atreverse; lo que necesitaba era confianza en él mismo para afrontar la realidad y las potenciales e inevitables consecuencias de eso.

Con confianza sabes que a pesar de que haya consecuencias indeseables, eres capaz de hacerte cargo. La confianza en ti mismo te recuerda que ya no eres un niño o una niña desvalido. Recordando esto, algunos de aquellos miedos infantiles que se han venido arrastrando no se marchan del todo, pero se hacen menos intensos y frecuentes en tanto sigamos teniendo la confianza y disposición de hacernos cargo de nosotros mismos y de nuestras circunstancias.

El miedo no se trata de tenerlo o no tenerlo, porque al final ya vimos que existe y no se va a marchar, sino en qué medida se presenta, cómo interfiere con nuestra vida y, sobre todo, qué espera de nosotros para cedernos gradualmente el control de nuestra vida. Yo no soy partidario de los cambios radicales de todo a nada de la noche a la mañana. No porque me parezca mal que eso suceda, de hecho si alguien es capaz de hacer cambios así, me alegro por esa persona. No soy partidario de cambios radicales y abruptos porque sé que la mayoría de las personas no puede hacer cambios así. El resto de nosotros necesitamos hacer los cambios necesarios en la medida que nos resulten posibles y nos hagan sentir que estamos avanzando. Es como entrar a la cueva: se puede hacer una inhalación, cerrar los ojos y entrar corriendo con el afán de ya por fin cruzarla y salir del otro lado, pero la verdad creo que sería arriesgado, en el caso de un tropezón o resbalón, y además no podría volver a replicarse en la siguiente cueva porque no hay más método que el de los ojos cerrados y los pies ligeros. Es decir, el miedo volvería a estar ahí cada vez más fiero. Para mí entrar a la cueva, avanzar en lo que se quiere o tomar una decisión a veces va de la mano de la curiosidad y no de la fuerza bruta. Entrar poco a poco como oteando en la oscuridad hasta que los ojos se acostumbren a ella. Y entiendo que quizá no tengamos el tiempo de eso, en ese caso sí habremos de correr, pero eso no implica que vayamos a vivir corriendo y cruzando por cruzar, ¿no es así? Tratar con el miedo no es tanto de resultados como de procesos. Ya dije que la confianza se va adquiriendo conforme le demos al miedo razones para saber que puede confiar en que nosotros nos haremos cargo de lo que hoy él se ocupa.

Ahora, imagina a un pequeño animal asustado, paralizado por el miedo en medio del camino. ¿Qué haces con él? ¿Darle una patada para que se mueva y te deje pasar? ¿O buscar tranquilizarlo, remover de la escena lo que sea que asuste, de ser posible, y luego generar confianza entre ambos para que te permita ayudarle? Es probable que en cuanto el miedo empiece a disiparse, el animalito en cuestión pueda volver a empezar a moverse poco a poco.

Entonces, ya sea alcanzar una meta, cumplir un sueño o hacer, incluso, algo muy desagradable que te da mucho miedo, decide primero cuál es el método que te funciona para transitar del otro lado del miedo. Si hacerlo por la fuerza es lo que te es posible y es un buen método porque resuelve en vez de ir enredando más, adelante, siempre que en el camino no salgas lastimado como consecuencia. Pero si no es así, a pesar de que te pueda dar algunos buenos resultados el uso de la fuerza, la determinación o el valor, y aún hay algo que no te hace sentir libre, piensa más en la confianza. Acércate al miedo, conócelo y mira cómo puedes ayudarlo a cederte el control.

La insospechada relación del miedo con el perdón

El débil nunca puede perdonar,
el perdón es el atributo de los fuertes.
Mahatma Gandhi, líder político y pensador

Tradicionalmente el perdón ha sido, a lo largo de la historia, un tema del que se ha ocupado la filosofía, aunque mayormente las religiones. En general se ha asociado con bondad, nobleza, generosidad y hasta con la compasión. Desde este enfoque, una de las condiciones para perdonar consistía en tener un buen corazón o ser bueno. Algunos más trataban de hacer ver al perdón como algo correcto que debería hacerse.

Más allá de eso, en años más recientes, en pleno siglo xx, la Psicología empezó a voltear la mirada hacia este fenómeno humano. ¿Qué nos impide perdonar? Algunos dirán que es el resentimiento y de alguna manera tienen razón. Ante lo que cabe preguntarse: ¿De qué se compone el resentimiento? El doctor Warren D. TenHouten, profesor de la Universidad de California, en Los Ángeles, dice que el resentimiento se compone de tres elementos principales:

1. Desilusión o decepción.
   - Por las expectativas rotas que se tenían hacia la persona que nos ha traicionado o lastimado con sus actos.
2. Ira.
   - Es una forma de hacer notorio hacia el otro nuestro desacuerdo con lo ocurrido. También recordemos que el enojo es un disfraz del miedo que nos hace sentir menos vulnerables. El enojo es focalizado hacia aquel que nos ha herido y mantiene nuestro escudo en alto para no volver a ser lastimados.

3. Miedo.

- Ésta es la emoción fundamental que sustenta al resentimiento. Es el miedo de sabernos vulnerables, de saber al otro capaz de lastimarnos y, obviamente, de que eso vuelva a ocurrir o siga ocurriendo. Ya sabemos que, al menos en este caso, es el miedo el que activa al enojo para protegernos.

De modo que cuando nos enteramos que alguien, o nosotros incluso, se resiste a perdonar a otro es probable que poco tenga que ver con que sea malo, sino que tenga una relación directa con el miedo a ser lastimado. Dicho esto, probablemente no se necesita tanta bondad como fortaleza para perdonar. Fortaleza que nos ayude a poner nuevos límites a los otros y a nosotros mismos acerca de lo que ya no estamos dispuestos a permitirnos en cuanto al trato con los demás.

En repetidas ocasiones, cuando imparto mi taller "El poder del perdón", escucho a los participantes referirse al enojo y resentimiento que sienten con quien los ha lastimado o al remordimiento y vergüenza, si es que son a ellos mismos a los que buscan perdonar. Fue particularmente en la edición del 7 de septiembre del año 2019, justo en el proceso de terminar este libro, que decidí recolocar dentro del taller *al miedo* como un elemento central porque consideré que guarda un papel fundamental en el mantenimiento del resentimiento y es un factor relevante y dificulta estar dispuestos al perdón.

La experiencia resultante fue abrumadora, porque al adentrarnos en el tema, de pronto los asistentes pasaron del enojo a reconocer, además, a la tristeza, pero sobre todo al miedo, como elementos que no sólo los hacían mantenerse enojados, sino alejados de quién los había lastimado por temor a que eso volviera a ocurrir si perdonaban. Si bien considero que la decepción puede disparar a la tristeza y el enojo a la defensa, el miedo es el combustible que alimenta continuamente al resentimiento y lo mantiene recordándonos lo que pasó, para mantenernos a salvo.

Ahora bien, si además del perdón se pretende la reconciliación con quien nos ha lastimado, la cosa se complica porque entra en juego la confianza y es cuando el miedo vuelve a entrar a escena porque es él quien nos hace desconfiar. La persona que nos ha lastimado ya dio muestras de que es capaz de hacerlo y eso no permite que el miedo se desactive, especialmente cuando no vemos en el otro el reconocimiento específico de su falta y genuinas señales de remordimiento y arrepentimiento por habernos lastimado. En principio, eso es lo que hace que nos mantengamos a distancia de esa persona.

Para obtener el perdón, y además la reconciliación, la persona lastimada debe sentirse más segura; con menos miedo. Para lograrlo necesita comprobar que esto no es una pesadilla, lo ocurrido es una realidad muy dolorosa, pero realidad al fin y es hora de afrontarla. Es necesario que el infractor, aquel que nos ha lastimado, reconozca de manera explícita su falta. No basta con que se haya revelado o descubierto lo que pasa, sino que además asuma que es así como ha ocurrido; que no lo niegue, que no trate de justificarse, que diga algo como: "Es verdad, yo lo he hecho y sé que con eso te he lastimado, por lo que pido tu perdón." Me viene a la mente ahora mismo la frase del arzobispo anglicano Desmond Tutu, cuando en el marco del movimiento del *apartheid* en Sudáfrica dijo: "Sin perdón no hay futuro, pero sin confesión, no puede haber perdón."

Por ejemplo, cuando dentro de una relación de pareja ocurre una infidelidad, aquel que engañó, si la relación le es importante y así lo desea, pedirá el perdón de su pareja, jurándole que no volverá a suceder una cosa así en el futuro. Supongamos que la pareja engañada en principio acepta, pero sabemos que suelen resurgir los sentimientos de enojo conforme se va procesando el hecho. Vuelven las preguntas y la búsqueda de información para tratar de comprender qué fue lo que pasó y cómo se dieron los hechos. Esto hace sentir a aquel que engañó que su pareja no lo ha perdonado "de corazón", incluso podría reprocharle que si todavía no están bien es por su culpa, porque no ha acabado de soltar lo que dijo que ya había perdonado. En realidad, lo que estaríamos atestiguando son episodios de miedo o ansiedad que se apoderan de la persona y la llevan a buscar nuevamente protección en el enojo e información para tener más certeza de qué pasó y ver si puede hacer algo específico para que no se repita. Es muy complicado pensar que alguien nos va a perdonar o, incluso, a reconciliarse con nosotros si sigue desconfiando o sigue teniendo miedo de que volvamos a traicionarlo. Si algo parecido estuvieras viviendo, no le pidas a tu pareja que confíe en ti, *dale razones para confiar*, ése puede ser un buen antídoto para el miedo.

Maligniza nuestras relaciones

> *Temer al amor es temer a la vida y los que temen*
> *a la vida ya están tres cuartas partes muertos.*
> BERTRAND RUSSELL, filósofo y matemático

Desde mi punto de vista, el amor y el miedo hacen muy mala combinación. ¿Cómo se puede amar de verdad si no hay confianza, si existe la continua suspicacia del engaño o el terror del abandono? El miedo nos hace sospechar, perseguir, acosar y, en algunas ocasiones, hasta destruir al objeto amado por temor a perderlo para que nadie más lo posea. El miedo desata la voz de la paranoia, que nos proyecta imágenes y escenarios, unos posibles y otras veces francamente absurdos y delirantes. Es cuando en la vida adulta se proyectan aquellos miedos infantiles de una madre que no supo amar, un padre que no estuvo para proteger o una vida de maltrato que parecía no tener fin. Los ecos del miedo que habitan en lo profundo de la cueva reviven cuando la señal del amor, mejor dicho, de aquella forma de "amar", se presenta en nuestras vidas. Es como si hubieran estado hibernando y hoy se despertaran para recordarnos los riesgos de amar.

Cerremos juntos este capítulo explorando esos recovecos del miedo que dañan, intoxican y malignizan lo que quizá pudo haber sido una buena relación.

El miedo te hace permisivo y complaciente

Si sospechamos que alguien no nos quiere o nos quiere dejar, hay una cierta lógica en pensar que debemos hacer algo para mantenerlo a nuestro lado, si es que la relación nos resulta valiosa y le amamos. Conversar para reparar la relación, perdonar o pedir perdón, tratarle bien y hasta halagarle pueden ser buenas estrategias a seguir. Pero ¿si no es amor sino miedo la razón por la que queremos retener a esa persona? Entonces las medidas se pueden volver más extremas porque el precio que sentimos que debemos pagar es mucho más alto. Buscas convertirte en todo, excepto en ti mismo, para agradar al otro. A veces las personas complacientes hacen tanto por los demás en su búsqueda interminable de afecto que olvidan por completo quiénes son y cuál es su lugar en la vida. Y efectivamente, es complicado tener claridad acerca de quiénes somos si nos hemos dedicado a pensar, sentir y actuar como creemos que el otro quiere, para conseguir o mantener su amor. La cuestión es que si una persona te ama de verdad, no permitirá que te anules para complacerla. Inicialmente tratará de hacerte ver que eres una persona valiosa y que te ama, pero tú creerás que lo que te tiene es lástima y te está mintiendo. Buscará hacerte sentir que te ama y quiere estar a tu lado, pero pensarás que te está mintiendo y en realidad ya está planeando dejarte. No importa lo que el otro haga; cuando tienes miedo buscarás refuerzo constante haciendo infinitos cuestionamientos y preguntas acerca de la estabilidad de la relación: "¿Me quieres, cuánto me quieres, hasta dónde me quieres? Ya no me quieres, ¿verdad? Te doy mucha lata con tanta pregunta, que tonto soy, así ya no me vas a querer, pero sólo dime que me quieres y ya no te molesto más..." La realidad, lo que te diga tu pareja es lo de menos, la voz del miedo es más fuerte, viene desde el interior y nunca descansa. Si insistes en cuestionar tanto y en acosar de esa manera, seguramente tu pareja se marchará de tu lado por frustración o porque al humillarte le resultas poco valioso o interesante. Probablemente un narcisista estaría en su elemento, pero no una persona sana.

Cuando eres complaciente te cuesta trabajo decir "no" y estás siempre disponible para el otro, incluso a costa de tus propias necesidades, como el sueño, ejemplo de ello es cuando no puede dormir y te llama para platicar cuando tú tienes que trabajar desde temprano al día siguiente. Tú dices que no importa, cuando en realidad lo que estás diciendo es que tú no te importas porque te interesa más buscar la forma en que se callen las voces del miedo que te gritan que te vas a quedar en soledad. La tendencia a minimizar las agresiones y el maltrato del otro es algo bastante común, propio de una persona que ha tomado el rol de complaciente.

El miedo te ha tenido bajo tanta presión que haces lo posible por evitar conflictos con tu pareja y, entonces, acabas por fingir que estás de acuerdo, que la situación no es tan importante y acabas por ceder. No quiero imaginar el día que tu pareja se enoje por algo: las sirenas de ataque nuclear comenzarán a sonar y tu ansiedad será tal que, incluso, puedes suplicar y prometer que "ya te vas a portar bien." Quien no ha pasado por esto, puede considerarlo exagerado, pero en realidad me estoy quedando corto ante lo que las personas son capaces de hacer cuando combinan el amor con el miedo. Son incapaces de poner límites y hacen parecer que no tienen vida propia, y una persona sin vida propia, no es una persona interesante.

El miedo te aleja de lo que amas

¿Qué puede ser más confuso y frustrante que tener una gran necesidad de ser amado, al mismo tiempo tener mucho miedo al amor y, como remate, decir que eso del amor y la cercanía no es importante ni necesario y que es mejor "estar solo que mal acompañado"? Muchos mensajes divergentes dentro de una sola cabeza y el miedo dirigiendo esa bizarra pero dramática representación en el teatro de la mente y las emociones.

Ésta es la obra que día tras día deben actuar aquellas personas que quieren amar, pero que temen al amor. Estas personas frecuentemente buscarán relacionarse porque, como la mayoría, tienen necesidad de hacerlo; de amar y ser amados. Pero por otro lado, el miedo los obliga a relacionarse manteniendo una distancia que hace imposible la verdadera intimidad. Si perciben que su pareja quiere mayor cercanía emocional e involucramiento, tenderán a alejarse para mantener esa distancia. Si sienten que va "demasiado aprisa", activarán el freno de mano emocional para desacelerar las cosas. No toleran que una relación se les salga de control y entonces prefieren alejarse, lo que hace pensar al otro que en realidad no quieren estar en esa relación cuando la verdad es que no es así.

Las personas que temen involucrarse "de más" tienden a minimizar el impacto de las pérdidas cuando una relación termina, pero también evitan dar demasiadas muestras de efusividad para no notarse demasiado enamorados o felices con la relación. Tratan de mostrarse controlados, pero lo que resulta en realidad es una mezcla rara de comportamientos ambiguos que no permiten que la relación acabe por fluir. Cuando el otro presiona, pueden mostrarse fríos e incluso agresivos; recordemos que uno de los disfraces del miedo es la ira.

Otra modalidad de esto, más frecuente en los hombres, es un comportamiento que demuestra demasiado interés durante el cortejo. Son atentos, cariñosos, galantes y parecen estar sumamente involucrados mientras intentan conquistar. La persona en la cual están interesados puede ir no tan de prisa, lo que aumentará su interés y conductas románticas. Parecen ser los candidatos ideales, pero no es así. Cuando por fin la relación comienza o, incluso, tras algún tiempo corto que parece como de luna de miel, de pronto se tornan fríos y distantes. Si antes enviaban mensajes por el teléfono varias veces al día, hoy con trabajo responden los buenos días. Su argumento es que están muy ocupados, que les llegó una racha de trabajo intensa, lo cual compensarán con mucho amor en el futuro. Ese momento generalmente no llega. La cosa se sigue enfriando hasta que ya no se sabe si quieren seguir o, de plano, se desaparecen en una maniobra digna de algún ilusionista. ¿Qué pasó? El miedo hizo su aparición, es posible que algún conflicto con su figura femenina de referencia, una madre dominante, frecuentemente, y una figura paterna débil o nulificada sean los ingredientes perfectos para que nuestro personaje en cuestión no se sienta capaz de corresponder decorosamente al amor de una mujer, al mismo tiempo que les tiene mucho miedo al sentirse amenazado por su potencial dominio. La necesidad de amar les hace acercarse, pero la preservación de su integridad los obliga a huir en cuanto sienten que la cosa va en serio.

Por supuesto que no siempre el origen de estos temores se encuentra en la infancia. Experiencias románticas fallidas en la vida adulta, tales como rupturas, divorcios, mentiras, traición, desilusión, engaños y abandono son elementos que alertan al miedo para que nos cuide para la próxima vez. Eso nos hace un poco más desconfiados y cerrados, por lo que la persona que venga no entenderá, si no lo decimos abiertamente, que vamos a baja velocidad para no volver a salir del camino en la siguiente curva.

El miedo que te mantiene donde no quieres

Si eres una persona con mucho miedo a la soledad, al abandono o al rechazo y resulta que ahora tienes una pareja, pues es evidente que no querrás dejarla, especialmente si crees que para ti no es tan fácil relacionarte o despertar el interés de alguien. Digamos que hasta ahí, todo va bien. Pero ¿qué pasa si por tu prisa de relacionarte la persona con la que ahora estás no te trata bien? Puede ser que no se muestre tan disponible emocionalmente para ti, que su trato pueda ser cordial pero frío o francamente distante. Que pueda ser alguien explosivo o inestable emocionalmente. O tal vez, sea una persona celosa y controladora. Como ya vimos, el miedo puede hacerte permisivo y complaciente, pero también, aunque no lo fueras, será el que te impida salir de una relación que ya no te hace bien. Sin ser complaciente, harás resistencia para que el otro te quiera "como debe ser" y estarás en continuas fricciones, reclamos, reproches y pleitos. Todo porque genuinamente quieres estar bien, pero si el otro no tiene conciencia, interés o deseos de cambiar su trato contigo ¿qué vas a hacer? Lo lógico sería comenzar a pensar en marcharte de esa relación, y quizá ya lo hayas hecho, pero surgen las voces del miedo que te recuerdan todas las razones por las que debes quedarte y las razones por las que no deberías irte: "¿De qué vas a vivir? ¿Ya pensaste en los niños? Te vas a quedar en soledad nomás por tu berrinche, si no es para tanto. Ya te prometió que va a cambiar. ¿Y si luego te arrepientes? Ya mejor quédate así, al fin que ya la/lo conoces y capaz que otra persona acaba siendo peor." Estos y otros mensajes son los que el miedo utiliza para recordarte la existencia de otro que, incluso, puede ser más profundo: el miedo a no hacer frente a la vida si no estás con alguien más.

En una situación como la que he descrito, la verdad no sé qué me daría más miedo, si dejar una relación así y quedarme conmigo al menos un tiempo o quedarme por tiempo indefinido con una persona que no me trata de manera digna, ya no digamos amorosa.

El monstruo de los celos

El temor a perder algo que se considera valioso nos lleva a cuidarlo del deseo de otros o de la posibilidad de que puedan robarlo. Al mismo tiempo nos gusta lucirlo, como un auto nuevo o una joya, como símbolo de estatus. Esto también pasa con las relaciones románticas. Cuando estamos celosos, nos preocupa que nuestra pareja pueda encontrar a otra persona más atractiva o que otro pueda acercarse a hacer labor de convencimiento para que se vaya a su lado. Los celos cumplen la función de alertar al miedo para hacer frente a este peligro.

Al igual que otras formas de miedo, los celos nos llevan a focalizar nuestra atención principalmente en lo que es amenazante. Buscamos señales de desinterés por parte de nuestra pareja hacia nosotros o un aumento de interés hacia alguien más. El miedo activa a la paranoia y, creyendo lo que ésta nos dice sin cuestionar, podemos acusar a nuestra pareja de vestirse para atraer la atención de otros o, incluso, de estar pensando en alguien.

Los celos pueden ser ventajosos en términos evolutivos, pero sumamente destructivos y agresivos cuando se acompañan de un miedo desbordado y éste, a su vez, echa mano del enojo y la agresión para hacerse notar. Más que tratar de controlarlos, lo cual puede ser riesgoso porque es como contener el agua en una represa, deberíamos buscar la manera de fortalecer nuestra confianza y seguridad. Sólo así el miedo le dirá a los celos que, sin señales objetivamente claras y evidentes, no hay motivo de preocupación. Recordemos: el sueño de la razón, crea monstruos.

El miedo que no te deja ser tú (y te obliga a ser cualquier cosa)

> *Ningún precio es demasiado alto*
> *por el privilegio de ser uno mismo.*
> FRIEDRICH NIETZSCHE, filósofo

No podemos negar que la cultura, la sociedad y la familia van a moldear al individuo de manera inevitable. Los primeros años de vida son fundamentales para el desarrollo. Desde el nacimiento, el cerebro privilegia el aprendizaje social (y qué bueno que así suceda porque en ello nos va la vida). De eso depende nuestra capacidad para integrarnos al clan y ser aceptados, amados y cuidados por otros, ya que en ese momento no podemos hacerlo por nuestra cuenta. Ya he hablado de que pertenecer es fundamental, así que no es casualidad que vengamos dotados con un sistema de alarma que se activa cuando existen señales de exclusión social. En la adolescencia, salimos en busca de nuestra identidad y para eso es necesario, al menos de manera simbólica, romper y destruir aquello que está establecido. Nos inventamos la fantasía de que estamos buscando un estilo propio y nos agrupamos con otros que van en busca de lo mismo; la realidad es que si no pertenecemos a un clan pertenecemos a otro, así sea de dos personas. La verdadera individualidad, que existe por supuesto, es muy solitaria. Recuerda lo que hablamos acerca del miedo al aislamiento en los miedos existenciales.

Aun así, la necesidad de pertenencia y aceptación existe como un instinto fundamental en los humanos. Podemos rechazar y criticar lo impuesto o establecido, pero nos afecta demasiado que aquellos que pertenecen a ese mundo lo hagan con nosotros. De ahí que tengamos algunos caminos: someternos, resistirnos o adaptarnos, de todos modos tenemos que tener la conciencia de que absolutamente libres no vamos a ser en tanto los límites físicos, genéticos y biológicos nos determinen. No pocos pensarán en la muerte como una salida hacia la libertad. Yo francamente no podría decir que ese camino conduce a ese lugar porque, si he estado muerto antes, no lo recuerdo y si no, entonces no podría asegurar que tras la muerte hay paz, tranquilidad o inconciencia absoluta donde simplemente se deja de ser. Por eso prefiero ver a la muerte como un hecho de la vida y no como el camino para llegar a lo que no sé. Pero volvamos al punto de la identidad.

Decía que podemos ser nosotros los que cuestionemos y rechacemos lo establecido, pero que otros juzguen, critiquen o francamente rechacen nuestra forma de ser, de vestir o de pensar, es algo que no nos gusta. Los grupos sociales tienen la tendencia a dar cierta flexibilidad a sus miembros, pero no demasiada en tanto que buscan eventualmente regresarlos a un nivel de conducta y convivencia que se ajuste a las normas y valores establecidos para seguir perteneciendo. Entonces, como dije, podrías tomar varios caminos, veamos algunos.

Someterte

Esto implica que por el miedo a no pertenecer dejes de ser tú. Quizá quieres vestir de negro, estudiar Filosofía, dedicarte a los deportes o pienses que el gobierno de tu país no está actuando en favor de los intereses de la mayoría. Si lo que tú quieres o piensas no forma parte del mito familiar, el grupo te lo va a reprochar mediante críticas indirectas o francas prohibiciones: "¿Vas a salir vestido así?" "De músico te vas a morir de hambre." "Mira nada más, con esos pelos pareces la madre del aire." "Estás mal." "Eres muy rara." "Mientras vivas en esta casa vas a hacer lo que yo te diga, cuando te mantengas solo entonces podrás hacer lo que te dé la gana, pero antes no." Amenazas y chantajes que llevan como objetivo causar miedo para lograr el sometimiento. ¿Cuál miedo? El del rechazo o la exclusión.

Y para algunos funciona. Hay quien por sentirse vulnerable o por temor a ser abandonado, o que lo dejen de querer, acepta renunciar a sus sueños, a sus deseos o a parte de su identidad. Aunque no se diga siempre de manera explícita el "pues allá tú" o "luego no vengas llorando", se encuentra implícito para hacer ver al otro que si actúa "como le da la gana", pues ni cuente con nosotros. Someterte por miedo te hace dejar de ser tú.

Resistir

Puedes resistirte a lo que el grupo dice, quiere o manda. Al final defender la identidad propia de cualquier forma de manipulación no deseada es quizá tan importante como defender la vida o la patria. Pero pienso que resistirnos implica tener conciencia o claridad acerca de qué es lo que se está resistiendo, si hacerlo nos ayuda y hacia dónde queremos dirigirnos en vez del lugar al que el grupo nos quiere llevar. Una resistencia útil es la que te hace ir hacia donde tú quieres y no la que te hace creer que cualquier camino es bueno con tal de ir en sentido contrario. Esto sería el fenómeno psicológico de la reactancia.

La reactancia es la reacción que tienen las personas cuando sienten que alguien está coartando su libertad de elección. Si alguien quiere imponerte o prohibirte algo, por lo general sentimos un impulso de hacer lo contrario o sentirnos atraídos hacia la prohibición, como una forma de demostrarnos que somos libres de elegir. Esto tiene una desventaja: si lo que elijo es sólo lo contrario a los que nos han dicho, eso pudiera no acercarme a lo que quiero, incluso alejarme con tal de conservar esa libertad. Ser tú no significa nada más ir en sentido contrario al grupo. A menos que ése sea tu objetivo en la vida, con lo cual te estarías condicionado a lo que los otros digan para hacer lo opuesto. Otra forma de esclavitud.

Sin embargo, hay quien insiste a llevar la contraria o adoptar conductas que lo alejan de los demás. No es grato estar con alguien que sistemáticamente lleva la contraria, que usa los argumentos como forma de imponer su visión del mundo o que simplemente no es capaz de adaptarse a la sociedad. Entonces, quien no encuentra la manera de adaptarse, pero tampoco quiere someterse, recurre a rendirse y busca crear para sí un pequeño mundo personal. Cuando alguien se rinde a la idea de que no es aceptado pierde un miedo fundamental: el miedo a no pertenecer. Sin ese miedo se pueden transgredir las normas sociales de convivencia más básicas a través de conductas antisociales, que son comportamientos, prácticas o actuaciones que tienen como objetivo la perturbación del orden social o la agresión a éste. Por lo general, estas conductas se ocultan y buscan justificarse tras el disfraz de la genuina protesta o inconformidad, pero la realidad es que algunas de ellas sólo buscan dar rienda suelta a la furia que se ha gestado en el interior por sentirnos excluidos de nuestro entorno familiar y social.

Surgen entonces los miedos primitivos: a lo desconocido, al otro, en una forma de otredad excluyente que puede ser de xenofobia o discriminación a los supuestos discriminadores. Justo de lo que se huye es lo que se acaba gestando cuando los miedos transforman la caverna personal en la cueva de los horrores. Lo que tanto se protegía, la identidad, se ha perdido ahora en las garras del impulso donde el miedo nos sobrepasó y ha quedado rebasado por la violencia y la agresión. Como si el disfraz hubiera cobrado vida. ¿Y dónde se ha visto una revolución pacífica?, podrán decir algunos. Es verdad, los movimientos de cambio, especialmente los que parten de la opresión y la injusticia a veces tienen que ser radicales, pero no es eso lo que está sobre la mesa en este momento, sino la agresión sin sentido porque ya se perdió la noción del ser y quedan las emociones más primitivas a disposición de lo que sea. Es como si se involucionara a manos de buscar ser lo que sea, con tal de no experimentar la angustia de sentir que se es nadie para ninguno.

Adaptarte

La adaptación podríamos definirla como un estado en el que la persona establece una relación de equilibrio con su ambiente social. Implica necesariamente la modificación de ciertas conductas para ajustarse a las normas colectivas y así convivir. Por lo que no se trata de perder la identidad, se trata de que, sin dejar de ser nosotros, seamos capaces de contextualizarnos en tiempo y forma en la sociedad y la cultura, sabiendo que la identidad está conformada por la suma de los individuos que la conforman y son capaces, a su vez, como grupo, de modificar a ambas. Cuando el miedo se mantiene del lado de la razón, no necesita desbordarse ni protegernos de nada porque sabremos que nuestro punto de vista y opinión acerca de las cosas es sólo eso, una forma de describir e interactuar con la realidad, pero partiendo de una base común que nos haga comprendernos y vivir en paz.

¿Qué vimos en este capítulo?

○ El miedo cuando no sirve para cumplir su función de alertarnos y protegernos de amenazas reales se vuelve un problema porque nos mantiene en tensión constante.

○ El miedo puede afectar tu presente al traer terrores del pasado o tu futuro, al proyectar los miedos no resueltos e impedirte actuar.

○ Cuando la mente te dice "todo va estar bien" o "todo va estar mal" lo más seguro es que esté adivinando, al igual que la gran mayoría de las personas que te pueden decir lo mismo para tratar de calmarte o inquietarte de manera deliberada. La realidad es que nadie, ni tú, puede predecir con certeza el futuro.

○ El impacto del miedo persistente o agudo en la niñez puede ser catastrófico pues afecta el desarrollo normal del cerebro.

○ El miedo puede ser "contagioso" y esto puede darse por la vía visual o auditiva con el ritmo y tono de la voz. Incluso el miedo a las matemáticas puede ser contagiado a los hijos.

○ La memoria también se ve afectada por el miedo, en esto interviene una estructura cerebral conocida como amígdala, que remarca las experiencias que han sido clasificadas como "peligrosas" con base en el miedo que se ha experimentado. Su finalidad es que no las olvidemos y las reconozcamos con mayor facilidad.

○ El resentimiento tiene como uno de sus componentes al miedo; es precisamente el miedo lo que dificulta perdonar cuando tenemos *miedo* de que nos vuelvan a lastimar.

Ejercicio sugerido

Como ya vimos, el miedo puede afectar seriamente nuestras relaciones más significativas. Este ejercicio es para trabajar con otra persona que puede ser tu pareja, un hijo, alguno de tus padres o alguien importante para ti, en sí con aquella persona que sientas que hay algo que los está afectando, pero quizá no puedes identificar qué es.

- Empieza por identificar los miedos más evidentes que tienes hacia tu relación o hacia la otra persona. Recuerda que el miedo usa disfraces cuando no lo dejas salir, así que quizá tengas que tomarte un tiempo para identificarlos. Muchos de estos miedos ya se los has hecho saber, pero bajo la forma de críticas o reclamos, por ejemplo: "Tú nunca me haces caso", "siempre te sales por la tangente" o "a ti todo te vale gorro", pero en realidad detrás de cada reclamo hay una necesidad, una petición o un miedo que se está ocultando. Aquí algunas ideas:
  - Miedo al abandono, al rechazo, a la crítica, a no sentirte comprendido, a que se aburra o se canse de ti, a que te engañe, que te mienta, a quedarte en soledad, a que te critique, a que te ignore, a que te desprecie, etcétera.
- Ahora cuéntale a la otra persona acerca de este libro que estás leyendo. Dile que te gustaría que pudieran hacer el ejercicio juntos y que tu objetivo es mejorar la relación. Dile que tienes una lista de temores que te gustaría compartir y dale un momento para que identifique algunos suyos y los escriba. Ahora te sugiero que empieces tú diciendo uno de tus miedos:

Tengo miedo a: _____

y este miedo se hace más grande cuando:

_____

_____

● Después de decir el miedo, dile a la otra persona qué lo hace detonar. Puede ser una conducta, alguna palabra o situación. Se lo más específico posible. Luego, en el siguiente espacio, hazle una petición, ¿qué crees que el otro puede hacer, o dejar de hacer, que podría ayudarte a disminuir ese miedo? Sé razonable y no pidas cambios de personalidad. Finalmente, ofrece tú también algo que puedes hacer o dejar de hacer para ayudarte a ahuyentar a ese miedo; piensa en algo que puedas hacer para incrementar la confianza en ti.

Me ayudaría mucho que tú: _____

Y yo te ofrezco: _____

_____

_____

● A continuación, hagan lo mismo con algún miedo de la otra persona.

● La idea con esto es que puedan descubrir, si es posible, si el miedo de uno lo hace actuar de tal manera que dispare un miedo del otro; por ejemplo, que tu miedo a ser abandonado te haga actuar de manera controladora y, en consecuencia, el otro tenga miedo a perder su libertad.

● Conversen del resultado de este ejercicio y vean si pueden llegar a acuerdos. Eviten criticarse o acusarse mutuamente. Van a hablar de sus propios miedos y nada más. Recomiendo hacerlo con un solo miedo de la lista por sesión y no de todos juntos el mismo día, especialmente si son muchos.

● Si la cosa se saliera de control, parece que hay más miedos de los que inicialmente habían pensado. Es posible que convenga buscar terapia familiar o de pareja para evitar que esto se haga más grande.

7

EVITAR EVITAR

Para escapar del miedo, hay que atravesarlo, no rodearlo.
RICHIE NORTON, escritor

Ya para estas alturas, el título de este libro hace más sentido. Salir del otro lado del miedo implica justamente cruzarlo y no perder el tiempo, o hasta la vida, buscando atajos que podrían resultar más peligrosos que haber entrado a aquella cueva que quieres evitar.

Como ya dije en capítulos anteriores, evitemos lo posible, afrontemos lo inevitable y adaptémonos a lo incambiable. De hecho, muchos de los errores que cometemos tienen que ver con revolver estos términos y formas de actuar más bien inoportunas para el momento o el contexto que se nos presenta. Por eso quiero que en este capítulo recorramos algunas de las cosas que solemos hacer con el miedo que definitivamente no nos conviene hacer. A veces la solución que se intenta aplicar es lo que acaba por mantener activo lo que causa malestar y esto es especialmente con el miedo, cuando nuestro instinto nos dice que hay que correr lejos de él. Ése es el primer error; no se trata de huir, sino de saber de qué, por qué y hacia dónde se está huyendo y el único que posee esa información es el miedo. Claro, primero te dice corre y luego te cuento por qué, pero si lejos de escucharlo te escondes de él, resulta muy complicado que te enteres de nada.

Lo que conviene hacer es evitar evitarlo. Con esto no digo que haya que provocarlo o deliberadamente buscarlo; lo que quiero decir es que cuando lo tengas enfrente no corras, porque te perseguirá, pues tiene un mensaje para ti. Sé que es desagradable mirarlo, entiendo que su voz te pueda aterrar, pero si lo dejas que haga lo que tiene que hacer se irá más pronto de lo que crees, siempre que hagas lo que se supone que tienes que hacer y no algo que, por el contrario, no haga sino agitarlo aún más. Vamos juntos pues a ver qué debemos evitar, que no sea el miedo.

Lo que NO deberías hacer con el miedo

Para enderezar algo debemos conocer primero
todas las formas para torcerlo aún más.
Proverbio oriental

Si alguien está decidido a gritar, el hecho de que le pongamos una mordaza sólo hará que su deseo aumente y esperará la primera oportunidad que tenga para hacerlo aún con más fuerza. Ése puede ser el caso del miedo cuando, si lo negamos, rompe sus cadenas o se disfraza de otra cosa. Esto hace muy complicado reconocerlo, saber qué quiere y, por ende, lograr relacionarse con él de otra manera.

Una cosa es canalizar el miedo de manera adaptativa, como el miedo que te mueve a querer hacer algo mejor o a apresurarte a resolver un problema y la otra es querer controlarlo para que no nos dé problemas haciendo como que no existe o, como ya vimos, a disfrazarlo de valor o indiferencia. Vamos a ver por qué la mayoría de estas estrategias no funciona de manera permanente y se convierten, a lo sumo, en un paliativo mediocre que no hace sino dejar que el miedo se acumule cada vez más.

Negar, evitar o reprimir al miedo

Estar con miedo cansa.
CLAUDIA A., paciente

Partiendo del hecho de que la inmensa mayoría de nosotros siente miedo en algún momento de la vida, tampoco debemos creer que por ese hecho todos sentimos miedo a todo, todo el tiempo. Al menos no de manera consciente. El miedo puede ser tan sutil o de tan baja intensidad que ni siquiera se reconozca como tal, lo cual no significa que no exista, sólo que aun existiendo, no nos da problemas; eso es normal. Pero cuando alguien afirma de manera categórica, contundente y hasta enfática que no tiene miedo a nada, especialmente cuando cierta circunstancia lo amerita, es muy probable que, incluso sin darse cuenta, lo esté negando.

La negación es una negativa absoluta a admitir o reconocer que algo ha ocurrido, está ocurriendo o se está sintiendo actualmente. En otros casos, puede implicar admitir que algo es cierto, pero minimizando su importancia. Es un mecanismo de defensa primitivo, utilizado frecuentemente en la primera infancia y, a veces, como último recurso, por los adultos. Como cuando alguien es incapaz de enfrentar la realidad o admitir una verdad obvia como una enfermedad potencialmente mortal, una adicción o un gran problema que a todas luces se avecina. Lo que se niega puede ser un hecho, una responsabilidad, el impacto de nuestras acciones o negar lo que realmente está sucediendo al escondernos de nuestros sentimientos, como el miedo.

La evitación, por otro lado, nos lleva a evitar encontrarnos, enfrentar o pensar en situaciones que nos provocan miedo. Esto nos puede llevar a posponer una consulta médica, no hablar con alguien sobre un tema delicado o dejar que se acumulen las deudas evitando contestar las llamadas de los cobradores y no abriendo los estados de cuenta bancarios. Es verdad que la evitación nos protege de los sentimientos desagradables que desencadena el miedo, pero también impide la resolución de los problemas dejando frecuentemente que se hagan más grandes.

En cuanto a la represión, ésta es una forma aguda de negación, incluso hasta de uno mismo, en donde lo desagradable se mantiene en el inconsciente y entonces decir "no tengo miedo" no es mentir, porque aunque existe, no se sabe que se tiene, aunque puede manifestarse de muchas otras formas como problemas dermatológicos, por ejemplo.

Las consecuencias de negar, evitar o reprimir al miedo no suelen ser gratas. Ya vimos que cuando lo negamos se disfraza de otra cosa para saltar nuestras defensas y entonces puede volverse agresivo, como cuando se pone el disfraz del enojo. Evitar tampoco es eficaz en el largo plazo porque, tarde o temprano, nos habremos de enfrentar a situaciones que nos asusten por más cuidado que tengamos de no exponernos a ellas. Y lo peor es que la evitación tiende a generalizarse con el tiempo; por ejemplo, si evitas hablar con tus compañeros de trabajo porque sientes que no les caes bien (más adelante ve lo que sucede cuando proyectamos), pronto comenzarás a evitar hablar con otras personas y así hasta que solamente puedas hablar con una o dos, y eso a medias. Por otra parte, lo reprimido buscará a toda costa liberarse, ganando con el paso del tiempo más fuerza mientras, sin querer, lo alimentamos de más y más fantasías terroríficas que seguimos tratando de acallar. Cuando el miedo reprimido adquiere la fuerza suficiente, rompe de una patada la puerta de su celda y sale destrozándolo todo en el momento menos esperado; incluso para muchos esto se presenta bajo la forma de un ataque de pánico o ansiedad. Y por más eficaz que te sientas para mantener al miedo a raya, esto no podrá ser así por mucho tiempo. Tanto evitar, reprimir como negar implica una gran cantidad de energía invertida y tarde o temprano el miedo habrá de tener más fuerza que tú, así sea durante una noche cuando se haga presente en la forma de una pesadilla o un episodio de insomnio que venga aparentemente "de la nada."

Negar puede tener su utilidad, por supuesto. El hecho de que en la vida cotidiana actuemos como si nunca fuéramos a morir, haciendo cosas sin sentido de aquí para allá, como si nuestro tiempo de vida fuera infinito, es una forma de negación. No muchos podrían soportar la conciencia de la muerte día tras día a cada momento. Negar esa realidad y ese temor nos permite, hasta cierto punto, disfrutar de la vida. De hecho, los miedos existenciales, de los que hablamos, continuamente son negados o reprimidos por la mayoría.

Podemos negar algo ante los demás, como cuando lo hacemos con nuestras emociones o ciertos hechos, o reprimir ante nosotros mismos, como cuando nos tratamos de convencer de que lo que estamos sintiendo es otra cosa. De hecho, si tú crees que en este mismo momento yo estoy sugiriendo que tú tienes un miedo que no puedes reconocer, es probable que de inmediato digas que no es verdad. Incluso que justo ahora te parezca que el libro ha perdido todo interés y quieras hasta cerrarlo o saltar esta sección porque sientes que para ti "no aplica." Eso sería una forma de negación, de otra manera no te apresurarías tanto a defender la postura de que no tienes algún miedo. Es como decirle al médico que tú no estás enfermo luego de que pagas la consulta por una "pequeña" molestia "sin importancia" que has estado sintiendo, pero que de seguro "no es nada." Es decir, de pronto resultamos ser muy buenos para diagnosticar nuestra buena salud ante la inminencia de que alguien más nos diga que no es así. Bajo esta premisa todos podríamos expedirnos a nosotros mismos un certificado de salud mental, ¿no es verdad?

En fin, negamos, evitamos o reprimimos porque hay un conflicto entre la realidad y nuestros deseos o nuestras emociones y los valores que nos inculcaron (como cuando te dijeron que no deberías tener miedo).

A veces, la negación no puede o debe ser rota de golpe, sino en pequeñas dosis que puedan ser manejables para cada uno, como cuando uno parte una tableta para tragarla. Comunicar una mala noticia es un buen ejemplo de esto. No es lo mismo decirle a alguien: "Su hijo está muerto", que irle contando las circunstancias, como "hubo un accidente en el que estuvieron involucrados varios autos, entre ellos uno que su hijo estaba conduciendo. La circunstancia fue seria y los servicios de emergencia ya están trabajando, pero lamentablemente ha habido víctimas graves. Unas han sido trasladadas a hospitales donde los médicos han estado tratando de salvarles la vida, pero la gravedad de las heridas de algunos ha imposibilitado realizar esto... Hemos podido identificar que su hijo ha sido llevado al hospital central y le pedimos se traslade para allá para que los médicos puedan darle más informes de primera mano." Quien escuche algo así estará entre la angustia y la esperanza. La negación intermitente del hecho evita que se enfrente de manera contundente a una realidad que podría tener consecuencias adicionales en todo este escenario. No es que no le digan que su hijo murió, de ser el caso; es la manera de decirlo la que cambia para ayudar a procesar el hecho.

Negar el miedo es negar nuestra vulnerabilidad y con ella, nuestra condición humana. Asumirnos vulnerables nos hace desarrollar estrategias para afrontar lo que se teme; nos hace ser creativos y empezar así a acrecentar nuestra confianza sabiendo que algo podremos hacer con lo que surja, así sea adaptarnos.

Pero la solución a esto no es simplemente dejar de negar, sino identificar qué es lo que realmente se está negando, evitando o reprimiendo. Invariablemente es algo con lo que no se puede lidiar; algo más grande que la capacidad actual de la persona para manejarlo o hacerle frente. Por ejemplo, evitar una decisión por el miedo a equivocarse parece ser el miedo identificado, pero probablemente tras ese miedo se oculta otro que puede ser miedo al rechazo, a la desaprobación o a la crítica, misma que conduciría al miedo a una potencial exclusión o menosprecio por parte de los otros y esto llevaría al miedo al aislamiento. Todo se desata en el pensamiento como si fuera una cadena de eventos inevitables, pero no es otra cosa que el miedo bajo la forma de catastrofismo.

La pregunta entonces podría ser: ¿Qué te da miedo?, así como, ¿qué te da miedo de lo que te da miedo? Sería interesante que pudieras ahora mismo hacer este breve ejercicio y que, de no obtener respuesta por ahora, buscaras repetirlo hasta identificar qué puede estarse escondiendo hasta de tu propia mirada.

¿Existen personas que verdaderamente no tengan miedo a nada?

Un cuento tradicional de los hermanos Grimm habla de una posible patología en su personaje principal. En la historia llamada "Juan sin miedo" o "Historia de uno que hizo un viaje para saber lo que era miedo", se narran las aventuras de un personaje que sale en busca de una experiencia que le haga tener miedo, pues era algo que nunca había sentido a pesar de enfrentarse a las cosas más aterradoras. Cualquiera podría pensar que el tal Juan era un valiente, pero, aunque el cuento tiene una moraleja ambigua porque parece que al final Juan nunca alcanzó en realidad su meta, visto desde ojos contemporáneos, podríamos decir que probablemente este personaje era un psicópata o padecía la enfermedad de Urbach-Wiethe. Esta última es una dolencia muy rara que por el momento padecen alrededor de trescientas personas en el mundo. Consiste en una mutación en un cromosoma que afecta a una proteína del espacio extracelular que está en todos los órganos de nuestro cuerpo. Además de otras afectaciones físicas, a algunos de estos sujetos les daña seriamente la amígdala, que ya vimos que se encarga de la regulación de las emociones, pero en este padecimiento, parece que el miedo es lo único que desaparece y el resto de las emociones funciona con cierta normalidad. Quienes padecen esta enfermedad pueden acercarse peligrosamente a situaciones de riesgo, incluso de muerte, como asomarse descuidadamente a un precipicio, atravesar una transitada avenida sin mirar o ser amenazados con cuchillos y pistolas sin experimentar miedo alguno.

Por otro lado, están los psicópatas. No es que no sientan miedo como tal, sino que el aprendizaje de estímulos amenazantes se ve afectado en la psicopatía. Un estudio realizado en el año 2016 y publicado en el *Psychological Bulletin Journal* revela que, si bien encontraron pruebas de que las personas psicópatas pueden sentir miedo, tienen problemas en la detección automática de amenazas y la capacidad de respuesta o expresión de miedo. Es decir, les cuesta trabajo identificar las situaciones potencialmente dañinas y cuando lo hacen efectivamente sienten miedo, pero no pueden expresarlo de manera adaptativa como haríamos el resto con las respuestas de lucha, huida o congelamiento.

Proyectar

> *Puedes descubrir lo que más teme tu enemigo*
> *al observar los medios que utiliza para asustarte.*
> ERIC HOFFER, escritor

Otra forma poco recomendable de lidiar con el miedo es pretender sacarlo de nosotros y "pasárselo" a otros. No es buena idea porque eso es una ilusión. El que uno mire a Batman en la pantalla de cine no significa que ese personaje realmente esté ahí, sino que el proyector de la sala nos está ofreciendo una imagen de lo que está grabado en la película. El personaje ni existe en la vida real y el actor que lo representa seguramente está en ese momento a cientos de kilómetros de distancia y no precisamente en una Baticueva.

La proyección psicológica implica proyectar sentimientos o emociones indeseables no en una pantalla de cine, sino en otra persona o situación que usamos como pantalla para evitar admitir o lidiar con sentimientos no deseados y que nos resultan insoportables, como es en este caso el miedo.

¿Cómo sucede? Imagina que alguna vez le prestaste dinero a tu hermano y nunca te pagó. Un día un amigo te cuenta que su hermana le está pidiendo dinero y que no sabe si prestarle o no. Tú de inmediato le dices que tenga cuidado porque es bien sabido que tratos con un familiar tan cercano siempre terminan mal. En realidad, quien da tal consejo probablemente ni conozca a la hermana, pero está proyectando su propio miedo en la situación de su amigo. Otro ejemplo es cuando alguien te cuenta que va a ir de vacaciones y te detalla todas las actividades que hará. De inmediato, tú empiezas a decirle que tenga cuidado, que confirme la reservación, no sea que le vayan a cancelar, que ponga doble alarma al despertador el día del viaje, no sea que se quede dormido y pierda el vuelo, y que, por favor, se asegure de avisar siempre en dónde está, no sea que le pase algo. Es claro que quien sentiría miedo en todas esas circunstancias es quien da todas las recomendaciones de "seguridad." Cuando temes al rechazo de los demás empezarás a ver que todos te odian, lo mismo en el caso de tener miedo que tu pareja te abandone, el temor al rechazo te hará ver que continuamente está pensando en engañarte y marcharse con alguien más.

Cuando la infancia ha transcurrido entre constantes cambios, abandonos, hostilidad y caos, es lógico que el miedo y la incertidumbre se apoderen de quien ha padecido tales circunstancias. Como el nivel de miedo se vuelve insoportable, la proyección entra a escena y se envía hacia el exterior, hacia los otros aunque no haya uno definido: "Las personas son hostiles." "La gente te traiciona." "Los amigos reales no existen." Todos esos pensamientos liberan temporalmente de la carga que representa el miedo porque así "ya se sabe dónde está y es en los otros"; entonces, bastará cuidarse de ellos para "estar a salvo." Pero esto no es así, la proyección acabará regresando cada gramo de miedo que sentías, pero ahora multiplicado. Empiezas a pensar que todos te miran, que todos te juzgan, que todos son hostiles y dejas de salir de tu casa y te aíslas. El miedo no se fue, sólo lo enviaste por refuerzos.

La idea, una vez más, es que aprendas a reconocer tu propio miedo y dejes de ponerlo afuera, por así decirlo. Sé que puede ser abrumador, por eso conviene hacer esto de la mano de un especialista, como un psicoterapeuta. Él te puede ayudar, gradualmente, a identificar muchas de tus conductas y creencias como proyecciones de tus propias emociones reprimidas. Es un viaje interesante, a veces doloroso, pero siempre necesario si es que queremos ver de cara a nuestros miedos y no verlos en la cara de otros que nada tienen que ver con ellos.

En suma, todo lo que hagamos que nos impida reconocer nuestras emociones y sentimientos, en este caso el miedo, podemos decir que es algo que no nos ayuda y deberíamos cambiar. Hay formas sofisticadas con las que nuestro inconsciente se protege del miedo. Por ejemplo, cuando hablé de la evitación dije que alguien evitaría enfrentarse a una situación que le dé miedo como mecanismo de defensa. Pero ¿qué pasa si te quieres obligar a hacerlo? Como el miedo tiene prioridad para tu supervivencia, si la amenaza se percibe como muy grande no te dejará cometer semejante "acto suicida."

Hace años tuve una paciente que no podía hablar en público porque tenía mucho miedo de hacerlo. No sabía de dónde había venido ese miedo, pero necesitaba quitárselo a como diera lugar porque parte de su trabajo consistía en tener que hablar ante audiencias más o menos numerosas y el no hacerlo ponía en riesgo su carrera. A veces, podía mandar a un ayudante a dar la cara frente al público, pero un día sucedió que los altos mandos querían que ella estuviera al frente de la presentación. Obligada por las circunstancias, y cansada ya de la situación, decidió derrotar ese día al miedo y afrontar la situación repitiendo desde que despertó: "No tengo miedo", "sí se puede", "todo va a estar bien" y otros "útiles mantras." Llegó el momento de su presentación, todo parecía estar bajo control. Me contó que llegada la hora estaba esperando tras bambalinas el momento de entrar a escena cuando, de pronto, se desmayó y no supo más de ella hasta que iba camino al hospital. Parece que el miedo tenía otros planes y, sin importar sus mantras, él tomó el control de la situación haciéndola perder la conciencia antes que dejarla afrontar lo que estimaba como "de alta peligrosidad." Por cierto, su desmayo no se debió a enfermedad orgánica alguna, según me contó, ya que le dijeron que probablemente había sido un episodio agudo de ansiedad. Nunca antes le había pasado algo así y, hasta donde yo sé, nunca más le volvió a pasar, especialmente después de recibir la ayuda psicoterapéutica necesaria.

Como se puede observar, con el miedo no siempre es cuestión de voluntad. Lo que acabo de narrarles es un caso extremo, pero, sin duda, suceden más con mayor frecuencia de lo que podemos imaginar. Reprimir, evitar, negar, proyectar o lo que sea que hagamos para mantenerlo a raya no hará sino agitarlo aún más.

No podemos saber qué quiere el miedo de nosotros si no le abrimos la puerta y nos sentamos a conversar con él. En realidad, no quiere hacernos daño y hasta con suerte no es a ti a quien busca, quizá a tu padre o a alguien que alguna vez proyectó y transfirió ese miedo en ti. Alguna vez conocí a una persona cuyos hijos tenían terror por los insectos porque ella tenía terror por los insectos y descubrió que eso lo aprendió de su madre que a la vez lo aprendió de su abuela que quién sabe qué experiencia tuvo o quién le transfirió ese miedo o por qué lo hizo. La cuestión es que ese miedo ni la buscaba a ella, ni a sus hijos, pero todos se ocultaban de él para no verlo. Es como si un día toca un cobrador a tu puerta y no le abres para no pagarle. Seguramente regresará todos los días hasta que decidas abrirle la puerta y demostrarle que no es a ti a quien busca o, de ser el caso, sentarte con él a renegociar tu deuda. Lo que le interesa al cobrador es que le pagues, no que vivas con miedo. O bueno sí, pero eso lo hará sólo para que te hagas cargo de tu deuda.

Por favor, no alimente al miedo. Gracias.

Cuando evitamos el miedo y postergamos lo inevitable,
alimentamos al miedo con tiempo.
AUGUST BIRCH, escritor

Hay miedos que son muy útiles y efectivos, como aquellos que nos previenen de peligros reales y otros que podríamos llamar "miedos cucaracha", que en realidad son como miedos muy invasivos que se cuelan por todas partes y se reproducen a velocidades fabulosas en nuestra cabeza.

Hablemos un poco de las cucarachas para asentar este ejemplo: las cucarachas son de los seres más resistentes del planeta Tierra. Bueno, en realidad los tardígrados (osos de agua) lo son más, y aunque quizá son más omnipresentes que las cucarachas y también tienen un aspecto peculiar, son diminutos, así que "ojos que no ven...." Pero bueno, volviendo a las cucarachas, parte del problema que representan para los humanos es no sólo su resistencia, sino su capacidad y velocidad de reproducción. Aunque tienen un papel y función en la cadena alimenticia, la de ser un tanto carroñeras, nadie (espero) se siente cómodo con tener cucarachas rondando libremente por la casa. Para evitarlo se procura un ambiente poco amigable para ellas, es decir, se mantiene la casa razonablemente limpia y se evita tener rinconcillos de cosas acumuladas donde pueden asentarse con soltura. Tener suciedad, restos de comida por donde quiera y lugares oscuros y húmedos sin atender, es como una invitación para estos insectos.

Yo no soy partidario de matar a un insecto o a una araña nada más porque sí, pero a veces tengo que tomar la decisión de hacerlo. Retomemos el ejemplo de las cucarachas. Si me llego a topar con una, de inmediato se me encienden las alarmas del rechazo y por más que pienso que es un pequeño bicho que lo único que quiere es buscarse la vida, siento que no somos muy compatibles para compartir hábitat. Entonces surgen ante mí varias opciones: ¿La mato, la dejo ir, hago como que no la vi, le ofrezco de cenar, la adopto? Todo esto ocurre rápidamente en mi cabeza y hasta de manera inconsciente, pero luego viene un pensamiento que me dice: "Ésta es una cucaracha, si la dejo vivir, luego habrá más, por ende, si las dejo vivir a todas, después serán incontables. Cuando eso pase ya nuestra coexistencia será insoportable y entonces tendré que matarlas masivamente antes de que acaben nadando en mi cereal a la hora de la merienda (perdón por eso si es que le tienes horror a los insectos)." Entonces, elijo matar a esa cucaracha, aparentemente solitaria, para no tener que matar después a miles de ellas. Insisto, no me gusta tener que exterminar a un ser vivo, pero hacerlo me evita tener que convertirme en un asesino serial de bichos y de paso terminar infestado hasta las sábanas. Lo ideal sería evitar tener ambientes amigables para ellas en mi casa y procurar no alimentarlas. Posiblemente nunca podremos exterminar a todas las cucarachas de la Tierra, pero al menos no queremos que habiten en nuestra cabeza.

El miedo real no es tan invasivo ni se queda mucho tiempo; surge en respuesta a una potencial amenaza, luego permanece un tiempo en lo que se asegura de que estamos a salvo y después, ya que ha cumplido su misión, se va. Los miedos cucaracha no cumplen realmente casi ninguna función útil; sólo quieren quedarse donde les dan de comer. De modo que la mayoría de las personas alimenta a sus miedos de varias maneras: dándoles demasiado tiempo y atención, dedicándoles mucha energía y ofreciéndoles pensamientos catastrofistas que se van inventando sin ton ni son; algo así como "carroña mental." Esto hace que los miedos cucaracha se multipliquen, crezcan, se expandan y dominen a la mente.

Cuando eso pasa ya casi no distinguimos entre un miedo real y un miedo de estos que se han vuelto una plaga.

¿Cómo distinguirlos entonces? Como dije, los miedos reales cumplen una función; nos ponen a salvo y se van. Los miedos cucaracha sólo nos alborotan porque corren sin ton ni son por nuestra cabeza y en todas las direcciones. Como no resuelven nada, lejos de marcharse se reproducen. Te llevan de un gran temor a otro peor. De tener una roncha en el brazo acabas, según tú, con un melanoma. De tener un mal día en el trabajo, acabas pronosticando que vivirás como indigente debajo de un puente. Cuando tu pareja no te contesta rápido un mensaje acabas por pensar que ya no te quiere y que está pensando en abandonarte. De este modo los identificas; no te llevan a resolver nada en realidad, sino a hacer como que resuelves para meterte en miedos peores y más grandes.

¿Qué hacer con ellos entonces? No los alimentes, en cuanto venga la roncha ve al doctor. Usa a la razón para que te diga que es verdad que tuviste un mal día en el trabajo, pero que no es el primero ni será el último y que te recuerde que también has tenido días buenos. Si no encuentras mucha evidencia de esto último, quizá debas cambiar de trabajo, aunque pensar en eso te lleve a otros miedos que te digan: "Qué tal si nunca encuentras uno." Si este temor surge porque, por ejemplo, no te sientes capacitado, entonces pon manos a la obra y busca mejorar tus habilidades. Si de verdad piensas que tu pareja ya no te quiere y se va a ir, pregúntale: si te dice que sí, pues ya sales de la duda y empiezas a trabajar con tu pérdida. Si te dice que no, que sólo no respondió el mensaje porque estaba haciendo algo, pues también ya sales de la duda. Si no le crees, entonces ya no te debe preocupar por que te quiera dejar o no, porque serás tú quien no quiera estar con una persona que te miente, a menos que tengas tanto miedo a la soledad que prefieras quedarte en una mala relación que, según tú, es mejor que nada. Aún en ese caso podrás ir en busca de ayuda terapéutica para trabajar sobre tu codependencia o baja autoestima y, una vez que te fortalezcas, te darás cuenta de que todo te lo habías inventado o tendrás la confianza necesaria para dejar aquella mala relación, de ser el caso.

Lo que quiero decir con todo esto es que dejar que los miedos cucaracha fluyan sin que tú hagas nada, te garantizará una infestación. Es como sentarte a observar cucarachas reales rondar por tu cocina y sólo subir los pies a la silla mientras no haces absolutamente nada por controlar a la plaga. Recuerda que alimentamos a los miedos dándoles tiempo, energía y dejando que fluyan los pensamientos negativos sin hacer nada.

Parece ser mejor idea dedicar ese tiempo y energía a prevenir o resolver lo que se vaya presentado cuando sea el caso. Mientras eso sucede, si pasa, ponemos manos a la obra actuando sobre lo posible y adaptándonos a lo incambiable y no al revés. A veces hay que poner un poco más de empeño extra para detener a esos pensamientos, al menos, siendo firmes y diciendo: "¡No! ¡Basta!" Recuerda cuestionarlos, someterlos a la duda cuando te digan que pueden ver el futuro y que todo es negro con un: "¿Cómo sabes eso?" Recuerda que nadie, y menos las cucarachas, pueden predecir el futuro, aunque si las dejas, sí que formarán parte de tu futuro de manera permanente. No podemos dejar el control de tu mente a temores que tienen cerebro de cucaracha, es decir, que sólo buscan sobrevivir a tus costillas.

Rendirte al miedo

> *Si te va a matar, dice Enso Roshi,*
> *entonces deja que te mate.*
> T. Scott McLeod, escritor

En el siguiente y último capítulo, voy a hablar de las cosas que sí nos conviene hacer con el miedo, por eso quiero cerrar éste con un poco de lo que aquí he hablado y un poco de lo que en el siguiente hablaré. Me refiero a rendirte al miedo. Desde mi punto de vista hay dos formas de rendirnos a él. Una que no ayuda y otra que sí puede ayudarnos.

La rendición que es abandono

Entiendo que a veces los golpes de la vida son tantos, tan seguidos y tan fuertes que acabamos por agotarnos, nos quedamos sin fuerzas y entonces no queda sino dejarse caer, aunque sigamos siendo pateados y humillados. Ya no opones resistencia porque te has abandonado y lo que esperas es que aquello que te golpea acabe contigo de una vez por todas para ya no sufrir. Algo así puede pasar con el miedo; a veces es tanto, lo vemos tan grande y nos sentimos tan impotentes que dejamos de intentar cualquier cosa que puede ser una ayuda por creer que ya nada tiene caso. Es una especie de derrota sin dignidad porque estás renunciando, no por voluntad, sino por agotamiento, a reclamar el control de tu vida.

Es como aquellas personas que ya no van al médico, ya no buscan ayuda o ya no intentan nada porque se han rendido a la certeza de que nada de lo que hagan va a cambiar su realidad. Es un poco de aquella indefensión aprendida, pero en un grado extremo. Como si luego de la catástrofe se declarara que ya no es posible reconstruir nada de ninguna manera y de ahí en adelante se sobrevive a la intemperie y entre los escombros.

No es que el miedo te robe la energía o la creatividad; es que ya no queda nada que robar porque ya todo lo has soltado como en una especie de hemorragia emocional que te ha desangrado lentamente sin que tú tengas ganas de hacer algo. Abandonarte al miedo, rendirte de esta manera pasiva ante él, es precisamente arrojarte a la fuente misma de los miedos, al pozo sin fondo que está en un extremo de la cueva. Digamos que es un sacrificio inútil porque no te lleva a nada; caes eternamente sin acabar de caer y sin salir de ese pozo. Por supuesto, piensas que ése puede ser el camino a una supuesta libertad, pero la realidad es que, muy en tu interior, ya ni eso importa porque lo que quieres es dormir y no despertar, aunque lo que harás será seguir viviendo en una eterna pesadilla sin esperanza. Es la inmortalidad como castigo al abandono de la vida propia y a la entrega a uno de los grandes miedos existenciales, del que ya hablamos en otro capítulo: la falta de sentido de vida.

Muchos ante esta situación contemplan como posibilidad a la muerte y la ven como la gran liberadora. Por mi parte, no podría decir con ninguna certeza lo que hay luego de la vida, pero me parece paradójico huir o rendirse así al miedo, para luego arrojarse a lo incierto. Quizá para los que piensen así sea como lo que les pasa a los que tienen miedo a la oscuridad que, como ya vimos, no es a ella a la que realmente temen, sino a lo que se imaginan que habita en ella. Tal vez no es la muerte el fin que algunos persiguen, sino la liberación que creen que habrán de encontrar del otro lado. No cabe duda que el sueño de la razón crea monstruos o inventa paraísos donde ni pista se tiene de que puedan existir. Ya hablé en el capítulo 6 de la fantasía como un escudo contra el miedo, quizá convenga ahora mismo dar un repaso a esa parte.

La rendición que es libertad

Hay otra forma de rendirse al miedo. Es una rendición activa y con intención que nos conduce a la libertad que, aunque también puede atemorizar, es una posibilidad distinta. Rendirse así al miedo es la alternativa en la que no habíamos pensado; detener la loca carrera, frenar de golpe, dar la media vuelta y esperar que venga el miedo para que, con los brazos abiertos, podamos mirarle a los ojos y decirle algo como: "Ven, ya no voy a huir de ti porque ya estoy muy cansado; sé que no puedo derrotarte, así que haz lo que tengas que hacer y déjame ya por fin ser libre."

Rendirse de tal modo es hacerlo con dignidad porque se ha hecho por decisión; podríamos haber seguido huyendo, porque energía había, pero nos detenemos porque ya no queremos vivir así, como fugitivos de los propios fantasmas que hemos creado. Es como la muerte simbólica que nos lleva a la resurrección. Dejar ir al que hemos sido para que pueda liberarse al que podemos ser.

Mentiría si dijera que luego de esta rendición no pasará nada y que las cosas volverán a ser como antes, no. Nada será como antes y habrá muchas consecuencias que afrontar luego de dejar que el miedo nos alcance, pero al menos ya no tenemos que seguir huyendo. Luego de la tormenta, el terremoto y el huracán podremos empezar la reconstrucción. Quizá, incluso, lo que más temíamos ya ha pasado exactamente como nuestro miedo nos lo decía, pero aun después de esa seudoprofecía cumplida, ya nada de lo que antes nos asustaba tendrá poder sobre nosotros. Y quiero aclarar, porque nunca sobrará hacerlo una y otra vez, que no me estoy refiriendo a exponernos al peligro real y objetivo, sino a afrontar los miedos que nos persiguen o nos han perseguido por años. El miedo a no ser suficiente, el miedo a defraudar, a fracasar o a decir la verdad o revelar un secreto, por mencionar algunos.

Es pararte frente a la cueva con respeto, pero con confianza. Pedirle permiso para entrar y luego decirle: "Si me vas a tragar, trágame de una vez, pero hazlo ya, para que por fin pueda salir del otro lado. No me retengas. No me vomites de regreso. Trágame si ése es mi destino y por ahí marcha mi camino. Haz lo que tengas que hacer, pero hazlo de una vez, que yo tengo prisa y necesidad de hacerme cargo de mi vida cuando por fin pueda salir del otro lado del miedo."

¿Qué vimos en este capítulo?

○ De las peores cosas que podemos hacer con el miedo es negarlo o tratar de evitar sentirlo una vez que se presenta. Es una emoción de supervivencia y, como tal, suele tener vía libre como los bomberos o las ambulancias, así que si lo reprimimos seguramente provocaremos alguna catástrofe.

○ Es muy común que el miedo y la ansiedad se proyecten en otros cuando alcanzan niveles intolerables. Proyectar significa ver en otros con claridad lo que no quieres reconocer en ti. Esto no es de ayuda porque tú no puedes hacer nada con el miedo de otros, menos si no te puedes hacer cargo del tuyo.

○ Hay miedos reales que nos cuidan y "miedos cucaracha" que nos invaden al punto de hacernos perder el control. Debemos evitar el alimentar a estos últimos con "carroña mental" dejando que los pensamientos catastrofistas nos roben tiempo y energía.

○ Hay dos formas de rendirte al miedo: la pasiva, que conduce al abandono y a la depresión. Esta última sucede cuando piensas que ya nada tiene sentido y te entregas sin fuerza y energía a todas las desgracias y terrores. La otra, la forma activa, es la que conduce a la dignidad y a la libertad porque es la renuncia por voluntad a seguir huyendo; es entregarse al miedo para que haga lo que tiene que hacer y luego nos deje continuar por el camino de la vida.

Ejercicio sugerido

Muchas personas tratan de ocultar su miedo ante otros, hasta de ellos mismos. Esto es especialmente cierto con el tema de la ansiedad. Algunos cuando se sienten muy ansiosos, cuando están solos, rápidamente llaman o contactan a alguien, pero no le confiesan que fue por algún miedo, sino nada más "para saludar." A algunos más les sucede cuando van conduciendo el auto y constantemente realizan llamadas a alguien como una forma de buscar compañía "por si algo pasa." Todas esas conductas son búsquedas de ayuda que ocultan el miedo que las provoca. ¿Por qué no probamos reemplazar estos paliativos con algo que pueda ser más eficaz? A esto se le conoce como la "Bitácora de ansiedad."

- Lleva siempre una libreta contigo.
- Cuando surja el miedo o aparezca la ansiedad, detén lo más pronto posible lo que sea que estés haciendo y escribe:
  - Fecha, hora y lugar en donde estás.
  - Describe detalladamente qué estás haciendo, qué estás pensando y qué estás sintiendo en ese momento.
- Mantente escribiendo todo lo que experimentes hasta que te empieces a sentir relativamente con más tranquilidad. Cuando esto suceda, anota la hora en que terminaste de escribir y sigue con lo que estabas haciendo.
- Haz esto cuantas veces sea necesario durante el día. Es muy importante que escribas mientras estás experimentando miedo o ansiedad y no cuando ya todo haya pasado.
- Recuerda que tu seguridad es primero y si lo que te asusta es una situación de riesgo o peligro objetivamente real, primero ponte a salvo y luego escribe.

8

¿QUÉ HACER CON EL MIEDO?

El miedo hace de todo, excepto salir
y comprar los comestibles.
GINA BARRECA, comediante

Tener el mapa de la cueva no significa que ya la hemos recorrido y menos que ya hemos salido del otro lado. Al saber y al comprender le hace falta el actuar para poner en práctica aquello que sea de ayuda. También es cierto que yo, por más que tenga algunos conocimientos del mapa, no puedo ver el clima y las condiciones que tú recorres en el camino de tu vida. De hecho nadie que no seas tú puede hacerlo porque nadie puede estar en tu mismo lugar exactamente al mismo tiempo. Vamos, que aun cuando alguien pudiera ver a través de tus ojos lo haría con el filtro de sus creencias, expectativas y miedos personales. Entonces sí, una vez que llegas a la boca de la cueva, si así lo decides, estás tú contigo y nadie más para cruzarla y por fin salir del otro lado del miedo. Pero esto no lo harás habiéndolo "derrotado", porque ya vimos hasta el cansancio que no es el enemigo a vencer, sino habiendo conocido sus modos y sus estrategias para protegerte. Salir del otro lado en compañía de él como aliado es la meta para que, con la fuerza y perseverancia que lo caracteriza, retome su papel de consejero y abandone el disfraz del gran ogro tirano que le impusimos y que tanto nos asusta. Sin saberlo, cuando salimos del otro lado del miedo, no sólo nos hemos transformado de alguna manera, sino hemos dotado al miedo de razón para que por fin cese ya de vagar y penar dentro de la cueva en soledad.

Lo que hasta ahora he dicho acerca del miedo, por supuesto, no es todo lo que puede decirse sobre él y seguramente en los años que están por venir seguirán haciéndose investigaciones para comprenderlo mejor. Dudo mucho que el objetivo de la ciencia sea erradicarlo, pues no sobreviviríamos a un día cotidiano si desde que nos levantamos no sentimos un miedo inconsciente de todas las cosas potencialmente peligrosas con las que nos topamos en nuestro quehacer ordinario. Desde resbalar en la regadera, ser atropellados al cruzar la calle, hasta salir disparados por el parabrisas del auto en caso de tener un accidente sin usar el cinturón de seguridad. Lo que sí creo es que seguirán buscándose nuevas maneras de apaciguarlo y aprender a relacionarnos con él, porque toparnos con una cueva en el camino es algo que suele pasar más de una vez en la vida. Las situaciones de miedo se presentan una y otra vez, algunas con menor intensidad como pequeños arcos de piedra que cruzar, mientras otras son auténticas grutas a las que no les vemos fin o salida posible.

Ya en capítulos anteriores te describí algunas de las cosas que hace el miedo contigo y otras cosas que a ti no te conviene hacer con él; seguramente en tu experiencia personal encontrarás muchos más ejemplos específicos si sabes identificarlos. Vamos juntos a la recta final de este libro en donde hablaremos acerca de lo que se puede hacer con el miedo y hasta lo que conviene hacer con él.

Lo que SÍ conviene hacer con el miedo

La cueva a la que temes entrar
tiene el tesoro que estás buscando.
JOSEPH CAMPBELL, pensador y escritor

El miedo está presente a cada momento de nuestras vidas, eso ni duda cabe. A veces está trabajando y otras está sólo en modo de espera "por si se ofrecen sus servicios." Es como un vecino que vive en el departamento del sótano y que sólo sale cuando hay algún peligro o simulacro porque es el encargado del programa de protección civil del edificio. Él nos dice cuál es la salida por la que debemos evacuar y qué medidas tomar para salir lo mejor librados de alguna contingencia. Ese vecino es un tanto raro, eso hay que reconocerlo, y su conversación no suele ser de lo más optimista o positiva, por lo que muchos prefieren evitarlo cuando saben que anda por ahí revisando el edificio. Incluso, uno que otro ya le dijo a sus hijos que "mejor no se le acerquen", no vaya a ser que de menos los asuste.

Sin embargo, algunos otros vecinos se animan a charlar con él y poco a poco van comprendiendo sus particularidades. Saben, por ejemplo, que a veces es un tanto alarmista, especialmente cuando no se le ha dado mantenimiento al edificio o alguien no ha cerrado con llave la puerta de la calle y ve riesgo por todas partes. También ya saben que, a veces, hace saltar el corazón, como cuando golpea sin cesar en alguna puerta durante la madrugada porque creyó escuchar ruidos extraños. Es así que mientras más lo conocen, más lo comprenden. De a poco, ya se han habituado tanto a su presencia, y ese vecino a la de ellos, que ya ni los alerta tanto de cualquier cosa porque, como ya los conoce, sabe que algunos vecinos tienen planes de contingencia y las habilidades necesarias para hacerse cargo de una emergencia, por lo que ahora se ocupará más de aquellos que no conoce mucho y que teme que no puedan estar bien sin él. Lejos de evitar a ese vecino incómodo deberíamos entonces familiarizarnos con él, habituarnos a su presencia y hacerle ver que tenemos las capacidades necesarias para afrontar lo que surja, ya sea resolviendo, pidiendo su ayuda de ser necesario o adaptándonos a la situación. La idea es que confíe en nosotros y que sepa que confiamos en él. Eso me parece a mí una buena forma de convivencia vecinal, ¿no es así?

Bueno, pues así es el miedo; es el vecino de la cueva de enfrente al que convendría conocer mejor y habituarnos a su presencia. Entremos a la recta final de este libro en donde compartiré algunas ideas acerca de qué podemos hacer con el miedo en vez de que sea él quien haga algo con nosotros. La idea es que encuentres una manera distinta de relacionarte con él.

Dale la cara, reconócelo y nómbralo

Cualquier cosa que sea humana es mencionable,
y cualquier cosa que sea mencionable puede ser más manejable.
Cuando podemos hablar de nuestros sentimientos,
se vuelven menos abrumadores,
menos molestos y menos aterradores.
Las personas en las que confiamos con esa charla importante
pueden ayudarnos a saber que no estamos solos.
FRED ROGERS, presentador de televisión

Pienso que el miedo acosa y angustia precisamente porque huímos ante él. No es el miedo en sí mismo, sino tratar de escapar de él, de burlarlo, de ponernos el disfraz de "el valiente", lo que nos hace temerle. Los seres humanos probablemente somos las criaturas más temerosas del planeta debido a nuestra capacidad de aprender, pensar y crear miedo en nuestras mentes al mismo tiempo que nos sabemos vulnerables. Como sostiene Yuval Noah Harari en su libro *Sapiens*:

> *La mayoría de los depredadores culminales del planeta son animales majestuosos. Millones de años de dominio los han henchido de confianza en sí mismos. Sapiens, en cambio, es más como el dictador de una república bananera. Al haber sido hasta hace muy poco uno de los desvalidos de la sabana, estamos llenos de miedos y ansiedades acerca de nuestra posición [...]*

Bien podríamos pensar en detener en algún momento nuestra loca carrera, dar la media vuelta y mirar si de verdad el miedo nos viene persiguiendo y, de ser así, para qué lo hace o qué espera de nosotros. Como aquel vecino del ejemplo, quizá sólo quiera decirnos que no se nos olvide pagar el recibo de la electricidad porque mañana es su fecha de vencimiento.

En parte, a eso es a lo que me refiero con darle la cara. No se trata de desafiarlo, pues saldríamos perdiendo. Tampoco de someternos; el miedo puede ser bastante cruel cuando alguien hace eso. Darle la cara va de la mano con reconocerlo y nombrarlo. Justo lo que la mayoría teme hacer por miedo a mirarse débil o fracasada, es precisamente lo que terminaría por detener aquella persecución que nosotros mismos hemos provocado. Es como una especie de confesión con uno mismo que nos libera al enumerar nuestros miedos. Los básicos, los existenciales y hasta uno que otro que no podamos aún identificar pero del que escuchamos sus pasos de vez en cuando. Aceptar que se tiene miedo, o se tienen miedos, es el primer paso para romper la negación, la evasión y, en una de ésas, hasta la represión de algunos de ellos. Es entrar a la cueva y escuchar lo que esas voces tienen que decir en vez de taparnos los oídos. Es mirar esas imágenes que se proyectan en las sombras, en vez de cerrar los ojos y salir corriendo a refugiarnos a la luz, como si lo que asusta, de existir, no pudiera alcanzarnos donde le venga en gana.

Darle la cara al miedo, por otro lado, equivale a saber reconocerlo más allá de los disfraces que lo hemos obligado a usar. Preguntarnos si el enojo, el aislamiento o la aparente indiferencia no ocultan otro rostro detrás. No digo que haya que arrancarle la máscara al miedo, sino hacerlo sentir en la confianza necesaria para que sea él mismo quien se anime a descubrirse. Por supuesto debe temer a nuestra reacción, después de todo se pone máscaras porque nos asustamos, pero aun así sólo se puede conversar genuinamente con él si entre ambas partes hay confianza y lo hacemos "sin máscaras." Entonces aunque aún no puedas reconocerlo, aunque creas que no está ahí, bien valdría la pena que pudieras pensar en la posibilidad de que hay un miedo en ti que no te deja avanzar y hasta te hace creer como que avanzas, cuando bien sabes que hoy no estás donde se suponía que debías estar para este momento de tu vida. El miedo inhibe los deseos porque para él, no hay nada más importante que tu seguridad.

Por qué no entonces pensar en la posibilidad de hacer una declaración para ver que resulta. Qué tal que pudieras completar ahora mismo la siguiente frase:

Tengo miedo de: _____

Hacer esto puede ser un buen ejercicio para este momento. Lo que podrías poner sobre la línea puede ser infinito: miedo a fracasar, miedo a decepcionar, miedo a fallar, miedo a la soledad, a la muerte de alguien querido, a la vejez, a la locura, a la dependencia, a no ser amado, a no importarle a nadie, a la traición o al sufrimiento. Estos son sólo unos ejemplos que podrían caber en esa línea. Los que sean, así sea uno, chico o grande, no importa porque al final se trata de un comienzo, los primeros pasos dentro de la cueva. El que diga que no le teme a nada que la cruce, que salga y que nos deje en paz. El resto de nosotros necesita un tiempo, aunque no convendría tampoco que fuera demasiado, para animarse a conocer aquello que no ha querido dejarse ver porque se le teme. Por eso uno se acerca con cierta humildad y reverencia. Muchos alpinistas y espeleólogos piden permiso al "espíritu" de la montaña o de la cueva antes de adentrarse en su territorio. Es una forma de reconocer su poder y mostrarle respeto.

Haz una tregua con él, si es que aún no puedes hacer las paces

La montaña te observa,
impasible decide sobre tu vida.
Y si lo desea te deja ascender hacia su cima.
Anónimo

¿Por qué tomarse toda esta molestia de afrontar al miedo y cruzar la maldita cueva? ¿Por qué no mejor dejamos al miedo en paz y nos quedamos de este lado haciendo como que somos felices viviendo vidas incompletas? En realidad no hay ninguna razón. El miedo simplemente surge y a veces nos detiene y bien podríamos renunciar a seguir avanzando. En realidad no se la pasa uno tan mal negando o evadiendo al miedo…, excepto cuando la cosa esa que vive en la cueva una noche sale por nosotros y nos mete por la fuerza. Claro, eso tampoco le pasa a todos y, con un poco de suerte, a ti nunca te va a pasar, pero ¿y si pasa?

George Mallory fue un alpinista británico que se propuso escalar el Everest, la montaña más alta del mundo, y ser el primero en llegar a la cima. Lamentablemente murió en un accidente en su tercer intento en el año de 1924 y hasta la fecha no queda claro si logró llegar, lo cierto es que ya no pudo regresar. Su cuerpo fue encontrado en 1999 por otros alpinistas en una expedición. La cuestión es que, como dije, antes de su muerte ya había hecho dos intentos previos por conquistar aquella montaña, sin éxito, por supuesto. Su tesón y perseverancia despertaron la curiosidad de los de su época al grado de que alguna vez alguien le preguntó que por qué estaba tan empecinado en querer escalar el Everest, a lo que Mallory respondió: "¿Por qué escalar el Everest? Porque está ahí." Lo mismo podríamos decir acerca de las razones para cruzar la cueva del miedo: simplemente porque ahí está y porque el camino de la vida sigue del otro lado. De ninguna manera se hace porque sea un acto de valentía o de heroísmo. Pensemos ahora que el miedo es ese espíritu que habita la cueva y al que hay que pedirle permiso para hacerlo. Como dije, pienso que se necesita una gran dosis de humildad para reconocer y respetar su poder. Lo ideal sería hacer las paces con él y entonces hasta nos podría mostrar el interior completo de la cueva como si fuera un buen guía de turistas. Lamentablemente, esto se ve muy lejos para muchos, así que para aquel que sienta que hacer las paces por ahora no es algo que esté a su alcance, podría pensar en hacer una tregua con el miedo. Una tregua es un espacio que se genera entre un conflicto. Como un espacio entre guerras. Es un punto en donde no somos amigos con el otro, pero por un momento dejamos de ser enemigos para conocernos, descansar y conversar.

Entiendo que para muchos que ahora me leen, incluso la tregua suena como algo muy lejano. Y tienen razón en sentirse de alguna manera desmotivados si piensan que hacer esto será sencillo. No, no lo es. Acercarse el miedo es algo que nadie quiere hacer, pero hay muchas cosas que no nos gusta hacer, pero que hacemos por alcanzar un bien mayor. Ahorramos en el presente para tener un mejor futuro, ¿no es así? Es verdad que el miedo asusta, pero no todo lo que asusta es peligroso (una película de terror, por ejemplo). Nada garantiza nada, pero si tenemos el cuidado y las precauciones necesarias, disminuimos sustancialmente la probabilidad de salir lastimados. También entiendo que el miedo es desagradable, a algunos les gusta sentirlo cuando es controlado, pero a muy pocos cuando la amenaza es inminente y real. Hagamos una tregua y pidamos permiso al miedo para conocerlo y hablar con él.

Respétalo, pero no lo obedezcas ciegamente

El respeto sin miedo puede venir de estar preparado
y mantener todo en la perspectiva adecuada.
JOHN WOODEN, entrenador de baloncesto

Alguna vez alguien me contó la historia de una princesa oriental que era conocida por su valor y su destreza con el manejo de las armas. Lo que recuerdo de esta historia es que aquella princesa una mañana se sintió abatida y con pesar. Es verdad que su valentía era grande, pero por más que lo había intentado una y otra vez, había un enemigo al que no podía vencer y que en cada batalla la derrotaba. Muy frustrada fue a ver su maestro, al que le contó todo lo que ella sentía.

—¿Quién es ese formidable contrincante que en cada ocasión te derrota?"—, preguntó el maestro.

—Es el miedo –respondió la princesa agachando la mirada.

El maestro guardó silencio por un momento mientras bebía un poco de té y luego le dijo a la princesa:

—No puedo ayudarte porque yo mismo no he encontrado la manera de derrotar a ese oponente, pero sé quién sí puede decirte el secreto para vencerlo.

—Hable ya, se lo suplico, maestro —dijo la princesa.

—¿Recuerdas que alguna vez te hablé de la montaña maldita donde habita un ser terrorífico? Bueno, pues es ahí a donde debes ir si quieres saber el secreto, pero para que eso suceda debes ir sin espada y sin escudo, sólo portando tu túnica, tus sandalias y una pequeña alforja donde lleves agua y comida para el viaje que es largo.

—Pero, maestro –se quejó la princesa—. Usted mismo me ha contado historias de aquella montaña y el ser que la habita, me ha dicho que es muy peligroso y agresivo, y ¿ahora me dice que vaya allá sin arma alguna, escale la montaña y llame a la puerta de esa bestia?

—Al parecer no estás tan motivada después de todo para obtener ese secreto. Olvida lo que he dicho y sigue practicando, quizá, algún día, logres derrotar a tu oponente –concluyó el maestro mientras calmadamente se servía otra taza de té.

La princesa, que le tenía gran cariño y lealtad a su maestro, y pese a su propia resistencia, confió en su sabiduría y empezó el viaje tal como se lo ordenó, sin arma alguna. Caminó durante muchas noches hasta que al medio día de un día de ésos, llegó a las faldas de la montaña maldita. Era imponente, y muy alta, en la cima había una fortaleza donde habitaba aquella criatura *infernal. Suspiró y un poco contra su voluntad empezó el ascenso recordando las palabras de su maestro. El atardecer se estaba terminando cuando llegó al portón de la fortaleza. Era enorme, y con razón si lo habitaba un gigante. Como pudo llamó a la puerta; de inmediato se arrepintió y pensó en huir, pero ya era tarde. La puerta se abrió con un crujido sepulcral y ahí, frente a ella, estaba aquel enorme personaje que resultó no ser otro que el miedo mismo en persona.*

—¿Qué macabra broma es ésta? –pensó la princesa–. ¿Cómo me envía mi maestro a enfrentar a mi más fuerte enemigo totalmente indefensa y sin aviso?

El miedo, que ese día usaba su armadura de la impaciencia, miró a aquella diminuta y "flacucha" princesa quedar congelada, absorta, en sus pensamientos mientras sus ojos se hacían cada vez más grandes. Impaciente le gritó:

—¿Qué demonios haces aquí y qué rayos quieres?

La princesa estaba aterrada, no sólo llegó desarmada hasta las puertas de la morada del miedo, sino que, para colmo, ya lo había hecho enojar. "Y eso que todavía no le digo a qué vengo", pensó ella.

El miedo ya se había desesperado y estaba por cerrar la puerta de un portazo cuando la princesa le gritó:

—Miedo, vengo con gran humildad y reverencia a que me permitas hablar contigo. No he traído armas ni escudo como prueba de mi buena voluntad.

El miedo la miró y confirmó que ciertamente no iba armada.

—¡Vaya, debes ser muy valiente o muy tonta para presentarte así ante mí! Pero es verdad que lo has hecho con respeto, así que di lo que tienes que decir y después márchate, que estoy muy ocupado —gritó el miedo.

La princesa inhaló profundo y respondió:

—Vengo a que me digas cómo puedo derrotarte.

El miedo no podría creer lo que escuchaba.

—¿Que vienes a qué cosa? —le preguntó asombrado—. Ahora confirmo mi sospecha de que estás loca de remate al venirme a preguntar eso a mí.

Miró fijamente a la princesa a los ojos y de pronto supo que en su corazón había un gran deseo que ni él mismo iba a lograr contener si pasaba más tiempo.

—Está bien, no sé por qué voy a decirte esto, pero sólo lo voy a decir una vez, así que escucha bien porque después volveré a mi fortaleza y cerraré la puerta, ¿estás lista?

—Sí —respondió la princesa emocionada.

—¿Sabes por qué te derroto en cada batalla? —le preguntó el miedo—. Te derroto porque hablo muy fuerte, con voz terrorífica y lo hago muy cerca de tu cara y eso sin duda te asusta, pero el verdadero secreto de mi victoria está en que te ordeno lo que tienes que hacer y tú haces lo que te digo. Así que escucha bien. Muy pronto nos vamos a enfrentar en combate una vez más, así que volveré a hablar muy fuerte, con voz terrorífica y lo haré muy cerca de tu cara, después te voy a decir lo que tienes que hacer y ahí estará tu oportunidad; si tú no haces lo que te digo, entonces yo no tendré ningún poder sobre de ti y podrás por fin vencerme. Ahora, ya lo sabes; ¡Lárgate y déjame en paz! —vociferó el miedo con voz muy fuerte y terrorífica.

Cuenta la historia que en ese momento la princesa en vez de salir huyendo se quedó de pie frente al miedo feroz y su fortaleza y estos empezaron a desvanecerse lentamente. Al final la princesa pudo verlos por fin como lo que eran: una gran montaña y el feroz rugido del viento.

Sé curioso, observa y aprende

> *Si gozas de una bondad inagotable,*
> *la vida te ofrecerá siempre lo que necesites aprender.*
> *Al margen de que te quedes en casa,*
> *trabajes en una oficina o vayas donde vayas,*
> *el siguiente maestro se presentará justo en ese lugar.*
> CHARLOTTE JOKO BECK, maestra Zen

De ninguna manera creas que en este punto te voy a decir que lo que hay que hacer es amar al miedo y abrazarlo como si fuera un niño desvalido y asustado. Tampoco hay que caer en el soberbio pensamiento de que ahora el miedo nos necesita para liberarlo de sus ataduras o cadenas. No, no es esa la relación que propongo tener con el miedo, pero tampoco habría de ser la del odio. De hecho, ya nos dimos cuenta de cómo el miedo no hace buena combinación con un pensamiento dicotómico donde todo lo que no es bueno por fuerza habrá de ser malo.

La relación con el miedo debería ser una más libre y simétrica. Nuestra motivación para encontrarnos con él no debería ser el morbo o tratar de demostrar a los demás que ahora ya somos seres iluminados que cruzamos cavernas en una actitud *zen*, o que somos valientes que no tenemos miedo a nada. No es buscar al miedo para sentir la fascinación de la montaña rusa, sino encontrarlo para aprender de él y dejar que él aprenda de nosotros. Pero ¿cómo y qué podemos aprender del miedo? Desde mi punto de vista, hay dos componentes necesarios que nos pueden ayudar en este encuentro con el miedo: la curiosidad y la apertura a la experiencia.

No estoy sugiriendo tampoco que adoptemos al miedo como a un maestro, sin embargo, la verdad, es que sabe cosas de nosotros que nosotros aún no hacemos conscientes. Escuchar sus historias podría ser una buena idea. A los niños les ayuda personificar al miedo para ponerlo en un lugar desde donde se le puede "ver." Puede que lo dibujen como un monstruo, pues al final le temen.

Hace algunos años una paciente me contó que su hijo, de nueve años, tenía pesadillas y, en general, mucho miedo a diversas cosas. Alguna vez una maestra de la escuela le sugirió que hiciera un dibujo del miedo y que después, casi literalmente, "apuñalara" al personaje (con el lápiz o pluma con la que lo había dibujado), mientras le gritaba: "¡No te tengo miedo. No te tengo miedo!" Desde mi punto de vista todo iba bien, hasta el dibujo. Del "apuñalamiento" en adelante, la cosa ya no me gustó y no fue para menos; el niño ahora no sólo temía al miedo, sino a la venganza del miedo por haberlo atacado. ¿Y es que, cómo se puede atacar algo sin comprenderlo o al menos conocerlo un poco? No digo que no haya que defenderse de una clara agresión, pero tampoco creo que haya que matar a una araña sólo porque es muy distinta a nosotros, además, la gran mayoría puede que asusten, pero no representan ningún peligro que justifique acabarlas de un pisotón. Volvamos al niño y su dibujo. Al contarme lo sucedido, le sugerí a mi paciente que le pidiera a su hijo volver a dibujar al miedo pero que ahora imaginara unas cuantas cosas adicionales. La sugerencia fue muy simple, pero si por casualidad crees que te puede venir bien seguirla a ti también, aunque ya no seas un niño, entonces sería algo como esto:

Ejercicio: Conversando con el miedo

- Haz un dibujo del miedo como te lo imagines; puedes usar una hoja blanca, de preferencia tamaño carta, pero podría ser más chica o un poco más grande. Si quieres puedes usar colores o hacerlo a lápiz. Ponle tantos detalles como quieras.

- Al terminar el dibujo imagina que ahora lo ves a través de un grueso vidrio. Como de esos vidrios blindados que luego hay por ahí. Es muy grueso, pero nos deja ver con claridad al miedo, incluso le permite escucharnos y nosotros a él; la cuestión es que con el vidrio en medio nada de aquí pasa hacia allá y nada pasa para acá.

- Ahora podemos empezar a conversar con el miedo. Un *"Hola miedo"* podría ser una buena manera, pero también podrías ponerle un nombre. Llamarle "Demonio" o "Monstruo", no creo que sea buena idea. Muchas personas no toman a bien que les pongan apodos feos y el miedo podría sentirse ofendido si hacemos eso. Nos interesa hablar con él, no que se enoje y ya no quiera decirnos nada.

- Ahora entran en acción dos elementos: espero que los tengas disponibles, si no, pues es hora de desarrollarlos. Me refiero a la imaginación (o fantasía) y la curiosidad. Imagina que el miedo te escucha y que tú le haces preguntas. ¿Qué te gustaría saber acerca de él? A mí muchas cosas, pero lo importante es que tú le preguntes lo que quieras, pero ten cuidado cómo formulas las preguntas para que no le hagas trampa. Por ejemplo, si le preguntas: "¿Miedo por qué me quieres lastimar?", pues de manera indirecta estas diciéndole que conoces sus intenciones y que no son buenas. No estás siendo curioso, sino prejuicioso y eso no ayuda para hacer amigos, ¿no es así? Puedo sugerirte algunas preguntas para que te surja la inspiración:

- ■ Cuéntame, ¿cómo has estado?

- ■ ¿Es a mí a quien buscas?

- ■ Entiendo que para atrapar mi atención a veces tienes que ser un poco llamativo. ¿Necesitas algo de mí? ¿Qué es?

- ■ Fíjate que últimamente te he visto muy seguido por acá. ¿Puedo ayudarte de alguna manera?

- ■ ¿Qué haces o a dónde vas cuando no estás conmigo?

- ■ ¿Dónde vives? ¿Te gusta vivir ahí?

- ■ ¿Hay algún mensaje que quieras que le dé a alguien?

- ■ ¿Te gustó cómo te dibujé? ¿Cómo quieres que te dibuje la próxima vez?

- ● Puedes hacerle estas u otras preguntas. A lo mejor el primer encuentro es más cortito, pero tampoco hay que apresurar las cosas. Al final el miedo no se va a ir, al menos por el momento.

- ● Cuando termines de conversar despídete con un "hasta mañana" y puedes guardar el dibujo en un lugar seguro para que al otro día hagas otro y veas cómo va evolucionando contigo la imagen del miedo en tus dibujos. O podrías usar el mismo, si es que tu miedo y tú están de acuerdo. Haz esto por algunos días, pero hazlo *todos* los días si tu miedo ha estado muy presente. Si es esporádico entonces podrías hacer este ejercicio sólo cuando haga más ruido.

Hacer esto nos puede ayudar a dejar de pensar en el miedo como algo tan terrorífico, así como a empezar a pensar más en él como alguien que nos puede contar cosas de él e historias de nosotros. Obviamente, no le vas a hacer preguntas acerca del futuro porque el miedo no le hace a eso de la adivinación, pero sí podría contarte cosas de tu infancia que tal vez olvidaste. Especialmente si le preguntas: "¿Cuál es el primer recuerdo que tienes de mí?" o, tal vez, si tú le cuentas cuándo fue una de las primeras veces que sentiste su presencia en tu vida. Yo recuerdo una vez que siendo niño, durante una tormenta eléctrica, el miedo se hizo presente y otra vez cuando se fue la luz. Es natural, él también estaba aprendiendo qué era peligroso y qué no.

También, si tienes tiempo, podrías escribir un breve cuento acerca del miedo y tú. Si yo hiciera eso a mí me gustaría llamarlo "Mi miedo y yo." Suena más cálido "Mí miedo" que "El miedo", ¿no? Como más familiar y nos da la sensación de que hay cierto parentesco o relación entre ambos.

Invítalo e intégralo

El miedo es amigo de personas excepcionales.
Cus D'Amato, entrenador de box

Con esto no quiero decir que lo invites a vivir contigo, aunque de todos modos nunca te dejará solo. Quiero decir que lo invites a acompañarte a cruzar la cueva; al final, quién mejor que él conoce el camino y los peligros reales que hay en la oscuridad. Puedes invitarlo a que te acompañe y a seguir conversando con él. Cuando dejas que te vaya describiendo las formas y sonidos que hay, vas comprendiendo mejor lo que tus ojos y oídos ven, por lo que ya no tienes necesidad de inventarte involuntariamente historias de terror. Ir en compañía del miedo es como llevar un guía que te va contando lo que hay en un museo o en un sitio arqueológico, mientras tú le cuentas lo que vas experimentando. Nadie mejor que él para cuidarte y tú para contarle, ¿no es verdad?

Integrar al miedo como parte de la vida, como una emoción vital, es devolverlo a su normalidad y, de alguna manera, restituir su dignidad. Es dejarlo que vuelva a convivir con la alegría, la tristeza y el enojo, por ejemplo; sin disfraces. De lo más importante es dejarlo que vuelva a convivir con la razón, pues a lo mejor ya hasta lo había abandonado porque entre las sombras cuesta verlo. Integrarlo a la vida es hablar de él cuando viene a cuento y no tener que esconder su presencia como si ocultáramos a un delincuente. Aprender a convivir con él involucra dejar de reprocharle por qué hace su trabajo.

Hace unos años me buscó una institución financiera para dar una serie de cursos para su personal de ventas. Yo nunca he sido partidario de la motivación vacía que viene de afuera sin ninguna correspondencia con la motivación interior. La cuestión es que me pidieron hacerles una propuesta que involucrara precisamente algo así. Mi plan consistía en identificar las circunstancias, creencias y pensamientos que les impedían desempeñarse con mayor soltura y realizar su trabajo con mayor eficacia. Por supuesto que no podía dejar el miedo afuera de la propuesta, porque es evidente que está presente cuando las metas se ven lejanas o se siente que no se está dando el ancho. Grande fue mi sorpresa cuando al mencionar a los directivos la palabra miedo su reacción fue… de miedo: "¡No, Mario, no les puedes mencionar el miedo!" "¿Por qué no?", pregunté con genuina curiosidad. "Pues, porque si lo mencionas lo van a tener, o van a reconocer que lo tienen, y si eso pasa no van a hacer bien su trabajo y entonces va a pasar exactamente lo opuesto a lo que buscamos; ellos no deben tener miedo." ¿Recuerdan que al principio de este capítulo hablé de la proyección como algo que no deberíamos hacer con el miedo?, ¿cierto? éste es un buen ejemplo de eso.

Para hacer el cuento corto, al final se convencieron de que no había en realidad nada que temer. Comprendieron los peligros del miedo reprimido y el valor de reconocerlo en un ambiente controlado, donde colaboradores y miedo se pudieran sentir seguros para convivir, conocerse e integrarse. El resultado terminó por ser satisfactorio y muy revelador durante las dinámicas.

Pero cuidado. En esta fase hay un peligro: creer que el objetivo es dominar o someter al miedo. Integrarlo no es nulificarlo. Si pretendes hacer algo así, lo más probable es que acabes tú también por proyectarlo hacia el exterior. De suceder esto vivirás en la ilusión de que ya no le temes a nada, pero recuerda que tarde que temprano aquello que proyectas se vuelve imágenes fantasmagóricas que regresan hacia ti. La conversación y convivencia con el miedo conviene que sea fluida, natural e íntima de vez en cuando.

Confía

> *Un árbol dice: mi fuerza es la confianza.*
> HERMANN HESSE

Para mí, esta actitud es central para lograr una buena convivencia e integración del miedo en nuestras vidas. La confianza no es fe y es más que esperanza. Para mí, la fe es creer porque se quiere creer, aunque no se tenga ninguna razón o evidencia para ello. Muchas personas creen en un Dios porque quieren creer y no requieren más evidencia que la que él les puede brindar con su Creación en sí misma. Uno también puede decidir tenerle fe a alguien o tenerla hacia uno mismo, aunque es un tanto arriesgado pues no somos un dios. La esperanza es creer porque se quiere creer, pero, además, ya se tienen razones para creer. Puedo tener esperanza en sacarme la lotería porque ya compré un billete o tener la esperanza de que voy a estar bien de una enfermedad porque ya estoy siguiendo el tratamiento. La confianza es una esperanza, pero más firme. Desde mi punto de vista, va más allá de la creencia e involucra al sentir.

No hablo, por supuesto, de confiar en el miedo, aunque si confiamos en que hará lo que se supone debe hacer, sin duda estaremos más seguros. A lo que me refiero es a la confianza que podamos tener en nosotros mismos. Sabiendo que tarde o temprano podemos enfrentarnos a situaciones problemáticas o hasta dolorosas, aun así no es posible preverlo todo o tener un plan de contingencia para cada posibilidad. Es cuando sentir que tenemos la posibilidad de hacernos cargo de lo que surja se vuelve un punto de apoyo para la confianza. No siempre podremos resolver las cosas con consecuencias mínimas, pero siempre es posible de alguna manera hacerles frente, como ya dije al principio del libro, buscando evitar, reparar o adaptarse a lo que suceda. Podemos confiar, incluso, en que somos capaces de buscar ayuda o en echar a andar soluciones que ahora mismo no se nos vienen a la cabeza, porque justo no estamos en una situación que amerite llegar a ellas. Aquí es donde conviene recordar que el miedo es una alarma, nos alerta, pero no olvidemos que cuesta mucho trabajo decidir de manera coherente cuando la alarma no cesa de sonar. Es cuando justamente tenemos que hacer un esfuerzo por tranquilizarnos para pensar y no abandonarnos a la tragedia, por real que ésta pueda ser.

¿Cómo desarrollar confianza en uno mismo?

No me pidas que confíe, dame razones para confiar. Ahora te explico.

¿Cómo llegas a dominar algo, por ejemplo, un deporte? Practicando o entrenando, ¿no es así? Sería complicado, por ejemplo, dominar un idioma si nunca se usa o se practica. Entonces podemos decir que la evitación anula a la práctica. Sin práctica, es difícil ganar dominio. Sin dominio, es menos probable que aumente la confianza. La práctica de tomar decisiones, la de entrar en la cueva, la de reconocer los miedos y resolver conflictos será lo que vaya haciendo que desarrollemos confianza basada en la evidencia. Saber que el aprendizaje conlleva un proceso de ensayo-error y que, como ya vimos, no todo es blanco o negro, nos permitirá sentir que estamos aprendiendo donde otros piensan que están fallando.

¿Recuerdas la historia que conté hace ya buen rato acerca de mi paciente que no pudo por muchos años aprender a andar en bicicleta? Bueno, pues lo consiguió cuando desarrolló confianza en esa habilidad y la tuvo cuando decidió subirse a la bicicleta y pedalear por su propia cuenta. No olvidemos que parte de su problema no era tanto el caerse de la bicicleta como no confiar en los demás cuando trataban de ayudarlo por el miedo a que lo dejaran caer. Probablemente una proyección de la falta de confianza en sí mismo, dicho sea de paso.

Hay cosas que se logran haciéndose, y desarrollar confianza es una de ellas. Pero si ya hemos empezado a conversar con el miedo, como lo sugerí antes, entonces posiblemente ya hayamos empezado a confiar un poco más en él. No es sencillo confiar en el vecino cuando ni siquiera lo saludamos, o en que nosotros podemos entablar una conversación fluida con alguien si siempre nos estamos escabullendo de las reuniones. La confianza se ve reforzada con los resultados obtenidos.

Y también, ¿por qué no decirlo?, a muchos les ayuda confiar un poquito en la suerte o la fortuna. Sé que a muchos les podrá parecer algo supersticioso el que yo diga esto en este libro y lo entiendo. Pero no estoy diciendo que hay que entregar nuestra confianza a los planetas, sino que, poniéndonos en el camino del hacer, el sentir que será un buen día para caminarlo favorece al menos estados más propicios para seguir avanzando. Es algo como desear lo mejor sin esperar lo peor; pero sentir que si así fuera el caso y todo sale mal, podremos corregir el rumbo o adaptarnos de alguna manera.

Quiero confiar, pero siento que todo me sale mal

Si hasta este instante sientes que has sido poco confiable para ti mismo, es momento de tomar otro tipo de decisiones; quizá unas que no estén tan basadas en el miedo o cualquiera de sus disfraces. Recuerda que cuando uno entra en la zona de la resignación, ya ni se hace tanto esfuerzo por lograr nada. No quiere decir que no se actúe, pero sí creo que lo que se actúa sea con una actitud de desesperanza y desconfianza básica. Puedes pensar en pedir ayuda, asesoramiento o entrenamiento para lo que quieras lograr. Buscar ayuda profesional con un psicoterapeuta parece ser, en este caso, una de las mejores ideas que podrías tener, si decides que eso te puede ser de ayuda. Si crees que un proceso de terapia no es para ti y nunca has tomado uno, ¿cómo sabes que no es para ti o que no te va a funcionar? Si ya has estado en uno o en varios y sientes que no avanzaste, puede que el modelo de terapia o el terapeuta en cuestión no haya sido el más adecuado para ti, pero eso no quiere decir que ninguno lo sea. Es cuestión de seguir buscando e indagar más acerca de la forma de trabajar del profesional en cuestión y de su experiencia en casos como el tuyo.

Otra posibilidad podría ser una especie de autosabotaje. Que dicho sea de paso, personalmente considero a esta actitud de sabotearse a uno mismo como un mecanismo de defensa que usa el miedo para evitar que nos enfrentemos a lo que duele o al fracaso. Por ejemplo, si siempre llego tarde a trabajar y por eso me despiden, puedo decir que me corrieron por flojo o irresponsable, pero no por incompetente, ¿me explico? Lo mismo puede pasar con un proceso de terapia si sueles abandonar pronto el proceso. Es mejor decir que sentías que no avanzabas que asumir que hacia donde estabas avanzando, te empezaba a causar cierta incomodidad o miedo. Piensa cuál puede ser tu caso y pide permiso al miedo para que, al menos durante la tregua, te deje hacer lo necesario.

Tierras ganadas al mar

Como la confianza se va otorgando de a poco, yo recomiendo empezar por situaciones que sean manejables. Situaciones que nos lleven a las fronteras de nuestra zona de confort sin tener que abandonarla, sino expandirla cada vez un poco más allá. Esto correspondería a dar pasitos dentro de la cueva o meterse poco a poco al agua. Ya mencioné, en otro momento, que hay personas que te dicen que te avientes porque ésa es "la manera" de derrotar al miedo. Te mentiría si te dijera categóricamente que ese método no funciona, pero sé que funciona sólo con algunas personas. A otras no sólo no les ayuda, sino que incrementa los propios miedos. Realmente felicito a aquellos que pueden de la noche a la mañana cruzar la cueva a toda velocidad y que no lo hacen con los ojos cerrados, sino conscientes de la experiencia y de sus propias fortalezas. El resto de nosotros necesita procesos un poco más graduales.

Algunos países costeros como los Países Bajos (Holanda), Corea del Sur, Japón y Mónaco han recurrido, por lo limitado de su espacio territorial, a la técnica de ganar terrenos al mar para expandir su área de territorio utilizable. En términos generales podemos decir que van colocando tierra, piedras o arena en la costa para buscar expandirla poco a poco. El avance puede parecer lento, pero la idea es ganar algo de terreno costero y no volver a perderlo. Así el avance será sostenido. Digamos que si se ganara un metro de costa al año, que parece poco, cabría conocer el largo de la costa y hacer la multiplicación correspondiente, ese metro ya no se vuelve a perder, se refuerza o apuntala y se va en busca del siguiente metro.

Algo así podríamos hacer con la confianza, ganar un poco cada vez al acercarnos a lo que asusta, pero que no represente peligro. Hacerlo con intención y precaución es algo que nos puede ofrecer también una sensación real de seguridad y confianza. Yo sé que quizá tienes prisa, pero ya has esperado tanto que conviene más un método que puedas aplicar, aunque sea gradualmente, y no uno que prometa resultados fantasiosos, como el de "Quítate el miedo en 72 horas" y acabes por replegarte aún más dentro de los límites de tu zona de confort, rodeado por la zona de miedo o, peor aún, la de terror.

La zona de confianza

Desde mi punto de vista, la zona de confianza es el espacio que existe entre nuestra zona de confort y la zona de miedo. La zona de miedo es como la zona de seguridad que nos previene de acercarnos a la zona donde sintamos terror o nos expongamos a un peligro objetivamente real. Digamos que en la zona de miedo es donde opera, obviamente, el miedo. Vamos a ver esto con unos cuantos ejemplos gráficos.

En este primer esquema tenemos a todos los elementos expuestos. En el centro está nuestra zona de confort. Ya sabemos que se llama así porque es la zona que conocemos, pero no significa que siempre sea tan confortable, especialmente cuando estamos rodeados tan de cerca por el miedo, el terror y el peligro. La pequeña franja clara que rodea a nuestra zona de confort y que parece un pequeño halo o bordecillo es la zona de confianza. Es muy pequeña, y si bien nos podemos mover libremente por ella, no dan ganas de salir de la zona de confort porque hacerlo nos acercaría a la zona de miedo, que tampoco acá es tan ancha, haciendo con esto que el terror y el peligro estén al acecho. Pero como ya he dicho, la idea no es abandonar como tal la zona de confort, sino ampliar y expandir nuestra zona de confianza para sentirnos más libres. Veamos que sucede cuando pasa esto.

Como podemos observar, la zona de confort y la de peligro y terror son del mismo tamaño que antes, pero ahora la zona de confianza se ha expandido y con ello ha generado un efecto interesante. Primero, ha aumentado la zona de miedo, pero esto ha sucedido porque parte de lo que era la zona de peligro y terror se ha "iluminado" gracias al brillo de la zona de confianza; es decir, parte de lo que antes era terrorífico ahora ya sólo da miedo porque peligros reales siempre van a existir. Otra cosa que ha sucedido es que la zona de confort se ha aclarado un poco gracias al brillo de la zona de confianza. Imaginemos por un momento que seguimos expandiendo esta zona luminosa; veamos el resultado.

En este caso, la cuestión es notoriamente diferente. La zona de confort y la de confianza se han fusionado. La zona de confort ha dejado de ser un lugar donde esconderse, lo que permite que nos movamos con bastante libertad por una gran parte de la vida. La zona de miedo siempre existirá, porque es la frontera que nos alerta de que nos estamos acercando a posibles peligros. Podríamos estar por momentos en la zona de miedo, que justamente es el tiempo en que tardamos en cruzar la cueva o, por ejemplo, como cuando estamos aprendiendo algo nuevo. La zona exterior, que siempre va a existir, se ha transformado también. Ahora se llama Zona de peligro y "a veces de terror." En esta zona hay peligros objetivamente reales que idealmente habría que evitar y recordemos que para eso está el miedo que nos cuida para no acercarnos demasiado. Digo que también se llama "a veces de terror" porque ya el terror no está continuamente presente, sino sólo a veces ante situaciones realmente extremas.

Por mi parte, me hace mucho sentido ver estas gráficas e imaginar que el miedo es como una piel o membrana que recubre nuestra confianza para evitar que nos confiemos demasiado y quedemos expuestos al peligro. Recuerda que la confianza en ti mismo se desarrolla expandiendo los límites de estas zonas centrales a través de las acciones que en el pasado has querido evitar y que, aunque te asustan, no son realmente peligrosas.

Actúa y sigue avanzando

La acción es un gran restaurador y generador de confianza.
La inacción no es sólo el resultado, sino la causa del miedo.
Quizás la acción que tomes sea exitosa;
quizás habrá que seguir diferentes acciones o ajustes.
Pero cualquier acción es mejor que ninguna acción.
NORMAN VINCENT PEALE, pensador y escritor

Piensa en tu peor miedo y hazte la siguiente pregunta: ¿Qué vas a hacer si éste se vuelve realidad? Si lo percibes como probable o cercano es posible que respondas que no sabes, pero piensa un poco más. Piensa qué opciones o alternativas tienes: recuerda que no siempre existe la "solución perfecta" y que eventualmente habremos de hacernos cargo de algunas consecuencias inevitables de nuestras decisiones. Incluso, muchas de las soluciones que encontramos para resolver algo que nos da miedo vienen acompañadas de otras cosas que nos producen otros miedos. La cuestión es qué miedos nos sentimos más capaces de afrontar en un momento determinado.

Sin confianza en uno mismo probablemente la sensación de vulnerabilidad sea tan grande que todos los miedos nos parezcan aterradores, provocando que caigamos en un estado de parálisis por no ser capaces de decidir y mucho menos de actuar. Pero ya vimos que no hacer nada o dejar de hacer algo lo único que genera es que seamos cada vez más incompetentes para afrontar los problemas y encontrar soluciones. No digo que haya que hacer por hacer, pero sí que tendríamos que hacer otra cosa al menos para romper el estado de perpetuidad que puede adoptar una circunstancia que nos asusta. La confianza en este caso se da en dos sentidos. Hacia nosotros, desarrollando nuestra capacidad de hacernos cargo de lo que pueda surgir y hacia el miedo en sí mismo, sabiendo que nos alertará cuando algo nos ponga en riesgo y sólo en la medida que sea necesaria para llamar nuestra atención.

La tarea no es evitar el miedo, sino cuidarnos de caer sin herramientas o precaución dentro de la zona de peligro y terror. Hay cosas que no asustan y son peligrosas (como el colesterol alto) y otras que asustan y no son tan peligrosas (como una araña doméstica). Es percatarnos cómo hemos llenado los huecos de lo desconocido con viejas figuras familiares que no son sino la proyección de nuestras culpas o fallos que vienen a vengarse y castigarnos. O a veces son viejas proyecciones que nos fueron heredadas y hoy seguimos repitiendo para liberar de alguna manera nuestra ansiedad al proyectarlas en los otros.

Tenemos que actuar, cuestionarnos, desempolvar a la razón y hacernos preguntas. Revisar la fecha de caducidad de algunas de nuestras creencias más arraigadas y ver si aún son vigentes o ya han caducado hace bastante tiempo y descubrir que ésa es precisamente la causa de que ahora nos estén haciendo daño.

Me queda claro que este libro trata del miedo y que muchos podrán pensar que me he centrado en hablar de un síntoma o una reacción, cuando lo que habría que resolver es la causa que dio origen al miedo en sí mismo y que puede provenir de algo real, algo imaginario o una combinación de ambos, como cuando exageramos los efectos o alcances de algo que nos ha pasado. Pero ya sabemos que hay pocas cosas desde su propio lado que realmente asustan a todas las personas de manera natural; el resto son elementos a los que hemos malignizado y los hemos convertido en verdaderos entes persecutores al dotarlos de maldad y medios para dañarnos. A nadie le gusta la idea de ser descubierto en algo secreto o tener que afrontar las consecuencias de malas decisiones financieras que hoy tengan a la ruina llamando a nuestra puerta, pero el hecho de que eso nos asuste o desagrade no significa que no sea algo posible de realizar, con las consecuencias inevitables de las que ya he hablado, por supuesto, pero habiendo dado movimiento al miedo damos también movimiento a las soluciones y a las posibilidades. A veces nos arrepentimos porque las cosas "empeoraron", pero sabemos que cuando se hace la limpieza después de años de no hacerla, es inevitable que se levante una gran cantidad de polvo.

Tenemos que actuar si queremos que la ansiedad nos deje en paz y que el miedo por fin descanse. Conozco personas que ante el miedo o la ansiedad caen en un estado de resignación. La resignación es un estado de aceptación pasiva en donde ya no se ambiciona cambiar nada, básicamente porque se siente que eso ya no es posible o que ya no vale la pena. Como cuando corremos detrás de un autobús para alcanzarlo y de pronto nos damos cuenta de que cada vez va más deprisa y no hay manera de alcanzarlo. Entonces dejamos de correr, desaceleramos y nos quedamos ahí cansados y solos diciendo algo como "ya, me voy caminando", o de plano "ya no voy." Cuando alguien se resigna ante el miedo o la ansiedad puede caer incluso en el cinismo de decir: "Pues sí, soy ansioso y qué." Dejarse arrastrar por el río de las emociones como si nada pudiéramos hacer equivale a abandonarse, sin embargo, también habría que pensar en aquellos que nos rodean y que padecen los efectos expansivos de todo esto, especialmente si hay hijos de por medio a los que les estamos transfiriendo nuestros miedos o nuestra actitud pasiva y resignada ante los problemas de la vida. Si no por amor propio, sí por amor a quien nos ama nos convendría detener nuestra caída precipitada y empezar a llevar manos a la obra.

Cuando la amenaza es muy grande puedes experimentar un miedo paralizante y entonces no luchas, ni huyes y no haces nada más que obsesionarte con los pensamientos catastróficos de enfermedades, despidos, abandonos y calamidades de todo tipo. Quedarte mucho tiempo en ese estado de miedo sin hacer algo, abona el terreno propicio para la desesperanza, la ansiedad aguda y hasta para la depresión. Por eso es necesario entrar a la cueva donde habita el miedo, aprender de él lo que es peligroso, lo que no, y luego salir del otro lado para continuar con el camino de la vida.

Moverse y avanzar nos devuelve la sensación de que estamos haciendo algo, incrementa nuestra sensación de control y autoeficacia es fundamental si queremos relacionarnos con el miedo de otra manera. Es verdad que no siempre podemos controlar el desenlace de los eventos, pero siempre habrá manera de controlar nuestras respuestas ante esos eventos, así sea tratando de ponernos en paz.

Rudolph "Rudy" Giuliani fue alcalde de la ciudad de Nueva York en la época de los atentados contra las Torres gemelas del WTC en el 2011. Fue su liderazgo frente a esos acontecimientos lo que le valió ser nombrado como persona del año por la revista *Time* y adquirir el sobrenombre de "Alcalde de América." En una entrevista que le realizaron por aquellos años habló acerca de su relación con el miedo, y esto fue lo que dijo: "La lección más importante que me enseñó mi padre fue cómo manejar el miedo. Desde muy temprano me enseñó que en un momento de emergencia, debes calmarte deliberadamente."

Pienso que a veces hay que hacerlo, como cuando se le pide una tregua al miedo para actuar y, lo digo una vez más, actuar con intención. Es verdad que se escala la montaña porque está ahí y no se necesita otra razón y, sin embargo, claro que hay otra mucho más profunda que nos impulsa a arriesgar, incluso la vida, para lograrlo y es que en el camino encontramos un sentido a nuestra vida. Está el deseo de llegar al otro lado para descubrir qué hay, qué más sigue en esto.

Entonces, si encontramos un sentido que dar a nuestra vida, el miedo no puede sobrepasar al deseo. No es que lo anulemos o que lo hayamos vencido, es que hay una sensación de que eso es lo que hemos venido a hacer; en ocasiones es completar una parte que hacía falta en nuestra historia personal y que se vio afectada o truncada por algo que nos pasó, pero que hoy podríamos reparar de alguna forma. El miedo sabe que tal vez estamos fuera de tiempo, que somos vulnerables y por eso puede buscar detenernos, pero a pesar de eso está el camino para ser caminado. No el que se cree que se debe andar, sino el que se acaba por querer andar a pesar de que alguna vez dijimos que no, por miedo. Es repensar la vida mientras haya tiempo y sea posible hacerse cargo. El miedo palidece ante el deseo. Ante la misión que está frente a nosotros como si fueran los ojos de un hijo que te mira y te pide "ven que te extraño." Es el reflejo de nuestro niño interior que sigue pidiendo que lo encamines hacia sus sueños.

Hago una última advertencia. Entrar a la cueva y salir del otro lado del miedo no es el final o la meta última; es más bien el resultado de un proceso de metamorfosis que habremos de experimentar, seguramente, más de una vez en la vida. Es voltear la vista atrás y descubrir que lo que hemos cruzado realmente es sólo *una gran montaña y el feroz rugido del viento*.

¿Qué vimos en este capítulo?

O Nombrar al miedo y reconocer que se tiene puede parecer aterrador, pero en realidad es liberador porque por fin hablaremos
con él cara a cara. Si no puedes hacer las paces con él, al
menos pídele una tregua para establecer una conversación.

O Para salir adelante se necesita confianza más que valor.

O Recuerda que el miedo es la frontera entre tu zona de confianza
y la zona de peligro. Es él quien te dice hasta dónde exponerte
con seguridad. Si tu zona de confianza aumenta basada en el
desarrollo de nuevas habilidades, la zona de peligro disminuye,
aunque nunca se va del todo.

CONCLUSIONES

Debo decir una palabra sobre el miedo.
Es el único oponente verdadero de la vida.
Sólo el miedo puede vencer a la vida.
Es un adversario inteligente y traicionero, lo sé muy bien.
No tiene decencia, no respeta ninguna ley
o convención, no muestra piedad.
Va por tu punto más débil,
que encuentra con desconcertante facilidad.
Comienza en tu mente, siempre [...]
así que debes luchar duro para expresarlo.
Debes luchar mucho para que brille la luz de las palabras.
Porque si no lo haces, si tu miedo se convierte en una oscuridad
sin palabras que evitas, tal vez incluso que logras olvidar,
te abres a nuevos ataques de miedo
porque nunca peleaste realmente con el oponente que te derrotó.
YANN MARTEL, *Life of Pi*

Este libro sólo lo pensé hace un par de años antes de comenzar a escribirlo. Los tres anteriores fueron libros que escribí hacia afuera, éste es el primero de una nueva serie que busco escribir desde adentro, sea lo que sea que eso signifique. La vida tiene cosas interesantes y coincidencias que de pronto se convierten en ironías acerca de las que no queda sino reírse. Mientras escribía este libro mi salud pasó por distintos momentos razonablemente complicados, "cosas de la edad", me dijo uno de los médicos. Incluso, mientras escribo estas conclusiones, existe la posibilidad de que una de esas dolencias que desarrollé acabe por ser cáncer. De momento no lo sé y los médicos tampoco, pero las voces que habitan en mi cueva han tenido un interesante intercambio de ideas y pensamientos en los últimos meses. Ahora mismo una voz me dice que seguramente no tengo nada y que todo va a estar bien y la otra le responde que cómo sabe. La cuestión es que lo que me han recomendado los médicos es esperar para evitar un estudio invasivo que pudiera traer otras consecuencias que tampoco serían gratas.

¿Que si tengo miedo? Por supuesto, lo tuve desde el primer momento que sabía que algo andaba mal; luego se hizo más grande cuando algunos estudios revelaron índices desquiciadamente fuera de rango y empeoró cuando el médico me habló de que no podíamos descartar la presencia del cáncer en todo este proceso. En algún momento me invadió la tristeza y la desesperanza ante la posibilidad del sufrimiento y la muerte, sin duda. Y, sin embargo, la verdad es que todavía no sé si lo tengo o no. ¡Y luego yo escribiendo un libro acerca del miedo! Es que no había mejor momento para hacerlo y nunca lo hubiera planeado así, aunque debo confesar que me costó empezar. Es como tener todas las ideas ahí sin que fluyera una sola palabra fuera de mi cabeza. Una especie de "constipación" de ideas, probablemente obra de mi miedo que trataba de evitar que me fuera a poner más intenso de la cuenta y perdiera objetividad o, más bien, que tocara un tema que sin duda estaba doliendo.

Así que me reuní con la razón y juntos fuimos al encuentro del miedo. Le explicamos que en realidad no sabíamos si había un peligro grave o no y que, dado que íbamos a estar esperando nuevos resultados dentro de un par de meses, le pedíamos una tregua en tanto no tuviéramos nueva información. Como prueba de buena voluntad, y para no dejar al miedo sin hacer nada con toda su inquietud, le pedimos que se mantuviera alerta para que me recordara seguir las indicaciones médicas que me habían dado. Parece que funcionó, porque me sentí más tranquilo, aunque ahora el miedo se enfocó en la fecha de entrega de este libro y ya me estaba diciendo que no íbamos a terminar a tiempo. En este caso, la solución fue poner manos a la obra; le pedí que ya no me retuviera más y empecé a escribir. De hecho ahora comprendo en parte lo que quise decir líneas más arriba cuando escribí "este es el primero de una nueva serie que busco escribir desde adentro"; lo hago adentro de la cueva del miedo. De hecho, debo confesar algo: la perspectiva de la posibilidad de que, si todo sale mal, éste pudiera ser el último libro que escriba en mi vida, me ha hecho disfrutarlo mucho y tenerle un especial cariño; al final, ha sido el compañero de algunas de mis angustias recientes. Eso puede ser lo que le faltaba de significado cuando dije que lo escribía "desde adentro."

Pero más allá de esa extraña coincidencia que te acabo de contar, éste es un libro que, como dije, ya pensaba en escribir desde hace tiempo. Siento que ha hecho falta ver al miedo desde otro lugar, conocer su utilidad, su origen y modos de manifestarse para evitar que se convierta en un estado de locura ansiosa y así permitirle que se transforme en el demonio que habita nuestra cueva mental. Ninguna emoción nos hace bien cuando está permanentemente desbordada, especialmente cuando la dimensión en que se manifiesta no corresponde con un contexto que justifique de alguna manera su aparición y sostenimiento. Es ahí donde nos hacemos cargo tomando en nuestras manos el timón que nos devuelva al camino, a pesar de los vientos que puedan desviarnos.

No es una oposición o resistencia al miedo lo que necesitamos; no es tanto fuerza o valentía como confianza, conocimiento y voluntad. A lo mejor a muchos les ha servido el miedo para ocultar su incompetencia o incapacidad, pero quien ha sido tu esclavo puede volverse tu amo si le vas cediendo el poder, especialmente cuando no ha evolucionado para tenerlo.

Comencemos con los niños, para que su generación tenga otra forma de ver al miedo. Dejemos de lado la "educación y crianza" que se da a través del miedo, de la amenaza y el chantaje, por pequeños que estos sean, con la justificación de que los niños "no entienden de otra manera." También permitamos que se encuentren con el miedo enseñándoles, al mismo tiempo, a estar a salvo distinguiendo a éste del peligro. Comencemos también con nosotros, tomando conciencia de cómo el miedo puede estar afectando nuestras relaciones más íntimas y familiares en las que se van acumulando secretos por el miedo a la verdad y sus consecuencias, sin darnos cuenta de que el silencio no sólo nos hace cómplices, sino depositarios de miedos de otros que nos han heredado con juramentos de lealtad implícitos bajo el argumento de que es por nuestro bien. Dejemos de tener vidas a medias, estar en trabajos que no nos satisfacen o en relaciones que no nos hacen bien por el miedo al fracaso, a la pobreza o a la soledad. Alejémonos de decisiones no tomadas con tal de dar gusto, no incomodar o no "traicionar" a quien creo que le debo todo, como si el sentido de la vida fuera pagar una deuda eterna y transgeneracional. Ya vimos a lo largo del libro que hay cosas verdaderamente devastadoras que no nos asustan, mientras que otras relativamente inofensivas nos pueden aterrar, como hablar en público o compartir con tus padres tu identidad sexual. Y no digo que sea sencillo confrontar al miedo porque ya sabemos que parte de su poder consiste en hacer lo que él te dice que hagas, cuando él mismo no está capacitado para tomar buenas decisiones que vayan más allá del impulso de ponernos a salvo en una situación de peligro objetivamente real.

Entonces, hazte acompañar por el miedo, conócelo y pídele que sea tu aliado y guardián. ¿Quién, si no él, conoce los peligros y puede alertarte? ¿Quién, si no tú, usa la razón para hacer la distinción entre lo que asusta y lo que realmente daña? ¿Cómo, si no juntos, podemos transitar por la vida con confianza y seguridad, tomando al paso cada situación para resolverla o adaptarnos, si es que evitar no es posible?

Ya llegaste hasta acá, hasta el final del libro, y confío que eso te ha movido a un deseo, una idea o la posibilidad de una nueva creencia. Ahora te toca a ti implementar las acciones expandiendo tu confianza al dar el primer paso dentro de esa cueva que tanto has temido, pero que es la única que te permitirá estar del otro lado del miedo.

Si quieres llegar con más información al otro lado del miedo —con posteos, audios, reflexiones y más—, te dejo la siguiente dirección electrónica para seguir en contacto:

https://www.marioguerra.mx/delotroladodelmiedo

BIBLIOGRAFÍA

Aceves, Bertha (2012). Naturaleza y origen de los demonios en la épica tibetana de Gesar de Ling. *Acta poética*, 33(2), 181-208. Recuperado el 01 de septiembre de 2019.

Adolph, K. E., Kretch, K. S., & LoBue, V. (2014). Fear of heights in infants?, *Current Directions in Psychological Science*, 23(1), 60-66.

Albrecht, Karl. (2007). *Practical Intelligence: the Art and Science of Common Sense*. Nueva York: Wiley.

Alighieri, Dante (1972). *La Divina Comedia*. Traducción de Cayetano Rosell. México: W. M. Jackson.

Allwood, M. A., Bell, D. J., & Horan, J. (2011). Posttrauma numbing of fear, detachment, and arousal predict delinquent behaviors in early adolescence. *Journal of clinical child and adolescent psychology: the official journal for the Society of Clinical Child and Adolescent Psychology, American Psychological Association, Division 53*, 40(5), 659-667.

Askew, C. & Field, A. (2007). Vicarious learning and the development of fears in childhood. *Behaviour Research and Therapy*, 45(11), 2616-2627.

Biernat, M. & Danaher, K. (2013). Perjudicar. En IB Weiner (Ed.), *Manual de psicología*. Hoboken, Nueva Jersey: Wiley, 341-367.

Bosson, J. K., Johnson, A., Niederhoffer, K., & Swann, W. B. (2006). Interpersonal Chemistry through Negativity: Bonding by Sharing Negative Attitudes about Others. *Personal Relationships*, 13(2), 135-150.

Boyer, P. & Bergstrom, B. (2011). Threat-detection in child development: An evolutionary perspective. *Neuroscience & Biobehavioral Reviews*, 35(4), 1034-1041.

Breitbart W. (2017). Existential isolation. *Palliative & Supportive Sare*, 15(4), 403-404.

Baumeister, R. F. (2008). Free will in scientific psychology. *Perspectives on Psychological Science*, 3(1), 14-19.

Baumeister, R. F., Masicampo, E. J., & DeWall, C. N. (2009). Prosocial benefits of feeling free: Disbelief in free will increases aggression and reduces helpfulness. *Personality and Social Psychology Bulletin*, 35(2), 260-268.

Berglas, S., & Jones, E. E. (1978). Drug choice as a self-handicapping strategy in response to noncontingent success. *Journal of Personality and Social Psychology*, 36(4), 405-417.

Brunton, Robyn & Quarterly-Scott, Gregg. (2015). Do we fear ageing? A multidimensional approach to ageing anxiety. *Educational Gerontology*, 41.

Camus, A. (2018). *El primer hombre*. Tusquet editores.

Carleton, R. Nicholas. (2016). Fear of the Unknown: One Fear to Rule them All? *Journal of Anxiety Disorders*, 41. 10.1016/j.janxdis.2016.03.011.

Carney, C. E., Moss, T. G., Atwood, M. E., Crowe, B. M., & Andrews, A. J. (2014). Are Poor Sleepers Afraid of the Dark? A Preliminary Investigation. *Journal of Experimental Psychopathology*, 5(1) 2-13.

Chavez, Enrique & Lara, Carmen & Ontiveros-Uribe, Martha. (2006). An empirical study of defense mechanisms in panic disorder. *Salud Mental*. 29(6).

Cohn, M. A., Fredrickson, B. L., Brown, S. L., Mikels, J. A., & Conway, A. M. (2009). Happiness unpacked: positive emotions increase life satisfaction by building resilience. *Emotion*. Washington, D.C. 9(3), 361-368.

Correia, M. C., Rosado, A. F., & Serpa, S. (2018). Fear of failure and perfectionism in sport. *Cuadernos de Psicología del Deporte*, 18(1), 161-172.

Damasio A. R. (2001). *El Error de Descartes: La emoción, la razón y el cerebro humano*. Barcelona: Grijalbo Mondadori.

_____. (2005). *En Busca de Spinoza: Neurobiología de la emoción y los sentimientos*. Barcelona: Ed. Crítica.

Damasio H., Grabowski T., Frank R., Galaburda A. M., Damasio A. R.

(1994). The return of Phineas Gage: clues about the brain from the skull of a famous patient. *Science.* 264(5162), 1102-1105.

Debiec, J. & Sullivan R. M. (2014). Intergenerational transmission of emotional trauma through amygdala-dependent mother-to-infant transfer of specific fear. *PNAS.*, 111 (33) 12222-12227; primera publicación, juilo 28, 2014.

Flett, G. L., Heisel, M. J., & Hewitt, P. L. (2014). The destructiveness of perfectionism revisited: Implications for the assessment of suicide risk and the prevention of suicide. *Review of General Psychology*, 18(3), 156-172.

Ford, T. E., Ford, B., Boxer, C. M., & Armstrong, J. A. (2012). Effect of humor on state anxiety and math performance. *HUMOR: International Journal of Humor Research*, 25(1), 59-74.

Fredrickson B. L. (2001). The role of positive emotions in positive psychology. The broaden-and-build theory of positive emotions. *The American Psychologist*, 56(3), 218-226.

Fromm, E. (2018). *El miedo a la libertad*, Barcelona: Paidós.

Gibson, E. J., & Walk, R. D. (1960). The "visual cliff." *Scientific American*, 202, 67-71.

Gruen, A. (2009). The implications of denying fear and anxiety and idealizing victimizers. *The Journal of Psychohistory.* 37(1), 59-66.

Hammock, T., & Brehm, J. (1966). The attractiveness of choice alternatives when freedom to choose is eliminated by a social agent. *Journal of personality*, 34(4), 546-554.

Harris Interactive (2011). What America thinks: MetLife Foundation Alzheimer's survey. https://www.metlife.com/assets/cao/foundation/alzheimers-2011.pdf

Hayes, J., Schimel, J., Ardnt, J., & Faucher, E. (2010). A theoretical and empirical review of the death thought accessibility concept in terror management research. *Psychological Bulletin*, 136(5): 699-739.

Helm, P. J., Rothschild, L. G., Greenberg, J., & Croft, A. (2018). Explaining sex differences in existential isolation research. *Personality and Individual Differences*, 134, 283-288.

Helm, P. J., Lifshin, U., Chau, R. & Greenberg, J. (2019). Existential isolation and death thought accessibility. *Journal of Research in Personality*, (82)103845.

Higgins, E. T. (2000). Making a good decision: Value from fit. *American Psychologist*, 55(11), 1217-1230.

Hoehl S., Hellmer K., Johansson M., Gredebäck G. (2017). Itsy Bitsy Spider…: Infants React with Increased Arousal to Spiders and Snakes. *Frontiers in Psychology*, 8(1710).

Hoppenbrouwers, S. S., Bulten, B. H., & Brazil, I. A. (2016). Parsing fear: A reassessment of the evidence for fear deficits in psychopathy. *Psychological Bulletin*, 142(6), 573-600.

Iordan, Alexandru & Dolcos, Florin. (2017). Brain Activity and Network Interactions Linked to Valence-Related Differences in the Impact of Emotional Distraction. *Cerebral Cortex*, 27, 731-749. 10.1093/cercor/bhv242.

Kawai, N., & Koda, H. (2016). Japanese monkeys (Macaca fuscata) quickly detect snakes but not spiders: Evolutionary origins of fear-relevant animals. *Journal of Comparative Psychology*, 130(3), 299-303.

Kerr, M. (2017). *Scream: Chilling Adventures in the Science of Fear*. Paperback, PublicAffairs, 288.

Kierkegaard, S. (1844) (2013). *El concepto de la angustia*. Alianza Editorial.

Kim, M. J., Shin, J., Taylor, J. M., Mattek, A. M., Chavez, S. J., & Whalen, P. J. (2017). Intolerance of uncertainty predicts increased striatal volume. *Emotion*, 17(6), 895-899.

Klass, D. (1993). Solace and immortality: Bereaved parents' continuing bond with their children. *Death Studies*, 17(4), 343-368.

Maloney, E. A., Ramirez, G., Gunderson, E. A., Levine, S. C., & Beilock, S. L. (2015). Intergenerational Effects of Parents' Math Anxiety on Children's Math Achievement and Anxiety. *Psychological Science*, 26(9), 1480-1488.

Maturana, H. (1995). *Desde la biología a la psicología*. Santiago de Chile: Editorial Universitaria.

Meinecke, L. D. (2017). Neglected by assessment: Industry versus inferiority in the competition for scarce kidneys. (Doctoral dissertation). Grand Canyon University, Arizona.

Miloyan, Beyon & Bulley, Adam & Suddendorf, Thomas. (2015). Episodic foresight and anxiety: Proximate and ultimate perspectives. *The British Journal of Clinical Psychology / The British Psychological Society,* 55(1). 10.1111/bjc.12080.

Mineka, S., Gunnar, M., & Champoux, M. (1986). Control and early socio-emotional development: Infant rhesus monkeys reared in controllable versus uncontrollable environments. *Child Development*, 57, 1241-1256.

Mineka, S., & Zinbarg, R. (2006). A contemporary learning theory perspective on the etiology of anxiety disorders: It's not what you thought it was. *American Psychologist*, 61, 10-26.

Olsson A. (2012) Social Learning of Fear. En: Seel N. M. (eds.). *Encyclopedia of the Sciences of Learning.*, Boston, MA: Springer.

Orians, Gordon H. (2014). *Snakes, sunrises, and Shakespeare: how evolution shapes our loves and fears*. Chicago; London: University of Chicago Press.

Park, J., Wood, J. M., Bondi, C. O., Arco, A. D., & Moghaddam, B. (2016). Anxiety Evokes Hypofrontality and Disrupts Rule-Relevant Encoding by Dorsomedial Prefrontal Cortex Neurons. *The Journal of neuroscience: the official journal of the Society for Neuroscience*, 36(11), 3322-3335.

Plutchik, R. (2003). *Emotions and life: Perspectives from psychology, biology, and evolution*. Washington, DC: American Psychological Association.

Pronin, E., Wegner, D. M., McCarthy, K., & Rodriguez, S. (2006). Everyday magical powers: The role of apparent mental causation in the overestimation of personal influence. *Journal of Personality and Social Psychology*, 91, 218-231.

Qiao-Tasserit, Emilie & Corradi-Dell'Acqua, Corrado & Vuilleumier, Patrik. (2018). The good, the bad, and the suffering. Transient emotional episodes modulate the neural circuits of pain and empathy. *Neuropsychologia*, 116. 10.1016/j.neuropsychologia.2017.12.027.

Ramachandran, Vilayanur S. & Baland, J. (2017). The Evolutionary Psychology of Envy and Jealousy. *Frontiers in Psychology*, 8, 1619.

Ricard, M., Lutz, Antoine & Davidson, Richard. (2014). Mind of the Meditator. *Scientific American*, 311, 38-45. 10.1038/scientificamerican1114-38.

Rogers, J. R. (2001), Theoretical Grounding: The "Missing Link." *Suicide Research. Journal of Counseling & Development*, 79, 16-25.

Sagar, S. & Stoeber, J. (2009). Perfectionism, fear of failure, and affective responses to success and failure: The central role of fear of experiencing shame and embarrassment. *Journal of Sport & Exercise Psychology*, 31, 602-627.

Samson, A. & Gross, J. (2011). Humour as emotion regulation: The differential consequences of negative versus positive humour. *Cognition & Emotion,* 26, 375-84.

Shafique, N., Gul, S. & Raseed, S. (2017). Perfectionism and perceived stress: The role of fear of negative evaluation, *International Journal of Mental Health*, 46(4), 312-326.

Sinoff, G. & Werner, P. (2003). Anxiety disorder and accompanying subjective memory loss in the elderly as a predictor of future cognitive decline. *International Journal of Geriatric Psychiatry*, 18, 951-959. 10.1002/gps.1004.

Sylvers, P. Lilienfeld, S., & LaPrairie, J. (2011). Differences between trait fear and trait anxiety: Implications for psychopathology. *Clinical Psychology Review*, 31, 122-137.

Smith, M. M., Sherry, S. B., Chen, S. (2018). The perniciousness of perfectionism: A meta-analytic review of the perfectionism-suicide relationship. *J Per,* 86, 522-542.

Steimer T. (2002). The biology of fear- and anxiety-related behaviors. *Dialogues in Clinical Neuroscience*, 4(3), 231-249.

Tomer, A., Eliason, G. T., & Wong, P. T. P. (eds.). (2008). *Existential and spiritual issues in death attitudes*. Mahwah, NJ: Lawrence Erlbaum Associates Publishers.

Vangelisti, A. L. (1994). Family Secrets: Forms, Functions and Correlates. Journal of Social and Personal Relationships, 11(1), 113-135.

Vogel, S. (2016). Learning and memory under stress: implications for the classroom. *NPJ Science of Learning*, 1(16011). 10.1038/npjscilearn.2016.11.

Wenze, S. J., Gunthert, K. C., & German, R. E. (2012). Biases in affective forecasting and recall in individuals with depression and anxiety symptoms. Personality *and Social Psychology Bulletin*, 38(7), 895-906.

Wild, B. & Erb, M. & Bartels, M. (2001). Are Emotions Contagious? Evoked Emotions while Viewing Emotionally Expressive Faces: Quality, Quantity, Time Course and Gender Differences. *Psychiatry Res*, 102(2). 109-124. 10.1016/S0165-1781(01)00225-6.

Wilson, R. (2015). *An Epidemic of Anguish*. The Chronicle of Higher Education, A38-A42.

Yalom, I. (2010). *Psicoterapia Existencial*, Barcelona: Editorial Herder.

Del otro lado del miedo de Mario Guerra
se terminó de imprimir en enero de 2020
en los talleres de
Litográfica Ingramex, S.A. de C.V.
Centeno 162-1, Col. Granjas Esmeralda
C.P. 09810, Ciudad de México.